CHRISTER HOLMGREN

JAGDWAFFEN UND SCHIESSTECHNIK

Gewidmet meinem Vater Evert Holmgren,
einem einfachen, aber engagierten Jäger und Schützen.

CHRISTER HOLMGREN

JAGDWAFFEN UND SCHIESSTECHNIK

Praxis für Jäger und Sportschützen

Aus dem Schwedischen übersetzt von

Johnny Rülcker

Hagfors/Schweden

Deutsche Bearbeitung von

Heinrich M. Lipphaus

Institut für Ballistik und Schießtechnik
Gelsenkirchen-Buer

Mit 320 meist farbigen Abbildungen

VERLAG PAUL PAREY · HAMBURG UND BERLIN

Die schwedische Originalausgabe erschien unter dem Titel
„Praktiskt Jaktskytte" im Verlag Rabén & Sjögren, Schweden

© 1991 Christer Holmgren, Ulla Lodesten
    Kauppiaitten Kustannus Oy, Helsinki, Finnland

Hinweis für die Benutzer dieses Buches
Verlag, Autor und Bearbeiter weisen darauf hin, daß sie jegliche
Haftung, die sich aus der Anwendung der in diesem Buch beschriebenen Vorgänge ergeben können, ablehnen. Insbesondere
wird auf die Rechtsgrundlagen des Waffengesetzes, des Jagdge-
setzes, des Sprengstoffgesetzes und der Unfallverhütungsvorschriften hingewiesen, die in anderen Ländern verschieden sein können.
Die Sorgfaltspflicht, sich ausführlich über die örtlichen Bestimmungen zu informieren, bleibt für den Leser bestehen.

Die Deutsche Bibliothek – CIP-Einheitsaufnahme
Jagdwaffen und Schießtechnik : Praxis für Jäger und Sportschüt-
zen / Christer Holmgren. Aus dem Schwed. übers. von Johnny
Rülcker. Dt. Bearb. von Heinrich M. Lipphaus. - Hamburg ; Berlin
: Parey, 1993
    Einheitssacht.: Praktysk jaktskytte <dt.>
    ISBN 3-490-22012-9
NE: Holmgren, Christer; Lipphaus, Heinrich M. [Bearb.]; EST

Bildnachweis Gemälde: Czergezan Pál (Seiten 130, 131); Atelier-
fotos: Ideebild, Lars Darnfors; Fotos: Bo Göran Backström (Seiten
190, 191, 193, 194); Frederik Franzén (Seiten 17, 28); Kovács Attila
(Seite 149); Svante Lindblad (Seite 123); Sandór Nagygyörgy (Seiten
18, 64, 95, 99, 113, 117, 120, 121, 122. 130, 132, 137, 143, 144, 151, 155,
161, 184, 187); alle anderen Fotos und Abbildungen: Ulla Lodesten
und Christer Holmgren.

Der Verfasser hat bereits Teile dieses Buches in Artikeln in „Svensk
Jakt", der Zeitschrift des Schwedischen Jagdverbandes (1989 und
1990), und in „Jaktmarker och Fiskevatten" (1986) veröffentlicht.

Für die deutsche Ausgabe © 1993 Verlag Paul Parey GmbH & Co.
KG, Hamburg und Berlin. Anschriften: Spitalerstraße 12, D-20095
Hamburg; Seelbuschring 9–17, D-12105 Berlin.
Satz: PLS PareyLaserSatz, Berlin
Druck und Bindung: Finnreklama Oy, Sulkava, Finnland.
Umschlaggestaltung: Jürgen Meyer, Hamburg, unter Verwen-
dung von vier Fotos von Ulla Lodesten und Christer Holmgren.
ISBN 3-490-22012-9

Vorwort der schwedischen Originalausgabe

Wenn man vom jagdlichen Schießen spricht, ist eigentlich Wettkampf- und Übungsschießen mit der Jagd als Vorbild gemeint. Viele üben jagdliches Schießen aus, ohne irgendwann auch einmal aktiv zu jagen. Aber es gibt noch mehr Jäger, die sich nur in sehr begrenztem Umfang mit jagdlichem Schießen überhaupt beschäftigen.

Auch wenn vielfältige Schießpraxis einem aktiven Jäger bei der Jagd sehr nützlich ist, meiden unverständlicherweise viele Jäger Schießstände, als beträfe sie der Schußwaffengebrauch überhaupt nicht. Teilweise liegt das sicherlich daran, daß jagdliches Schießen nach einem strikten Reglement abzulaufen hat und kaum praxisbezogene Variationsmöglichkeiten zuläßt, wie sie von aktiven Jägern dringend benötigt werden.

Ein anderer Faktor ist der Einfluß des jagdliche Schießens auf die benutzten Waffen selbst. So bringen institutionalisierte Schießregeln spezielle Waffen hervor, die sich beispielsweise hinsichtlich Gewicht, Chokebohrung oder Visiereinrichtung erheblich von Gebrauchsjagdwaffen unterscheiden. Es ist durchaus vertretbar, jagdliches Schießen mit Standardwaffen zu betreiben. Meiner Auffassung nach fühlen sich viel zu viele Jäger im Vergleich mit den „Eliteschützen" benachteiligt. Das ist natürlich keine objektive Einstellung, zumal die Unterschiede bei den Waffen gar nicht so entscheidend sind. Wesentlich für den Jäger ist, daß er mit seinen Waffen, mit denen er auch jagt, das bestmögliche Resultat erzielt.

Während der vergangenen dreißig Jahre konnte ich diese Haltung nahezu unverändert beobachten. Das ist auch ganz natürlich, denn die Waffen haben, mit Ausnahme der optischen und elektronischen Visiereinrichtungen, vergleichbare Leistungsmerkmale und Einsatzbereiche wie vor hundert Jahren.

„Jagdwaffen und Schießtechnik" will weder ein reglementierendes Instruktionsbuch noch Schießvorschrift sein, da die Jagd selbst ihre spezifischen Forderungen an die Schießkünste des Jägers stellt. Vielmehr habe ich die Hauptaufgabe dieses Buches darin gesehen, dem Jäger einen allgemein nützlichen Querschnitt an Grundwissen zu vermitteln. Es beginnt beim Waffenkauf, wovon im Kapitel „Die Kunst, eine gebrauchte Waffe zu kaufen" ausführlich die Rede ist, und endet bei Vorschlägen zu jagdnahen Übungsmethoden, die mit einfachen Mitteln arrangiert werden können.

Weiter habe ich versucht, praxisnahe und reale Perspektiven zu allgemeinen Fragen, z. B. zur Schäftung, oder zu rein psychologischen und psychosomatischen Gegebenheiten, die beim Schießen und bei der Jagd auftauchen, aufzuzeigen.

Im Zusammenhang mit der Jagd stößt man immer auf Probleme verschiedenster Art. Die Kunst besteht darin, den Problemen die richtige Perspektive zu weisen und zu versuchen, sie klug zu lösen, damit man sich und vor allem kommende Generationen zu tüchtigen waidgerechten Jägern entwickeln kann.

Juni 1991   CHRISTER HOLMGREN

Vorwort zur deutschen Bearbeitung

Im Bereich Waffen- und Schießwesen für Jäger gibt es auf dem Büchermarkt derzeit wenig deutschsprachige Neuerscheinungen. Da ist es sicher interessant, wenn sich nun etwas regt. „Jagdwaffen und Schießtechnik" von CHRISTER HOLMGREN erlaubt Jägern und Waffenbesitzern einen Blick auf die Jagdgewohnheiten in anderen Ländern. Es werden solide Kenntnisse und anwenderorientierte Tips zum Gebrauchtwaffenkauf gegeben. Viele Probleme der Jagd und des Schießwesens sind international gleichartig. Auch in anderen Ländern machen sich fähige Köpfe Gedanken über Jagdwaffengebrauch, Schießwesen und Waffentechnik. Der Verlag Paul Parey, Hamburg, hat mich mit der Aufgabe betraut, das vorliegende Werk eines schwedischen Autors für das deutschsprachige Publikum zu bearbeiten.

Mit großer persönlicher Zustimmung zum Text habe ich versucht, die vorhandene Rohübersetzung dem Leser verständlich darzulegen. Vieles aus dem Inhalt deckt sich absolut mit meinen Auffassungen. Obwohl ich in einigen Detailfragen anderer Meinung bin, halte ich insgesamt betrachtet die Ausführungen des vorliegenden Buches für unbedingt beachtenswert.

Daß die stilistischen Eigenarten des Autors erkennbar geblieben sind, ist durchaus beabsichtigt, denn es sollte kein neues Buch werden. Die wesentlichen Gedanken des Autors sollten in seiner persönlichen Diktion zum Ausdruck kommen.

Ich möchte noch darauf hinweisen, daß es in anderen Ländern andere rechtliche Bestimmungen gibt. Der Leser wird deshalb aufgefordert, sich über die jeweils gültigen gesetzlichen Regelungen gründlich zu informieren. Das gilt insbesondere für einige Darstellungen im Bildteil.

Beim Lesen und besonders bei der praktischen Umsetzung auf dem Schießstand und bei der Jagd wünsche ich viel Freude und gutes Gelingen.

Herbst 1993   HEINRICH M. LIPPHAUS

Inhalt

Gebrauchtwaffenkauf

Von unzähligen Jagden jahrzehntelang abgenutzt, und keiner weiß, wie alt sie wird

Jagdwaffen haben, verglichen mit anderen Gebrauchsgegenständen, eine lange Lebensdauer. Heute noch jagt man häufig mit Gewehren, die schon einige Generationen zur Jagd begleitet haben. Der Erstbesitzer einer Jagdwaffe konnte sich kaum vorstellen, wie die Welt ein Menschenalter später aussehen werde. Ebenso unvorstellbar war für ihn, daß seine damalige Neuerwerbung für seine Enkel noch genauso funktionell und modern sein würde wie für ihn selbst.

Ein Vergleich der Entwicklung in anderen Bereichen unseres täglichen Lebens mit der Jagdwaffenentwicklung führt zu der Frage: Ist die technische Entwicklung der Jagdwaffen seit über einhundert Jahren stehengeblieben? Heutzutage käme niemand auf die Idee, mit einem Auto aus der Zeit der Jahrhundertwende zu fahren. Aber eine Waffe aus dieser Zeit wird wie selbstverständlich geführt.

Waffenkonstruktionen aus der Zeit zwischen 1870 und der Jahrhundertwende gelten als weitgehend vollendet und konnten auch später nur unter großem Aufwand konstruktionstechnisch mehr oder weniger verbessert werden.

Es ist schon phantastisch! In nur einigen Stunden können wir heute von Kontinent zu Kontinent fliegen, wir können Menschen zum Mond schicken, wir können von einem Autotelefon aus mit einem Menschen auf der anderen Seite der Erde sprechen. Andererseits lassen sich funktionellere Systeme für Flinten als die Konstruktion von Anson & Deeley aus den sechziger Jahren des 19. Jahrhunderts oder für Repetierbüchsen, wie der weltbekannte Zylindermechanismus der Gebrüder Mauser aus den frühen neunziger Jahren des vorherigen Jahrhunderts, heute auch nicht herstellen.

Aber gerade weil Jagdwaffen so zeitlos sind, übersehen Käufer leicht, daß die zu erwerbende Waffe schon relativ alt sein kann. Sogar recht einfache Waffen können ein verblüffendes Alter haben. Aber alle Gewehre zeigen doch mehr oder weniger Gebrauchsspuren.

Jäger entscheiden sich aus den verschiedensten Gründen zum Kauf einer gebrauchten Waffe. Ebenso unterschiedlich ist die Bedeutung, die den Gebrauchsspuren zukommt.

Hat jemand beispielsweise solche Körpermaße, daß eine Standardwaffe nur mit größeren Schaftänderungen handlich wird, ist es vorteilhaft, ein älteres, gut gefertigtes Gewehr von qualitativ hoher Technik, aber mit beschädigtem Schaft zu erwerben. Eine solche Waffe wäre allerdings ohne neuen Schaft so lange unbrauchbar, bis ein neuer eingepaßt wird, was unter Umständen recht kostspielig sein kann. Andererseits hat man dann eine technisch einwandfreie Waffe mit einem neuen Schaft, immer noch preisgünstiger als eine Neuanschaffung.

Beim Gebrauchtwaffenkauf ist es sehr wichtig, bei Beschädigungen und Fehlern ernsterer Natur festzustellen: Wie aufwendig sind diese zu reparieren? Oder sind sie sogar irreparabel oder gefährlich?

Dem unerfahrenen Gebrauchtwaffenkäufer erscheinen bestimmte Fehler oder Beschädigungen abschreckend. Der Fachmann erkennt aber, daß sie eigentlich ohne großen Aufwand und kostengünstig repariert werden können. Der Gebrauchswert der Waffe entspricht danach dem einer Neuwaffe.

Um den Gebrauchswert und den Zustand einer Jagdwaffe zu beurteilen, sind einige elementare Kenntnisse erforderlich. Viele Jäger sehen aber die Waffe weniger als mechanische Konstruktion, sondern eher als „mystifiziertes Wesen".

Einwandfreie Funktion und Handhabungssicherheit sind primäre Voraussetzungen für eine Jagdwaffe, damit weder Jäger noch Unbeteiligte gefährdet werden.

Kipplaufwaffen

Kipplaufwaffen können sehr verschieden aussehen. Das Funktionsprinzip ist aber immer dasselbe

Zu den Kipplaufwaffen gehören Gewehre mit glatten (Flinten, Doppelflinten, Bockdoppelflinten), gezogenen (Kipplaufbüchsen, Doppelbüchsen, Bergstutzen) und kombinierten (Drillinge, Bockbüchsflinten, Vierlinge) Läufen. Allen gemeinsam ist das Konstruktionsprinzip. Die Waffenfunktionen werden aktiviert, indem die Läufe, die über eine Achse gelenkig gelagert sind, im Verhältnis zur Basküle oder zum Kasten gekippt werden.

Der Riegel, der Läufe und Basküle bei geschlossener Waffe zusammenhält, wird über ein Hebelsystem auf der Waffenoberseite bewegt. Es gibt aber auch eine Reihe anderer Konstruktionen. Das Funktionsprinzip ist immer gleich. Der Hebel zieht einen Riegel zurück, wodurch die Läufe zum Kippen freigegeben werden. Während des Kippvorgangs werden die Schlösser gespannt. Die Waffe kann nun geladen werden. Falls die Waffe Ejektoren hat, werden die abgeschossenen Hülsen beim Öffnen automatisch ausgeworfen.

Kipplaufwaffen lassen sich in zwei Hauptgruppen einteilen: Waffen mit Kastenschlössern (box lock) und Waffen mit Seitenschlössern. Die zwei- oder mehrläufigen Waffen können wiederum in Quer- (side by side) und Bockwaffen (over and under) eingeteilt werden. Die Konstruktionen aller vorkommenden Typen von Kipplaufwaffen können im Detail sehr unterschiedlich sein, beruhen aber weitgehend auf gleichen Funktions- und Konstruktionsprinzipien. Die nachfolgenden Ausführungen beziehen sich deshalb beispielhaft auf gewöhnliche Schrotflinten. Wenn es um Fehlersuche und Funktionskontrolle geht, sind die für Schrotflinten zutreffenden Prinzipien auch auf alle anderen Gruppen von Kipplaufwaffen übertragbar.

Allein die Tatsache, daß eine Kipplaufwaffe gut und dicht ist und daß die Läufe glänzend blank sind, ist noch keine Garantie dafür, daß die Waffe ihren Preis wert ist, obschon diese beiden Argumente stets zuerst vom Verkäufer angeführt werden. Der Käufer muß aber unterscheiden zwischen äußeren, mehr kosmetischen Mängeln und ernsten verborgenen Beschädigungen oder Funktionsmängeln. Letztere sind für die Brauchbarkeit der Waffe entscheidend. Ernste Funktionsstörungen lassen die Waffe sogar für Bediener und Umgebung zum Gefahrenmoment werden. Die Beseitigung solcher Mängel kann recht kostspielig werden.

Wo soll man beginnen?

Bei allen Konstruktionstypen von Kipplaufwaffen befinden sich bestimmte Schloßteile außerhalb der Basküle. Das sind beispielsweise Abzugsstangen und Abzugssystem und bei Seitenschloßwaffen das gesamte Schloßsystem. Diese Teile müssen im vorderen Teil des Schaftes Platz finden. Aus diesem Grunde ist der Schaft der empfindlichste Teil und nur nach genauer Passung zu ersetzen. Auch gibt es oftmals für ältere Waffen keine vorgefertigten Maschinenrohlinge als Ersatzteil, so daß der gesamte Schaft von Hand ausgearbeitet werden muß. In solchem Fall kann die Umschäftung einer einfachen Waffe fast so teuer werden wie die Anschaffung einer neuen vergleichbaren Waffe. Selbst wenn fertige Schäfte oder Halbfabrikate erhältlich sind, entstehen schon beachtliche Kosten.

Bei exklusiven Waffen der gehobenen Preisklasse

Ein älterer Drilling, der umgeschäftet
wurde. Ist die Arbeit so gut gemacht, daß
ein Kauf lohnenswert ist? Die Antwort ist
nicht einfach. Die Schafteinpassung an der
Basküle ist nicht ganz korrekt

Kipplaufbüchse mit Seitenschloß. Die
Waffe wird wie eine gewöhnliche Flinte
geladen. Da dieser Waffentyp nur ein
Schloßblech hat, ist der vordere Teil des
Schaftes asymmetrisch.
Stark gebrauchte Waffen sollen genau
überprüft werden

halten vielleicht nicht einmal die Kosten von einer Umschäftung ab, sondern vielmehr ist der Erhalt des Ori-
ginalzustandes ausschlaggebend. Das trifft im besonderen Maße auf Sammelobjekte zu. Selbst bei handwerklich einwandfreier Umschäftung kann es bei internationalen Auktionen problematisch werden, wenn
es um den Originalzustand geht.

Die Passung

Schrammen und Druckstellen, auch als „westfälische
Fischhaut" bekannt, fallen zuerst ins Auge. In der Praxis sind diese für die Funktion der Waffe ohne Bedeutung.

„Die Passung zwischen Holz und Metall war gut",

heißt es häufig bei Waffentests in der Fachpresse. *Gute* Passung ist eigentlich nicht genug. Sie muß *perfekt* sein, damit die Lebensdauer des Schaftes der Gesamtlebensdauer der Waffe entspricht. Leider sind nicht alle Paßflächen von außen sichtbar.

Die Rückstoßkräfte werden von kleinen, teils sogar sehr kleinen Flächen im vorderen Schaftteil aufgenommen. Damit der Schaft auf Dauer nicht beschädigt oder zerstört wird, müssen hier Holz und Metallteile absolut dicht zueinander passen.

Bestimmte Waffen, z. B. Drillinge, werden von nur einer einzigen Schraube quer durch den Schafthals zu-

sammengehalten. Bei Kastenschlössern, speziell mit dem vorherrschenden Blitzsystem, bestehen die ersten Zentimeter des Schaftes nur aus leerer Schale. Die Seitenteile vorn an der Baskule sind meist nur drei bis vier Millimeter stark, damit das System mit Hähnen und Abzugsstangen Platz hat. Wenn – ausgelöst durch eine von Anfang an schlechte Passung oder auch zu weiches Schaftholz bei ursprünglich ausreichender Passung – der Schaft auch nur geringes Spiel gegen die Baskule bekommt, nimmt die Schaftzerstörung ihren Lauf: Der Rückstoß hämmert die Holzfasern zusammen, bis zuletzt die Schaftseiten bersten oder reißen.

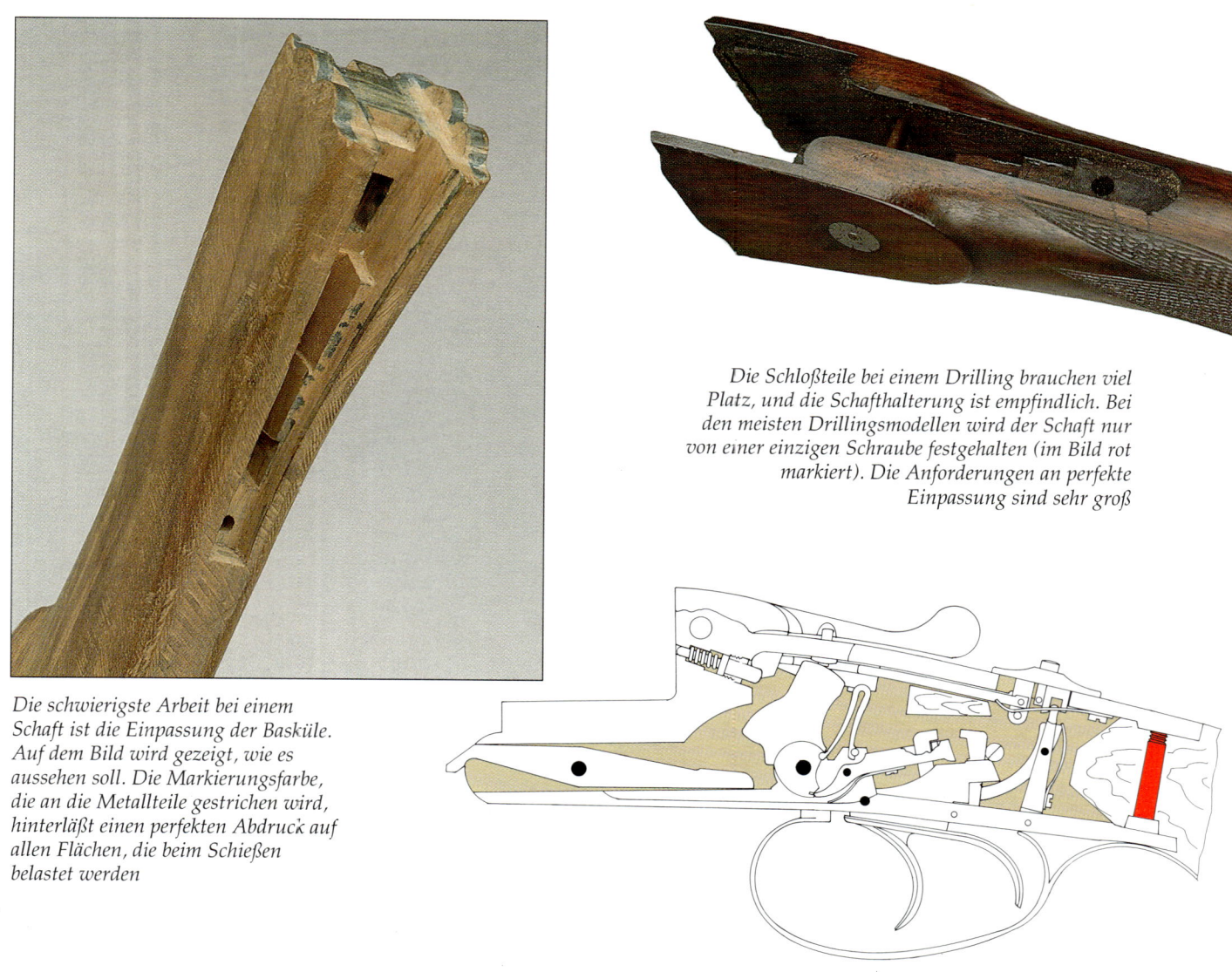

Die Schloßteile bei einem Drilling brauchen viel Platz, und die Schafthalterung ist empfindlich. Bei den meisten Drillingsmodellen wird der Schaft nur von einer einzigen Schraube festgehalten (im Bild rot markiert). Die Anforderungen an perfekte Einpassung sind sehr groß

Die schwierigste Arbeit bei einem Schaft ist die Einpassung der Baskule. Auf dem Bild wird gezeigt, wie es aussehen soll. Die Markierungsfarbe, die an die Metallteile gestrichen wird, hinterläßt einen perfekten Abdruck auf allen Flächen, die beim Schießen belastet werden

Die ersten Anzeichen für einen locker sitzenden Schaft sind kleinste Holzsplitter, die an den vom Oberflächendruck besonders belasteten Ecken losreißen. Ein weiteres typisches Zeichen sind Haarrisse, die hinter

Haarrisse hinter dem Kastenende, ein eindeutiges Zeichen, daß die Basküle sich nach hinten bewegen konnte. Ursache ist schlechte Passung zwischen Schaft und Basküle oder lose sitzende Schrauben. Es können auch oberflächliche Trocknungsrisse sein. Die Waffe sollte zur Kontrolle zerlegt werden

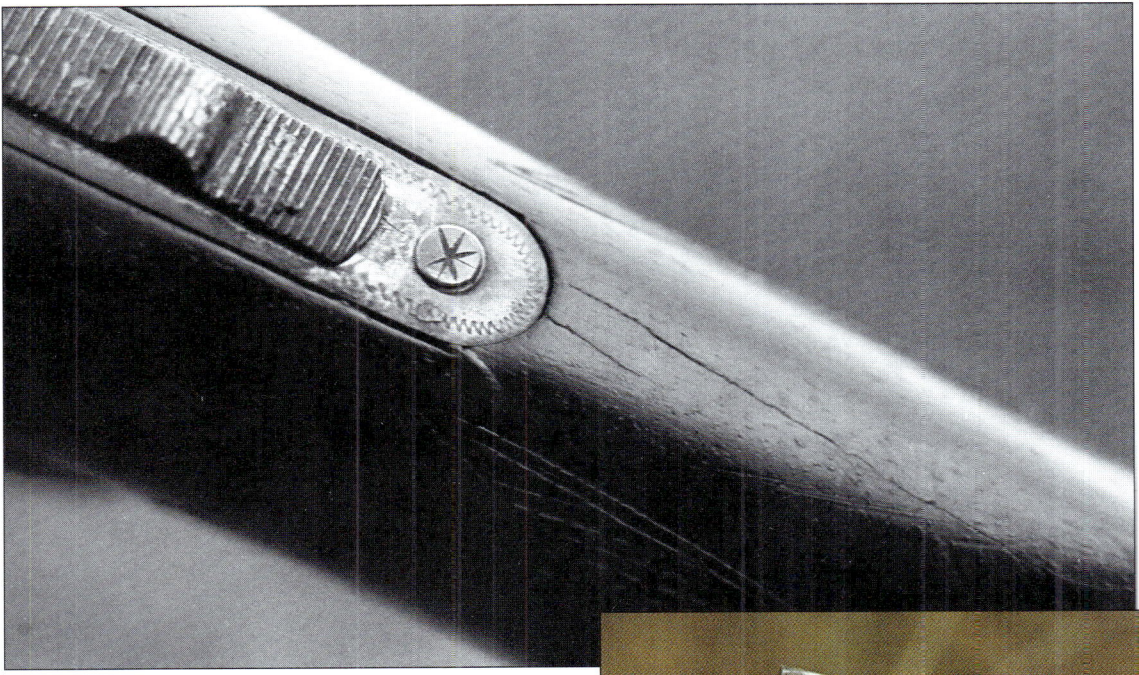

dem Kastenende entstehen. Ursache hierfür ist, daß die rückstoßaufnehmenden Flächen gestaucht werden und die Basküle nicht mehr im Schaft fixiert ist. Die hintere Schaftschraube, auch Kreuzschraube genannt, wirkt letztlich wie ein Keil und kann in ungünstigen Fällen den Schafthals spalten.

Es sind aber nicht nur schlechtes Holz oder zweifelhafte Passung, die solche Fehler verursachen. Holz ist ein lebendiges Material, das empfindlich auf Feuchtigkeit reagiert. Schäfte, die bei Wind und Wetter benutzt werden, ohne jemals einen Tropfen Schaftöl zu bekommen, können quellen oder schrumpfen. Besonders, wenn die Waffe während der Lagerung in der Nähe einer Wärmequelle aufbewahrt wird oder großen Tem-

Hier kann man deutlich sehen, daß kleine Holzsplitter losgerissen sind und daß der Schaft am oberen Teil der Basküle einen kleinen Riß hat. Wenn mit dieser Waffe weiterhin geschossen wird, ist recht bald ein neuer Schaft erforderlich

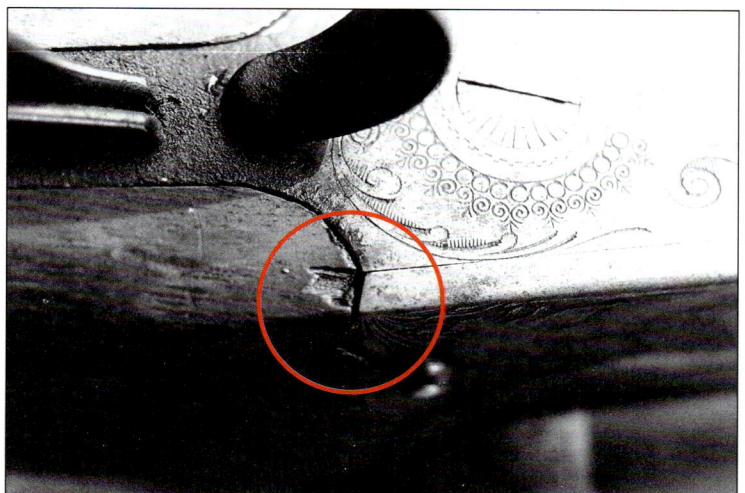 

Der Schein trügt nicht. Kleine Holzsplitter haben sich an der Unterseite des Schaftes gelöst (siehe Ring), es ergibt sich eine schlechte Passung zwischen Basküle und Schaft (siehe Pfeile)

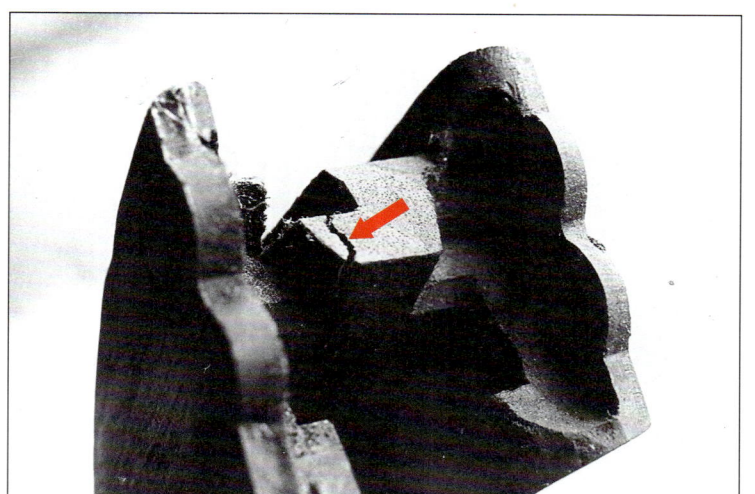 

Die Ursache der äußeren Zeichen war in diesem Fall ein inwendig gespaltener Schaft. Wahrscheinlich war die Befestigungsschraube des Schaftes lose. Die Waffe wurde jahrelang vernachlässigt, so daß der Schaft geschrumpft ist

peraturschwankungen ausgesetzt ist, kann das unerwünschte Folgen haben.

Feuchtes Schaftholz ist formbarer als trockenes. Wenn mit einer Waffe während einer „nassen" Periode viel geschossen wird, kann dies dazu führen, daß die Flächen, die den Rückstoß aufnehmen sollen, nach dem Trocknen nicht mehr dicht an der Basküle liegen.

Das hier Beschriebene geschieht selten von heute auf morgen. Wenn aber die Waffe, die man eventuell kaufen will, einige Jahrzehnte alt ist, sollte man aufmerksam sein. Wurden z. B. die Schrauben, die den Schaft festhalten, nicht hin und wieder kontrolliert und nachgezogen, besonders bei einer häufig gebrauchten Waffe, kann der Schaft locker sitzen und gespalten sein, auch wenn er ursprünglich sauber gearbeitet und von guter Qualität war.

Achtung: Bei Waffen, bei denen die Schrauben quer durch den Schafthals verlaufen, muß ein notwendiges Anziehen unbedingt von einem Fachmann vorgenommen werden, wenn man nicht weiß, wie man die Sicherheitsfunktionen der Waffe von außen kontrolliert.

Sitzen die Schrauben sehr locker und der Schaft ist nach vielen Jahren geschrumpft oder war schlecht eingepaßt, so verändert sich der Abstand zwischen den Abzügen und den Abzugsstangen, wenn die Schrauben zu stark angezogen werden. Dann besteht das Risiko, daß die Schlagstücke nicht sicher aufgefangen werden. Auch kann der Abzugswiderstand zu leicht werden, oder die Sicherung kann völlig versagen. Ein kompetenter Waffentechniker repariert eine solche Kalamität ohne Mühe. Beginnt man jedoch selbst zu schrauben, dürfen mögliche Risiken nicht unbeachtet bleiben.

Wie wird kontrolliert?

Zuerst beachtet man äußere Zeichen, wie Risse auf dem Schafthals und unter dem Kastenende. Dem Holzanschluß an der Basküle widmet man besonderes Augenmerk. Wenn sich dort kleine Holzsplitter lösen oder das Holz fransig oder verstaucht aussieht, soll man mit der einen Hand kräftig am Schafthals und mit der anderen kurz vor der Basküle anfassen, danach senkrecht nach oben und unten brechen, als ob die Waffe geöffnet und wieder geschlossen wird. Keine Angst, greifen Sie nur kräftig zu! Damit soll festgestellt werden, ob der Schaft sich im Verhältnis zur Basküle bewegt und ob plötzlich Risse auf den Schaftseiten in der Nähe von der Basküle sichtbar werden.

Eine gute Möglichkeit, sehr feine Haarrisse zu entdecken, besteht darin, eine dünne Schicht Öl über die zu kontrollierenden Flächen zu streichen. Wenn man den Schaft bricht, dringt das Öl in die Risse ein und wird bei nachlassender Belastung wieder herausgepreßt. Manchmal ist es äußerst schwierig, dünne Risse

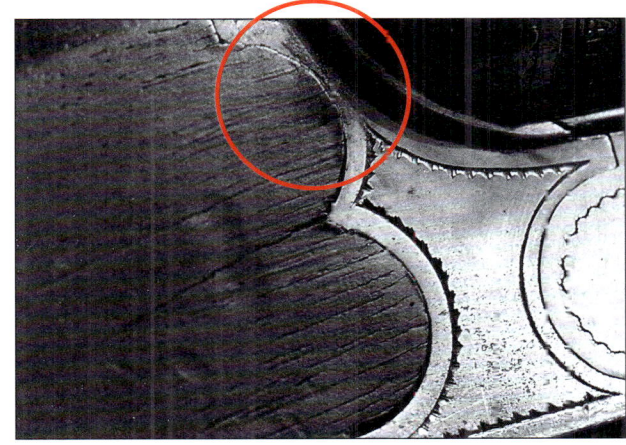

So soll ein frischer Schaft nicht aussehen. Im Ring sieht man, wie das Holz von den Rückstoßkräften gestaucht wurde

Die elegante Form an der Hinterkante der Basküle ist keine Dekoration Richtig gegen den Schaft eingepaßt, fixiert sie Schaft und Basküle miteinander

in der Holzstruktur zu erkennen Mit Hilfe dieses Öltests lassen sie sich aber leicht ausfindig machen.

Dann biegt man den Schaft seitwärts nach links und rechts. Sollte er inwendig gespalten sein, nicht richtig fest sitzen oder schlecht angepaßt sein, sieht man am

Kastenende einen Spalt. Besonders deutlich zeigt er sich seitlich vom Verschlußhebel.

Waffen mit durchgehendem Schaftbolzen, üblicherweise Bockwaffen, haben fast immer eine gewisse Neigung, seitlich zu „gähnen", wenn man sie ein wenig waagerecht biegt. Das ist nicht so alarmierend, da die Rückstoßkräfte auf eine andere Weise aufgenommen werden als bei Waffen, die von quer verlaufenden Schrauben zusammengehalten werden. Bei Waffen mit durchgehendem Schaftbolzen hat der vordere Teil des Schaftes oftmals eine Art Ohren oder Absätze, die genau in die Basküle passen sollen. Die größten Probleme mit Rissen, die bei diesem Waffentyp immer beim Kastenende auftreten, entstehen durch eindringendes Wasser oder Fremdkörper.

An Drillinge mit durchgehendem Schaftbolzen werden größere Anforderungen gestellt. Teils sind die Schlosse empfindlicher, teils sind die Schaftseiten dünner als bei einer Bockwaffe. Es ist bei einem Drilling mit durchgehendem Schaftbolzen absolut unakzeptabel, daß der Schaft locker sitzt. Auf der anderen Seite kann ein solcher Fehler leicht dadurch justiert werden, daß der Schaftbolzen angezogen wird. Dabei darf man aber nicht vergessen, die Sicherheitsfunktionen zu kontrollieren.

So kontrolliert man, ob der Schaft fest sitzt: durch Drücken nach oben, unten und seitlich. Auf diese Weise kann man auch sehen, ob an den Schaftseiten Risse vorhanden sind oder der Schaft innen gespalten ist. In diesem Fall „gähnen" die Schaftseiten von ihren Einpassungen gegen die Basküle

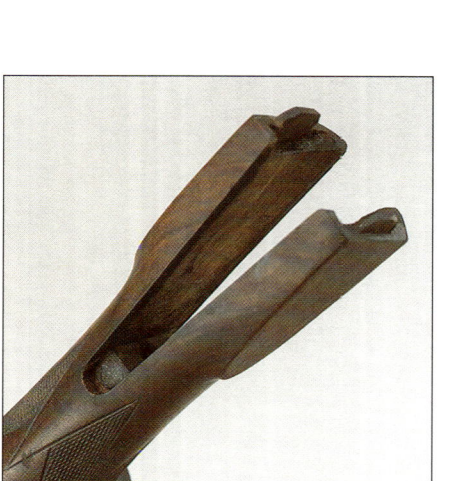

Der Schaft einer Bockflinte mit durchgehend befestigtem Schaftbolzen. Ganz vorn sieht man die kleinen „Ohren", die so in die Basküle eingepaßt werden sollen, daß die Schaftseiten nicht am Kastenende „gähnen"

Der Schafthals

Ein empfindlicher Teil vieler Kipplaufwaffen ist der Schafthals. Besonders bei feineren, älteren Waffen ist er oft sehr dünn. Feine Risse innerhalb der Fischhaut zu finden, erfordert ein sicheres Auge. Ein kleiner Trick hilft hier. Der Schaft wird zwischen Basküle und Kappe leicht gedreht. Zu diesem Test besteht ebenfalls Veranlassung, wenn der Abschluß des Schaftes gegen die Basküle nicht ganz fest oder die Passung nicht hundertprozentig ist. Man darf nicht zu kräftig drehen, die Waffen sind nicht gebaut, um Drehkräften standzuhalten. Dies gilt besonders für ältere Seitenschloßwaffen, bei denen der vordere Teil des Schaftes sehr unregelmäßige Formen und große Ausschnitte für die Schloßteile aufweist, die man von der Außenseite nicht sehen kann. Andererseits ist die Forderung nach einer guten Schafteinpassung an der Basküle bei Seitenschloßwaffen sehr wichtig. Zeigt also der Schaft bei einer solchen Waffe die kleinste Tendenz zu „gähnen", sollte die Waffe zerlegt und kontrolliert werden.

Wenn man versucht, den Schaft um seine Längsrichtung zu drehen, zeigt es sich, ob er am Schafthals gebrochen oder der Anschluß an die Basküle nicht dicht ist, besonders bei Waffen mit Seitenschlössern

Schäfte von Seitenschloßwaffen müssen eine perfekte Passung haben, damit sie die Belastungen aushalten. Die Herstellung eines neuen und technisch vollendeten Schaftes ist teuer.

Auch das kleinste Spiel zwischen Basküle und Schaft sollte zum Zerlegen der Waffe und gründlicher Untersuchung des Schaftes veranlassen.

Ältere Waffen, deren Holz beim Kontakt zu Metallteilen schwarze Stellen aufweisen, müssen besonders genau kontrolliert werden

Was ist akzeptabel?

Wie bewertet man eine Schaftbeschädigung oder eine zweifelhafte Schafteinpassung?

Es ist schwer, eine Preisliste zu erstellen. Einen senkrechten, inwendigen Schaftriß bei einer Doppelflinte (Hammerless) kann man oft problemlos mit einem Schaftbolzen beheben. Manchmal kann aber der Riß weiter nach hinten in den Schafthals und sogar bis hinter die Kreuzschraube reichen. Wenn das Holz beim Anschluß zur Basküle schwer gestaucht ist, ist eine korrekte Reparatur unmöglich.

Einen gespaltenen oder ganz abgebrochenen Schafthals kann man manchmal sowohl erfolgreich als auch unsichtbar reparieren, z. B. mit geeignetem Leim und durch Verstärkungen, die parallel zur Fischhaut eingeschnitten werden. Das Schaftholz darf aber nicht allzusehr mit Öl getränkt sein.

Man soll keine Kipplaufwaffe kaufen, bei der der Schaft locker sitzt, sofern sie nicht zuvor zerlegt und kontolliert wurde, besonders dann nicht, wenn sie teuer ist. Der Schaft muß fest sitzen. Das ist wichtiger, als wenn er abgenutzt ist oder Narben hat. So etwas ist nur eine kosmetische Frage, und eine äußerliche Renovierung ist vergleichsweise eine reine Lappalie.

Kipplaufwaffen und besonders Drillinge sind komplizierte Konstruktionen. Damit sie zufriedenstellend funktionieren, dürfen keine Verschiebungen zwischen der Basküle und dem Schloßblech auftreten. Die Toleranzen bei den mechanischen Funktionen sind klein, und ein defekter Schaft kann, wie ich bereits hervorgehoben habe, eine Waffe gefährlich machen.

Gewehre, bei denen der Schafthals mit Holzschrauben oder Blechbeschlägen repariert wurde, soll man nur dann erwerben, wenn die Waffe sehr interessant und der Preis so günstig ist, daß sich eine Umschäftung lohnt. Ist man unschlüssig, so rate ich, die Waffe von einem kompetenten Schaftmacher prüfen zu lassen.

Bevor man sie auf dem Schießstand erprobt, ist es wichtig, den Überlasser vorher auf Schaftschäden aufmerksam zu machen. Sonst kann es problematisch werden zu beweisen, daß die Schäden schon von Anfang an vorhanden waren und daß man sie nicht selbst durch fehlerhafte oder unachtsame Handhabung verursacht hat.

Läufe
und Verriegelung

Ein Haupterfordernis an eine mehrläufige Waffe ist, daß die Läufe ordentlich garniert sind, d. h., die Schienen dürfen nirgendwo lose sein. Wenn es sich um kombinierte Gewehre und Doppelbüchsen handelt, können lose Schienen für Präzision und Gebrauchswert der Waffe verheerend sein, wie wir später zeigen werden. Schrotläufe sollen keine inneren Rostnarben haben, aber ganz besonders beachten soll man, ob sie einer „Reinigungsbohrung" (Ausschleifen der Läufe) ausgesetzt wurden. Eine solche Maßnahme, unfachgemäß ausgeführt, macht die Waffe mehr oder weniger wertlos. Laufbauchungen kann man ebenfalls nicht ohne weiteres akzeptieren. Kleine Beulen an der Außenseite sind aber nicht so ernst zu nehmen, wenn sie nicht sehr stark sind und sich nicht zu weit hinten an den Läufen befinden.

Die Läufe sollen gerade und symmetrisch zusammengelötet sein, damit die Schrotgarben mit demselben Haltepunkt Fleck treffen. Das Zusammenschießen der Läufe hängt aber auch von der Schäftung der Waffe ab. Ohne Probeschießen kann man nicht sehr viel über die exakte Garnierung der Läufe sagen, es sei denn, man ist sehr erfahren und besitzt viel Sachverstand. Das wichtigste ist ja, daß die Läufe gut schießen. Wenn also die Läufe nicht nachgebohrt wurden, ist fast alles, was ihren Zustand betrifft, von kosmetischer Natur. Bei teureren Waffen erwartet man, daß die Außenseiten der Läufe korrekt geschliffen und poliert sind. Man soll aber auch den normalen Fabrikstandard akzeptieren, immer vorausgesetzt, man hat Freude daran, eine Waffe feiner Handwerksarbeit zu finden, bei der jemand Sorgfalt auf ästhetische Details verwendet hat.

Die Brünierung bestimmt neben einem gewissen Rostschutz auch das Erscheinungsbild. Wenn sie abgenutzt ist, kann sie leicht wieder aufgebracht werden. Man soll sich aber darüber klar sein, daß dies ziemlich teuer ist. Deswegen soll man beim Kauf einer unbrünierten Waffe wachsam sein. Zinngelötete Läufe sollen nicht mit gewöhnlichem sog. Schwarzoxydiersalz, das basisch ist, d. h. auf Ätznatron basiert, brüniert werden. Zum einer hält eine solche Brünierung nicht lange, zum anderen ätzen die Salzreste an den Lötstellen der Läufe. Die Methode ist einfach und billig und wird im allgemeinen bei Renovierungen von Jagdwaffen mit zinngelöteten Läufen benutzt, obwohl das ganz und gar schädlich ist.

Die richtige Methode ist die sog. Streichbrünierung mit sauren Flüssigkeiten. Die Arbeit ist schwer und zeitraubend und deshalb auch teuer, wenn das Ergebnis gut werden soll. Ein Risiko, daß die Schienen sich lösen, gibt es aber hierbei nicht. Die Methode fordert nämlich, daß die Lötfugen porentief dicht sind. Wer sich an die Arbeit macht, muß deswegen zuerst die Waffe genau kontrollieren und außerdem die Lötfugen nachbessern, falls sie irgendwo schlecht ausgeführt sein sollten.

Es ist für eine ungeübte Person nicht leicht, ohne Hinweise zwischen den Brüniermethoden zu unterscheiden. Sind aber die Laufhaken, die Laufoberfläche und die Patronenlager brüniert, soll man aufpassen. Eine richtige Streichbrünierung wird sehr selten auf Laufhaken und Laufoberflächen und nie im Patronenlager oder auf andere schwer erreichbare Stellen aufgebracht. Wenn Anzeichen darauf hindeuten, daß die Läufe „rundum" brüniert sind, besteht der Verdacht, daß sie in gewöhnlichem Schwarzoxydiersalz gekocht wurden. Läufe, bei denen die Schienen mit Silber oder etwas entsprechendem gelötet wurden, werden dagegen von Schwarzoxydiersalz nicht beeinflußt.

Laufkontrolle

Man soll immer damit beginnen, die Lötstellen zu kontrollieren, weil fehlerhafte Lötstellen die meisten Kosten bei der Wiederherstellung verursachen. Man hängt die Läufe an die Fingerkuppe und klopft danach leicht mit dem Knöchel oder einem passenden Gerät, wie z. B. dem Plastikgriff eines Schraubenziehers. Wenn das Löten richtig durchgeführt wurde, reagieren die Läufe wie eine Stimmgabel. Der Klang bleibt eine Weile, wenn man darauf achtet, daß der Riemenbügel nicht an den Läufen anliegt. Er kann den Laut dämpfen, besonders wenn er lose sitzt und klappert. Man beklopft beide Läufe an verschiedenen Stellen und auf beiden Schienen entlang der ganzen Länge. Man legt

So einfach kontrolliert man die Lötstellen der Schienen auf festen Sitz. Man hängt die Läufe an die Fingerkuppe und klopft mit dem Knöchel

sein Ohr ganz nahe an die Läufe. Wenn der Klang dumpf ist oder sich in irgendeiner Weise rauh anhört, sollte man sich die Lötstellen näher ansehen.

Man braucht eine scharfe Spitze, z. B. eine in V-Form geschliffene Reißnadel. Eine gewöhnliche Nähnadel hilft auch. Die Spitze wird innen in der Fuge zwischen Lauf und Schiene angesetzt, wonach man sie, wenn nötig, leicht am ganzen Lauf entlang zieht. Man sieht, aber vor allem fühlt man sofort, wenn Zinn irgendwo fehlt. Es ist sehr selten, daß alles Überflußzinn in der Falte zwischen Lauf und Schiene nach dem Löten per-

fekt weggeputzt wurde. Außerdem ist die Lötfuge niemals so dünn, auch nicht bei hochklassigen Waffen, daß man nicht das Zinn in ihr mit einer scharfen Spitze erreichen kann.

Will man eine teure Waffe kaufen, kann es in verdächtigen Fällen klug sein, die Läufe probedrücken zu lassen. Dazu muß man manchmal ein kleines Loch in die untere Laufschiene nahe dem Laufhaken bohren, wenn kein Schraubloch, z. B. beim Riemenbügel, oder eine andere Öffnung zwischen den Läufen vorhanden ist. Bei einem Drilling gibt es ja u. a. auf der Unterseite der verlängerten Schiene das Loch zur Stange für das Klappvisier. Dann wird über die Lötfugen Seifenwasser gepinselt, worauf man vorsichtig mit Druckluft bläst. Nun wird sofort sichtbar, ob die Schienen irgendwo lose sitzen. Natürlich kann auch das ganze Laufpaket im Wasserbad gewärmt werden, um Lekkage festzustellen.

Nicht selten sitzt die Unterschiene bei Doppelflinten und -büchsen lose. Oft hat sie sich in der Mitte rings um den Riemenbügel gelöst und sitzt nur hinten und vorne fest. Wenn man den Riemenbügel anfaßt und ein bißchen zieht, sieht man, ob dies der Fall ist.

Wenn man nach „Klangprobe" und Überprüfung der Lötfugen den Verdacht hat, daß die Oberschiene lose sitzt, muß man zur Gewißheit ein bißchen kräftiger nachprüfen. Die Oberschiene ist normalerweise viel steifer als die untere. Mit einem schmalen, scharfen Stemmeisen kann man aber vorsichtig in die Fuge fassen, um zu sehen, ob die Schiene sich bewegt. Es versteht sich von selbst, daß die Schienen bei kombinierten Waffen, Drillingen und Doppelbüchsen absolut perfekt sitzen müssen. Besonders wichtig ist dies, wenn ein Zielfernrohr montiert werden soll, wobei Montageteile direkt in die Schiene geschraubt oder in einer anderen Weise befestigt werden.

Wenn man unsicher ist, ob die Schienen festsitzen, kann man mit einer schmalen und scharfen Spitze prüfen, ob die Zinnfuge intakt ist. Die Methode fordert Erfahrung. Man fühlt mehr, als man sieht, ob die Nadelspitze Zinn oder Stahl berührt

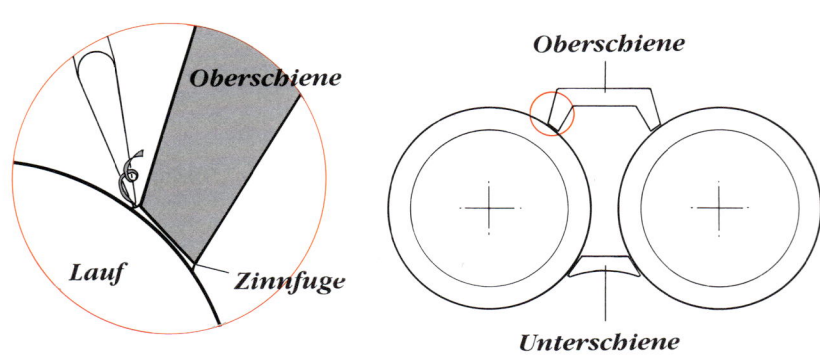

Laufbauchung, Rost und Schlagzeichen

Es ist oft nicht leicht, eine Laufbauchung zu entdekken, wenn man gerade von hinten in den Lauf hinein guckt. Wenn die Laufbauchung flach und symmetrisch ist, ist es für einen ungeübten Betrachter fast unmöglich. Die einfachste Methode ist die, entlang der Außenseite der Läufe zu sehen. Das Auge soll 8–10 cm von der Patronenlagerkante entfernt sein. Dann läßt man Tages- oder Lampenlicht auf den Lauf fallen. Die kleinste Unebenheit wird dadurch, daß man langsam die Mündung einige Zentimeter hebt oder senkt, sehr deutlich zu sehen sein. Man darf deswegen aber nicht erschrocken sein, sondern soll sorgfältig ringsum beide Läufe betrachten.

Danach untersucht man die Läufe von innen. Hierbei soll der Blick diagonal durch den Lauf fallen, so daß man gerade, wenn der Lauf gegen das Licht gehalten wird, die Mündung an der Kante des Patronenlagers sehen kann. So ist es leicht, die innere Oberfläche im Lauf zu betrachten. Eine Laufbauchung wird als schwarzer Ring sichtbar. Auch wenn er nur ein paar Zehntelmillimeter tief ist, bildet er einen markanten Schatten. Dasselbe gilt für Schlagzeichen oder Dellen. Was auf der Außenseite kaum erkennbar ist, wird von der Innenseite deutlich sichtbar, wenn die Lichtstrahlen, wie bei einem Sonnenuntergang, lange Schatten werfen.

Nach Rostflecken sucht man in derselben Weise. Man soll besonders genau kurz vor dem Patronenlager nachsehen. Daß man bei jeder Laufbesichtigung „ringsum" im Lauf sehen soll, ist selbstverständlich. Man darf auch nicht vergessen, dieselbe Kontrolle von der Mündung her vorzunehmen. Die Schärfentiefe des Auges ist mit zunehmendem Alter nicht mehr die eines Zwanzigjährigen. Wenn man also genau sein will, soll man die Läufe wenden und ihren Zustand an und kurz vor der Chokebohrung untersuchen.

Von Waffen, die eine Laufbauchung haben, soll man am besten die Finger lassen. Sitzt sie jedoch weit vorne und ist sie klein, beeinflußt sie die Schießleistung der Waffe nur unwesentlich. Allerdings ist dort infolge der Dehnung das Laufmaterial doch ein wenig dünner als das übrige Material. Ob dies die Festigkeit des Laufes vermindert, ist auch für eine sachverständige Person mitunter schwierig zu beurteilen.

Laufbauchungen können nicht repariert oder von der Außenseite wieder zurückgehämmert werden, so

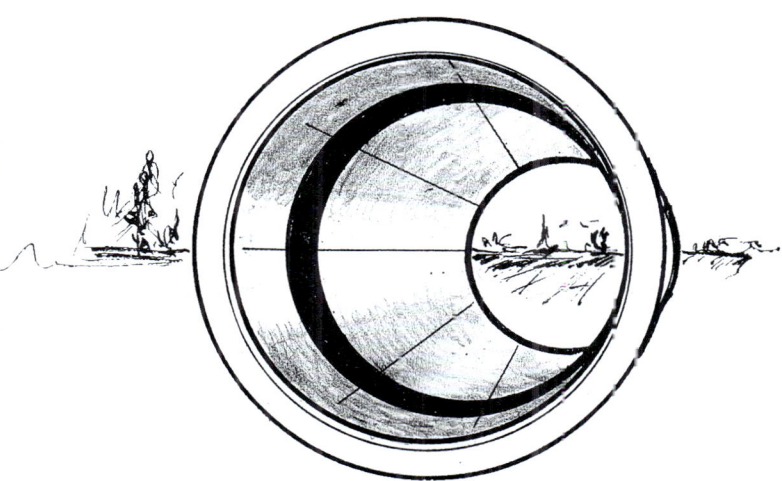

Das Material eines Flintenlaufes ist dünn. Es ist leicht, eine Delle hineinzuschlagen. Man soll immer schräg durch den Lauf sehen und ihn dabei gegen eine schwache Lichtquelle richten. Dann sieht man auch kleine Bauchungen, Beulen und Schlagzeichen, die man von außen unmöglich hätte entdecken können

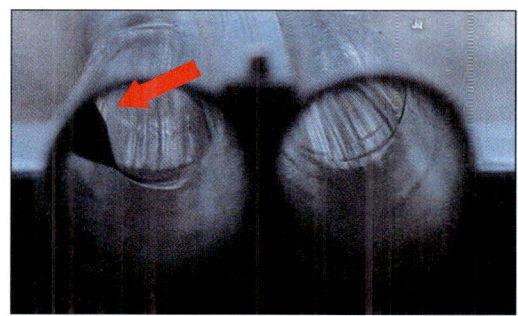

daß der Lauf wieder die normalen Dimensionen zu-rückerhält. Mit Beulen, die von der Außenseite geschla-gen sind, wird man dagegen schon leichter fertig. Schar-fe und sehr konzentrierte Schlagzeichen können je-doch genausoviel Kummer bereiten wie eine Lauf-bauchung. Das Laufmaterial kann sich ausgedehnt ha-ben und im schlimmsten Fall auf der Innenseite des Laufes geborsten sein. In Zweifelsfällen soll man den Schaden immer durch einen Sachverständigen besich-tigen lassen.

Wenn die Mündung einer einfachen Flinte einen Schlag bekommen hat, so daß sie unrund wurde, so ist dies kein ernster Fehler und kann relativ einfach korri-giert werden. Waffen mit auswechselbaren Chokeein-sätzen sind da bedeutend empfindlicher. Die Gewin-de sind sehr fein, und auch unbedeutende Schäden können irreparabel sein.

Stellen wir die wichtigsten Punkte, die für den Ge-brauchswert einer Waffe bedeutsam sind, und die Maß-nahmen, die für Herstellung und Erhalt eines hand-habungssicheren Zustandes erforderlich sind, zusam-men, so erhalten wir folgende Checkliste:

Eine Beschädigung an der Mündung ist leicht zu korrigieren, wenn die Waffe keine losen Choke-einsätze hat

Lose Schienen:
Die Waffe kann wieder einsatzfähig gemacht werden.

Arbeitsmaßnahme: In schwierigeren Fällen zerle-gen, umlöten, neu brünieren. Schienen, die sich an einer Stelle gelöst haben, können in der Regel wieder fest verlötet werden, ohne daß das ganze Laufbündel neu brüniert werden muß.

Arbeitszeit: 0,5–10 Stunden.

Laufbauchungen:
Die Waffe kann nur unter bestimmten Vorausetzun-gen wieder einsatzfähig gemacht werden.

Arbeitsmaßnahme: Man kann versuchen, die Bau-chung mit einem Dorn zurückzutreiben. Waffen mit Bauchungen soll man grundsätzlich nicht kaufen, auch wenn der Preisnachlaß sehr groß ist.

Beulen von der Außenseite geschlagen:
Die Waffe kann in der Regel wieder in völlig brauch-baren Zustand versetzt werden.

Arbeitszeit: 20 Minuten bis 1 Stunde.

Um eine Reparatur völlig unsichtbar zu machen, kann es notwendig werden, aus- und inwendig zu polieren und umzubrünieren.

Arbeitszeit: 5–10 Stunden.

„Reinigungsgebohrte" Waffen:
Die Laufmaße werden kontrolliert. Schlechte oder feh-lerhafte Arbeiten sind keine Lösung. Wenn der Durch-messer des Laufes noch kleiner als der zulässige Maxi-maldurchmesser ist, kann die Waffe unter der Voraus-setzung, daß die Oberfläche annehmbar ist oder nach-geschmirgelt werden kann, ohne dabei das Maximal-maß zu überschreiten, akzeptiert werden.

Arbeitsmaßnahme: Wenn die Oberfläche schlecht ist: Polieren mit rotierenden Wetzsteinen, eventuell auch durchziehen mit Bleikolben.

Arbeitszeit: Von einer Stunde und aufwärts, abhän-gig davon, wieviel Material weggenommen werden muß.

Zinngelötete Läufe, die schwarzoxydiert wurden: Die Waffe kann wieder einsatzfähig gemacht werden.

Arbeitsmaßnahme: Umlöten und Umbrünierung
Arbeitszeit: 5–10 Stunden.

Man soll keine teureren Waffen kaufen, bei denen die Läufe schwarzoxydiert wurden. Bei einfacheren Waffen soll man überprüfen, ob die Schienen nicht lose sitzen. War die Waffe nicht ausgesprochen gün-stig, soll man Garantie fordern.

Inwendiger Rost:
Abhängig von der Tiefe der Rostschäden und den Innenmaßen des Laufes kann die Waffe in der Regel in neuwertigen oder völlig brauchbaren Zustand ver-setzt werden. Die Schußleistung der Waffe wird von Rostflecken kaum beeinflußt.

Arbeitsmaßnahme: Fachmännisches Aufbohren der Läufe (Reinigungsbohrung), inwendiges Schlei-fen und Polieren.

Arbeitszeit: ca. 1 Stunde.

Wie verschiedene Grade von inwendigen Rostschä-den den Wert der Waffe beeinflussen, kann man nicht genau sagen. Rostflecken (Flugrost) sind eher eine kos-metische Frage. In Zweifelsfällen soll man die Waffe gutachtlich besichtigen lassen. Waffen mit tiefen Rost-narben sollte man auf jeden Fall meiden.

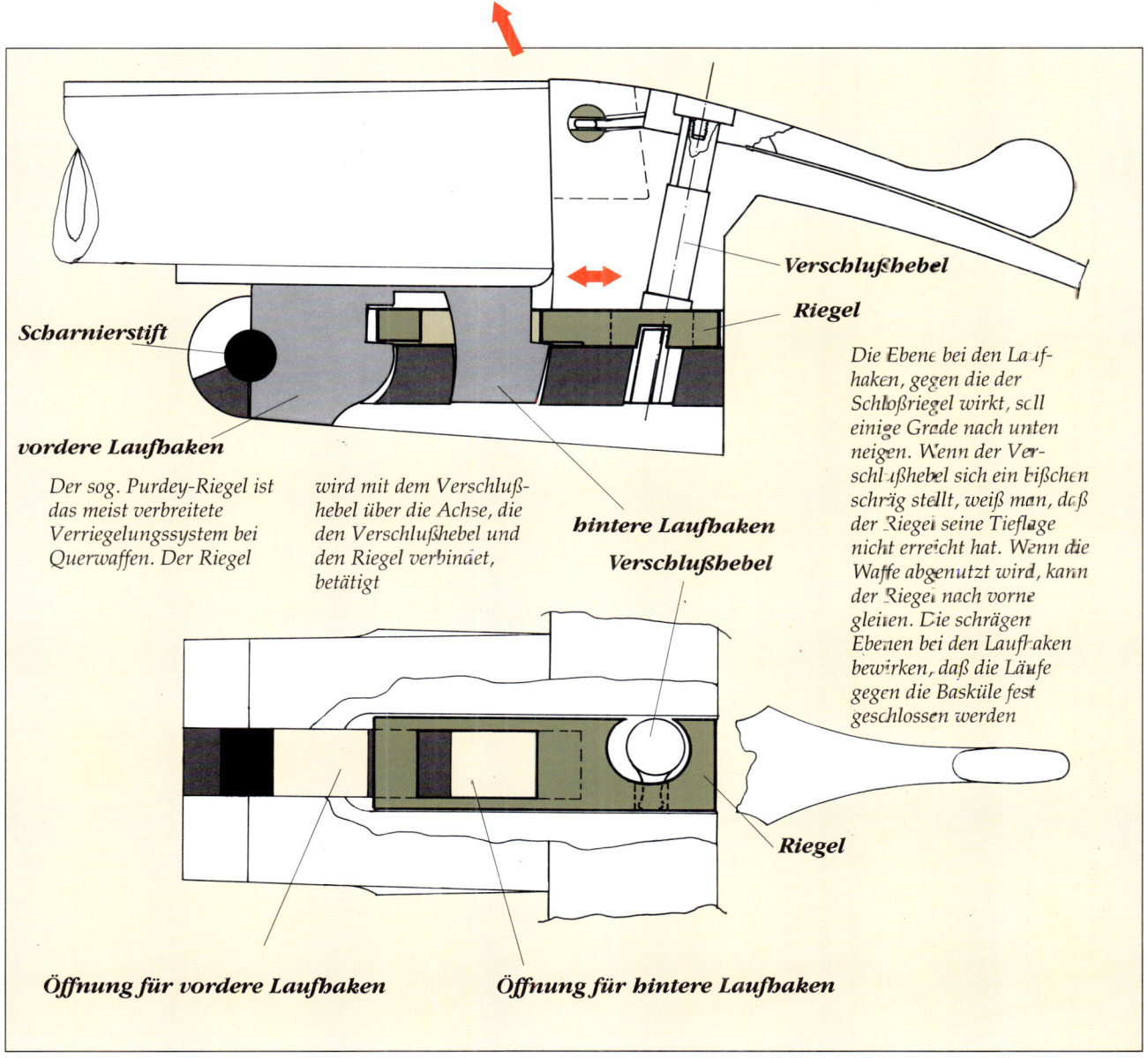

Scharnierstift

vordere Laufhaken

Der sog. Purdey-Riegel ist das meist verbreitete Verriegelungssystem bei Querwaffen. Der Riegel

wird mit dem Verschluß-hebel über die Achse, die den Verschlußhebel und den Riegel verbindet, betätigt

Verschlußhebel

Riegel

hintere Laufhaken

Verschlußhebel

Die Ebene bei den Lauf-haken, gegen die der Schloßriegel wirkt, soll einige Grade nach unten neigen. Wenn der Ver-schlußhebel sich ein bißchen schräg stellt, weiß man, daß der Riegel seine Tieflage nicht erreicht hat. Wenn die Waffe abgenutzt wird, kann der Riegel nach vorne gleiten. Die schrägen Ebenen bei den Laufhaken bewirken, daß die Läufe gegen die Basküle fest geschlossen werden

Riegel

Öffnung für vordere Laufhaken   **Öffnung für hintere Laufhaken**

Die Verriegelung der Kipplaufwaffen

Es ist keine Katastrophe, wenn eine Kipplaufwaffe, die viel gebraucht wird, ein bißchen locker ist. Die häufigste Ursache hierfür ist, daß der Scharnierstift abgenutzt wurde. Lockerungen hängen auch davon ab, wie gut die Laufhaken in der Basküle eingepaßt sind und wie die Passung des Schloßriegels im Verhältnis zu den Laufhaken ist. Die Passung zwischen dem Vorderstück oder dem Beschlag des Vorderschafts und der Basküle und seinem Verschluß gegen den Lauf beeinflußt darüber hinaus die Festigkeit der Waffe. Bei den meisten Kipplaufgewehren läßt sich eine leichte Lockerung zwischen Lauf und Basküle ziemlich einfach reparieren. Wenn man es beizeiten macht, d. h., bevor das Spiel zu groß wird, kann die Waffe wie neu werden. Man muß also nicht auf den Kauf einer preiswerten und guten Waffe verzichten, nur weil sie ein bißchen locker ist. Man muß aber andererseits in Kauf nehmen, daß einige Stunden Arbeit aufzuwenden sind, um den Scharnierstift auszutauschen und eventuell den Kasten zusammenzudrücken und die Passung der Laufhaken seitlich zu justieren.

Zuerst ist festzustellen, ob die Waffe wirklich locker ist oder nicht. Man entfernt den Vorderschaft, falls er abnehmbar ist, und stellt das Gewehr auf den Kopf, so daß der Abzugsbügel nach oben weist. Danach greift man die Waffe kräftig um den Schafthals oder den Pistolengriff, den übrigen Schaft klemmt man zwischen Körper und Ellenbogen fest. Mit dem Zielfinger der anderen Hand schiebt man den Verschlußhebel zur Seite, der Daumen wird gegen die Basküle gestützt. Danach schüttelt man die Läufe seitlich mit kurzen, schnellen Bewegungen. Eine eventuelle Lockerung wird dadurch auffallen, daß es in der Waffe klopft. Auf diese Weise kann man feststellen, ob der Scharnier-

Wenn eine Waffe seitlich locker wird, ist meistens der Scharnierstift (beim Pfeil) abgenutzt. Bei den meisten Waffen kann er leicht ausgetauscht werden, wonach die Waffe wieder fest wird. Am linken Bild kann man sehen, wie er entfernt ist. Auf dem oberen sieht man das Loch, wo er sitzen sollte

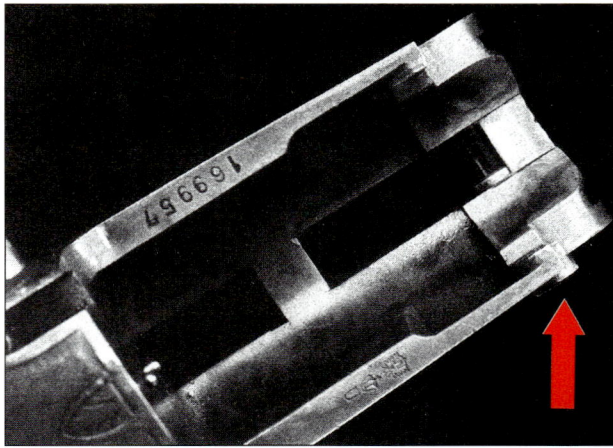

stift abgenutzt ist. Der Verschlußstift soll Läufe und Basküle zusammenhalten; eine eventuelle Lockerung ist hierbei in der Vertikalebene zu finden. Das bedeutet, daß die Läufe nach oben und unten wackeln können.

Der Stift ist selten so locker, daß es mit bloßem Auge wahrnehmbar ist. Man hält die Waffe ohne Vorderschaft mit dem Daumen vor dem Abzugsbügel und den Fingern um Basküle und Verschlußhebel, während die andere Hand leicht am Schaftrücken klopft. Dabei ist unschwer zu fühlen, ob der Verschlußkeil einen schlechten Griff im Laufhaken hat.

Geringes Spiel im Verschlußkeil pflegt zu verschwinden, wenn man den Scharnierstift austauscht. Größeres Spiel aber kann nur dadurch beseitigt werden, daß man den Schloßriegel austauscht und auch einige andere Eingriffe vornimmt. Solche Operationen können ziemlich zeitraubend und damit teuer werden.

Pfuschdichtung

Nicht immer wird eine Waffe durch sachgemäßen Gebrauch abgenutzt. Es gibt auch unsachgemäße Instandsetzungsversuche, die das Gewehr letztlich unbrauchbar machen können. Deshalb ist bei Kipplaufwaffen unbedingt zu kontrollieren, daß die Waffe nicht dadurch „pfuschgedichtet" wurde, indem die vordere Kante am hinteren Laufhaken mit einem dicken Hammer gestaucht wurde. Eine solche Maßnahme hält vielleicht für einige hundert Schüsse vor, aber es ist eben eine Pfuschmethode, um besseren Waffenzustand vorzutäuschen.

Die Eingriffsebene an den Laufhaken soll einige Grade nach unten geneigt sein, damit der Verschlußkeil nicht festklemmt, wenn die Waffe geschlossen wird, und damit Spiel vorhanden ist, um normale Abnutzung zu kompensieren.

Die „Hammermethode", um Waffen zu dichten, schränkt sich dadurch ein, daß der hintere Laufhaken aufgehämmert wird. Häufig wird vergessen, nach der Freveltat ordentlich zu polieren. Dem aufmerksamen

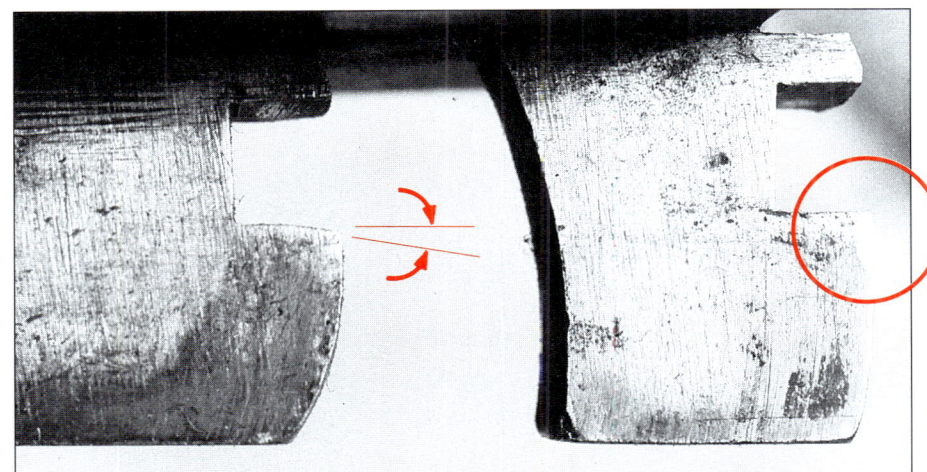

Hier erkennt man, daß der hintere Laufhaken aufgetrieben wurde, damit der Riegel die Läufe fest gegen die Baskü'e hält. Man beachte die Neigung der vorderen Laufhakenfläche (links). So muß es aussehen, wenn der Schloßriegel nicht festklemmen soll

Wenn man die Laufhaken rußt und danach die Waffe schließt, erhält man bald Aufschluß darüber, ob alles in Ordnung ist. Auf dem Bild ist zu sehen, daß der Ruß nur in der Mitte der Laufhaken weggekratzt ist. Der Haken wurde also mit einem Hammer aufgetrieben. Es handelt sich in beiden Bildern um dieselbe Waffe

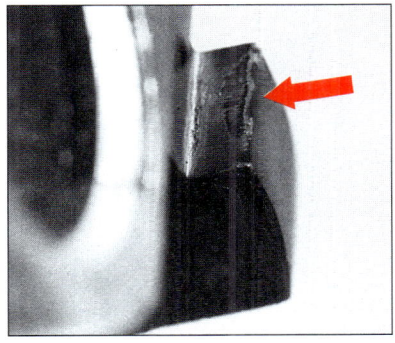

Derselbe Laufhaken von hinten gesehen. Der Haken wurde mit feinem Schmirgelleinen auf einer flachen Feile leicht geglättet. Die Schlagzeichen erscheinen nun als dunklere Partien, da das Schmirgelleinen nicht auf die eingedrückten Flächen wirkt

auf einer begrenzten Fläche weg, nicht auf der ganzen Breite, und besonders deutlich auf der Kante. Wenn man die Hinterseite des Laufhakens in der Vertikalebene mit einem sehr feinen Schmirgelleinen (Korngröße drei- oder vierhundert) auf einer ebenen Feile überarbeitet, erscheinen eventuelle Hammerschläge als dunklere Flächen im Blanken.

Bei selbstöffnenden Waffen wie Purdey, Holland & Holland u. a. ist das Spiel bei Scharnierstift und Verriegelung schwieriger zu kontrollieren. Die Läufe sind federbelastet, und die Waffe neigt dazu, sich automatisch zu öffnen, sobald man der Verschlußhebel zur Seite bewegt. Eine geöffnete Waffe ist selten ganz fest, besonders nicht, wenn man sie einige Jahre benutzt hat. Geringes Spiel ist also in diesem Fall kein definitives Zeichen dafür, daß die Waffe auch in geschlossenem Zustand locker ist. Je nach den Umständen kann Spiel im Verriegelungssystem mit mehr oder weniger Aufwand beseitigt und die Waffe in alter Pracht wiederhergestellt werden.

Beobachter fällt es auf diese Weise leicht, die Hammerspuren hinten am Laufhaken zu entdecken.

Zur genaueren Kontrolle kann man den Laufhaken berußen, die Läufe wieder in die Waffe einsetzen und sie schließen. Jetzt wird eine eventuelle Pfuscherei sofort sichtbar. Der Verschlußkeil kratzt den Ruß nur

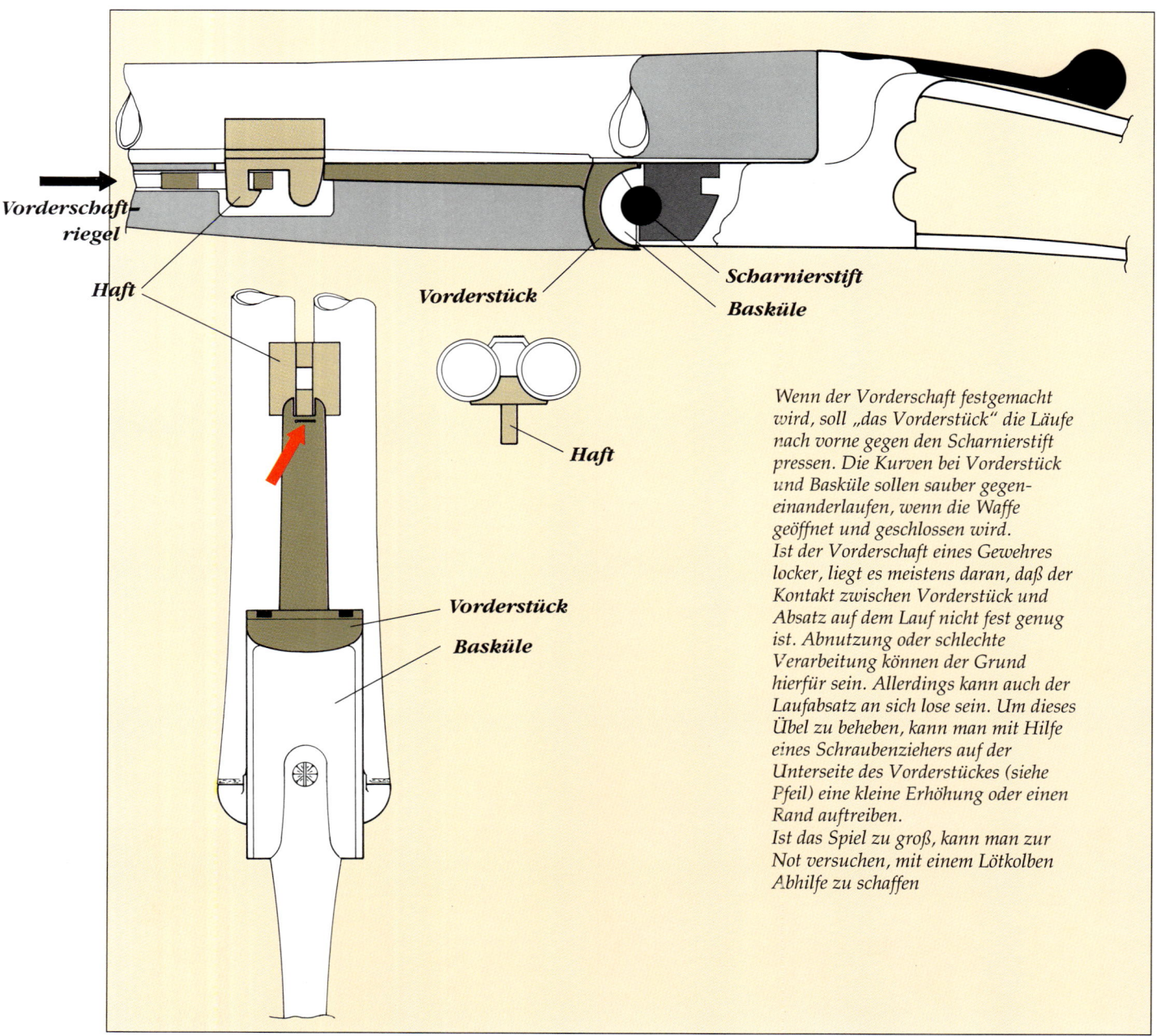

Vorderschaft-riegel

Haft

Vorderstück

Basküle

Scharnierstift

Basküle

Haft

Wenn der Vorderschaft festgemacht wird, soll „das Vorderstück" die Läufe nach vorne gegen den Scharnierstift pressen. Die Kurven bei Vorderstück und Basküle sollen sauber gegeneinanderlaufen, wenn die Waffe geöffnet und geschlossen wird.
Ist der Vorderschaft eines Gewehres locker, liegt es meistens daran, daß der Kontakt zwischen Vorderstück und Absatz auf dem Lauf nicht fest genug ist. Abnutzung oder schlechte Verarbeitung können der Grund hierfür sein. Allerdings kann auch der Laufabsatz an sich lose sein. Um dieses Übel zu beheben, kann man mit Hilfe eines Schraubenziehers auf der Unterseite des Vorderstückes (siehe Pfeil) eine kleine Erhöhung oder einen Rand auftreiben.
Ist das Spiel zu groß, kann man zur Not versuchen, mit einem Lötkolben Abhilfe zu schaffen

Der Vorderschaft

Das Metallteil, das im Vorderschaft eingefügt ist, wird Vorderstück genannt. Sein Hinterteil liegt gegen den runden, vorderen Teil der Basküle an. Das Vorderteil greift am Lauf in einen Absatz, der Haft genannt wird. Richtig eingepaßt, soll das Vorderstück die Läufe nach

vorne gegen den Scharnierstift pressen und ist sozusagen die vordere Hälfte vom „Scharnier" der Läufe. Um als richtig eingepaßt zu gelten, darf er keinesfalls in der Längsrichtung der Läufe lose sein, am besten auch nicht seitwärts. Um ein eventuelles Spiel fühlen zu können, soll man die Prüfung mit geöffneter Vorderschaftverriegelung vornehmen, da die Schließvorrichtung des Vorderschafts in diesem Zusammenhang eine separate Einheit bildet.

Manchmal findet man sogar bei fabrikneuen Waffen Vorderschäfte, die extrem schwierig anzubringen oder abzunehmen sind. Die Ursache ist nicht selten, daß die Passung der Läufe zu Laufhaken und Basküle von vorneherein ungenau war. Wenn das Vorderstück sehr stramm eingepaßt wird, erscheint die Waffe dem Jäger völlig korrekt, wenn er sie öffnet oder schließt. Wird jedoch der Vorderschaft weggenommen, dann prüft man das Spiel nach oben beschriebener Methode.

Das Vorderstück soll glatt und fein gegen die Basküle laufen. Wenn es während der Brechbewegung zu „gähnen" beginnt, liegt der Verdacht nahe, daß der Scharnierstift und der Einschnitt für ihn im vorderen Laufhaken nicht richtig gegeneinander passen. Teurere Waffen soll man in einem solchen Fall zerlegen lassen, so daß sie näher untersucht werden können.

Ebenso ist eine nähere Untersuchung anzuraten, wenn die Waffe beim Schießvorgang fest wirkt, sich jedoch plötzlich mit einem Knall und ohne Widerstand schließt, wenn sie ins Schloß fallen soll.

Querriegel und verlängerte Schiene

Alle Querriegel, die es bei Gewehren mit gebräuchlichem Verschlußkeil im Kastenboden gibt, haben nur den Zweck, die Biegebelastungen in der Basküle beim Schießen zu vermindern. Man kann also nicht das Spiel zwischen Läufen und Basküle dadurch verringern, daß man einen Querriegel justiert oder austauscht.

Es gibt aber einige Gewehre, wie z. B. Bockwaffen von Merkel und Simson und die ERNO Serie 300 u. a., die mit einer besonderen Querriegelvariante, dem Kerstenverschluß, ausgestattet sind. Hier hat natürlich die Passung des Querriegels große Bedeutung für eine eventuelle Lockerung der Waffe.

Zuletzt möchte ich noch darauf hinweisen, daß man sich stets vergewissern soll, ob die gleitenden Flächen, die Riegel, der Scharnierstift und die Kurve im Vorderstück zweckmäßigerweise mit einem besonderen Schmiermittel versehen sind. Es empfehlen sich zähe Fette, die sehr gut anhaften. Graphitfett kann natürlich auch benutzt werden, beschmutzt aber mehr. Wenn man die Verriegelungsflächen pflegt, bewältigt die Waffe Belastungen viel besser, als man glauben mag.

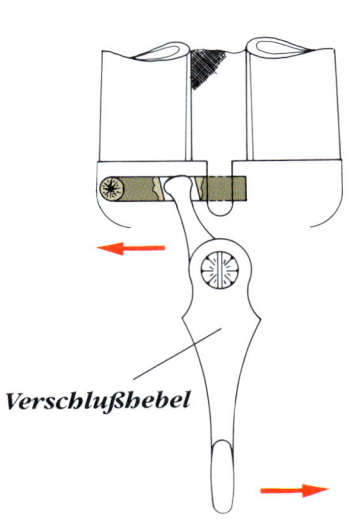

Verschlußhebel

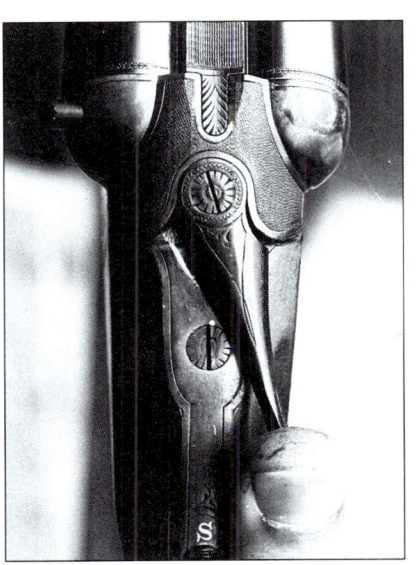

Links ein runder Querriegel (Greener) und rechts eine Basküle mit Einschnitt für die sog. Purdey-Nase. Diese Art von Spezialverriegelungen vermindern die Biegebelastungen im Kasten beim Schießen.

Schloß und Schloßteile

Es ist ziemlich leicht, sich vom Äußeren eines Gewehrs ein Bild zu machen. Das eigentliche Herz der Waffe, das Schloß, bleibt aber dem direkten Blick verborgen. Sich darüber eine Meinung zu bilden, ohne mit der Waffe zu schießen oder sie zu zerlegen, ist kaum möglich.

Was ist denn wichtig für die Beurteilung? Einfach ausgedrückt, besteht die Funktion des Schlosses darin, bei Abzugsbetätigung die Patrone abzufeuern. Abgesehen von Schußleistung, Balance, eventuellen Beschädigungen, Qualität des Schaftholzes und anderen äußeren Merkmalen muß der Schuß brechen, wenn der Abzug bedient wird. Versager sind nie willkommen, treten aber häufiger auf, als man vermutet. Das gilt sowohl für neuere als auch für gebrauchte Waffen. Die Ursache kann von einer langen Reihe komplizierter Umstände abhängen, aber auch von einfachen und leicht zu behebenden Fehlern.

Die Schlagfedern

Das einzige, was man bei Kipplaufgewehren von den Schlössern an der Außenseite sehen kann, ist das äußerste Ende der Schlagbolzenspitze und das Abzugssystem. Eine gewisse Vorstellung von der Schloßfunk-

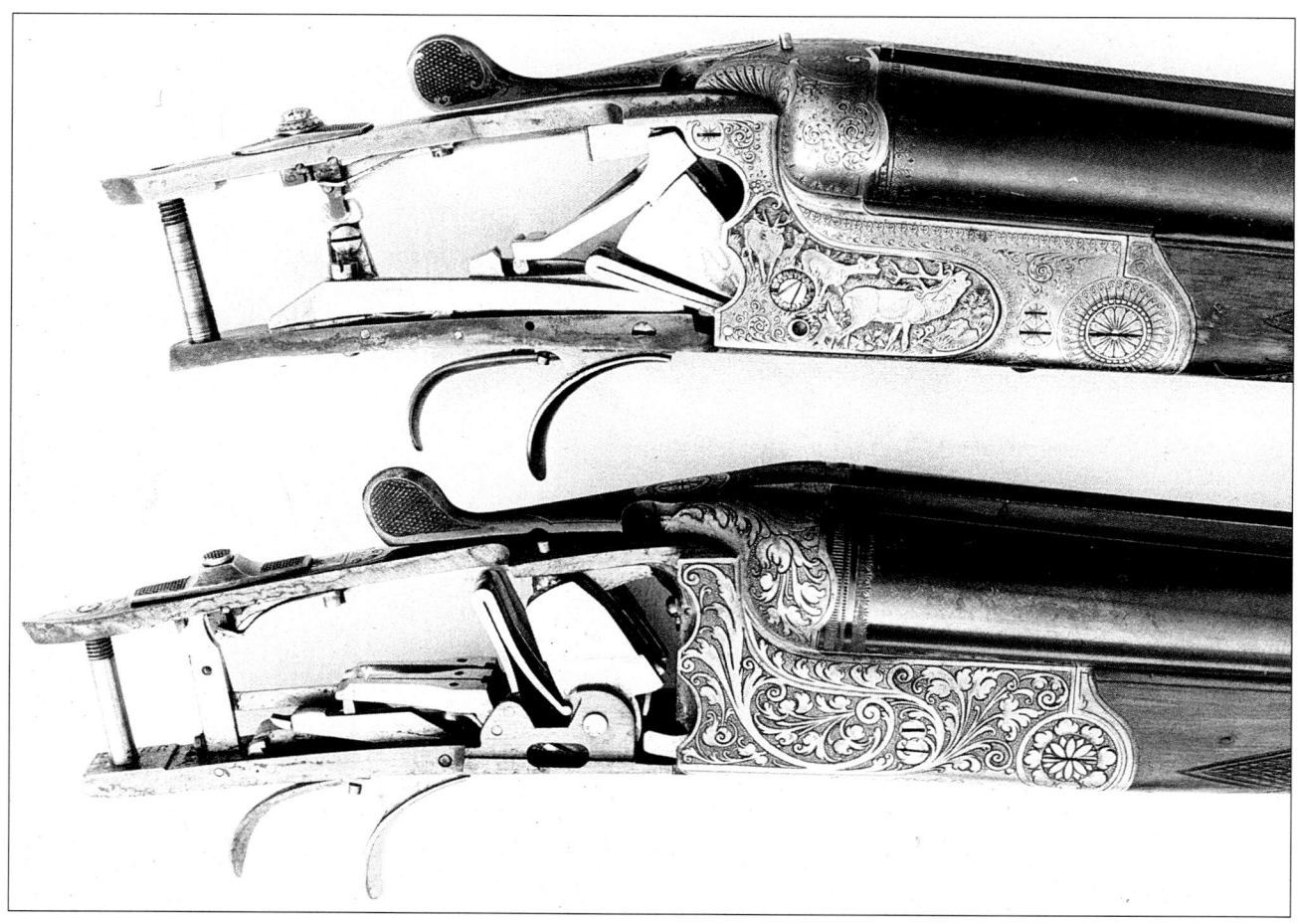

Das Schloß ist das Herz der Waffe. Die Konstruktionen können endlos variieren, jedoch alle mit dem Ziel, die geladene Patrone abzufeuern

tion kann man aber durch genaues Hinhören bekommen. Das Schlaggeräusch des Hahnes ist von außen hörbar. Wenn z. B. eine Schlagfeder schlecht oder abgebrochen sein sollte, hört man in der Regel einen markanten Unterschied bei einem Abschlagen der Schlosse. Dies trifft in erster Linie für Schlösser mit Blattfedern zu. Bei Spiralfedern ist die Hörprobe schon schwieriger. Aber ein Federbruch ist fast ausgeschlossen, und der Unterschied zwischen normalem und nicht normalem Zuschlag ist nicht einfach herauszuhören.

Eine Möglichkeit, die Schlagfedern bei normalem „Hammerless" zu überprüfen, gibt es doch. Die Läufe werden bei abgeschlagenen Schlossen abgenommen und danach die Schlagbolzen mit einem harten Gegenstand zurückgedrückt. Man muß ein Gefühl für die Kraft entwickeln, die man braucht, um Schloß und Schloßteile zu bewegen oder die Schlagbolzen hereinzudrücken. Einen größeren Unterschied zwischen ihnen kann man aber leicht fühlen, falls er vorhanden sein sollte.

Bockwaffen besitzen oft zurückspringende Hähne. Dann verschwindet der Schlagbolzen in der Basküle, unmittelbar nachdem er vom Hahn getroffen wurde, und es gibt keine Möglichkeit, die Federn so zu prüfen, wie oben beschrieben wurde.

Um ein klares Bild vom Zustand der Schlagfedern zu bekommen, muß man mit der Waffe schießen. Das braucht aber nicht mit scharfer Munition zu geschehen. Man bezündert verschiedene Hülsen, natürlich ohne Vorladung und Pulver, möglichst mit verschiedenen Zündhütchentypen. Damit lädt man und schießt. Achtung! Die Zündhütchen in Schrotpatronen sind kräftig. Die Waffe soll so gehalten werden, daß niemand gefährdet wird. Anschließend darf man nicht vergessen, die Läufe zu reinigen. Die Probe mit bezünderten Hülsen beantwortet verschiedene Fragen. Zunächst, ob die Waffe knallt, also ob die Schlagfedern tadellos sind. Weiter kann man sehen, wie weit das Zündhütchen sich aus der Hülse bewegt (hierauf komme ich später zurück) und ob der Einschlag einigermaßen zentral ist, d. h. der Schlagbolzen in der Mitte des Zündhütchens auftrifft.

Was das Zündhütchen erzählt

Auch wenn die Patronen erfolgreich gezündet haben, soll man die Einschläge mit einer Lupe möglichst ge-

nau ansehen. Daß eine Waffe mit schwacher. Eindrükken im Zündhütchen viermal hintereinander die Schüsse ausgelöst hat, ist keine Garantie für das fünfte Mal, wenn sowohl Waffe als auch Munition nach einigen Stunden auf einem Stand abgekühlt sind.

Schwache und asymmetrische Einschläge können auf folgende Fehler hinweisen:
- fehlerhafte oder deformierte Schlagbolzen,
- gebogene Schlagbolzen oder Schlagbolzenbruch,
- extrem harte Zündhütchen,
- verschmutzte Schlösser oder Schloßsysteme,
- zu tiefe Patronenlager,
- schwache Schlagfedern,
- Schlösser mit unzureichender Grundkonstruktion.

Letztere reagieren beispielsweise sehr empfindlich auf verschiedene Munitionskomponenten. Schwache Einschläge zeigen, daß man die Waffe untersuchen soll, um die Ursache zu finden und wenn möglich zu korrigieren. Die Ursachen von Versagern sind vielfältig. Die Erklärung, daß entweder die Munition oder die

Schlechte Schlagbolzeneindrücke können viele Ursachen haben. Hier sieht man einen Zündversager, bedingt durch einen Waffenfehler. Auf dem oberen Zündhütchen ist deutlich ersichtlich, daß der Schlagbolzen locker in seiner Führung saß. Wenn die Patrone zündet, sieht der Anschlag üblicherweise normal aus, da der Gasdruck das Zündhütchen gegen den Schlagbolzen preßt. Wenn jedoch die Patrone wirklich versagt, sieht man, ob der Einschlag aus irgendeinem Grund zu schlecht ist

Waffe fehlerhaft ist, genügt nicht. Meistens ist es eine Kombination von beiden, und in einigen Fällen muß man konstatieren, daß gewisse Kombinationen von Waffen und Munition nicht fehlerfrei zusammen funktionieren. Dann muß man ganz einfach ein anderes Munitionsfabrikat probieren. Wenn die Funktion der Waffe bei mehreren Fabrikaten problematisch ist, wird es Zeit, sie in Ordnung zu bringen.

Wo beginnt man mit der Suche?

Der häufigste Grund für Versager ist, daß die Schlagbolzen gestaucht oder in anderer Weise beschädigt sind. Daß sie gestaucht werden, hat seinen Grund oft darin, daß die Waffe über einen längeren Zeitraum ständig gebraucht wurde oder daß das Material der Schlagbolzen zu weich ist. Wenn die Schlagbolzenlänge innerhalb normaler Toleranzen liegt, kann ein solcher Fehler ohne größere Eingriffe korrigiert werden. Nor-

Bei einer Waffe mit festem Schlagbolzen kann man mittels eines Meßschiebers leicht die richtige Länge messen. So soll ein korrekt gestalteter Schlagbolzen aussehen

malerweise soll ein Schlagbolzen 1,2–1,5 mm aus dem Stoßboden herausstehen.

Konstruktionsbedingt kann es manchmal schwierig sein, die erforderlichen Kontrollen von außen vorzunehmen, beispielsweise wenn die Waffe lose Schlagbolzen und zurückspringende Hähne hat. Die angegebenen Maße sollen normalerweise zu allen vorkommenden Maximum- und Minimumtoleranzen sowohl bei Waffen als auch bei Munition kompatibel sein. Dies setzt aber voraus, daß die Form der Schlagbolzen korrekt ist, d. h., die Spitze soll halbkugelförmig sein.

Deshalb untersucht man an einer Waffe, die tendenziell zu Versagern oder zum flachen Schlagbolzeneinschlag im Zündhütchen neigt, zuerst die Schlagbolzenspitze, um sie ggf. zu ersetzen oder formgebend nachzupolieren. Anschließend sollte man ein Probeschießen nicht vergessen.

Ein Schlagbolzen, der gestaucht ist, dringt nicht so in die Zündhütchen ein, wie er soll. Aus der Abbildung wird deutlich, daß der Einschlag scharfe Kanten hat und im Boden flach ist

Zündhütchendurchbruch kann Schlagbolzen, Basküle und Schaft zerstören. Bei Wiederholungen muß die Waffe untersucht und justiert werden

Zündhütchendurchbläser

Eine andere Ursache für Versager ist, daß der Schlagbolzen wegen Zündhütchenbruch ausgebrannt ist. Es

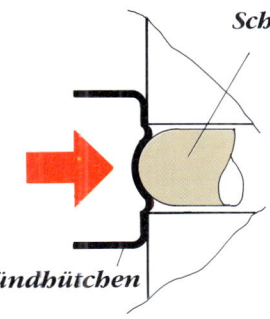

*So sieht es aus, wenn der Schlagbolzen zu schmal, die Rückhol-
feder zu schwach oder das Spiel zwischen der Patrone und dem
Patronenlager zu groß ist. Wenn man bei einer Waffe mit solchem
Defekt Patronen mit sehr weichen Zündhütchen verwendet, wird
wahrscheinlich ein Loch in das Zündhütchen gestanzt*

*So wie hier darf der Schlagbolzen nicht
aussehen. Die Gefahr eines Zündhütchen-
durchbläsers ist sehr groß. Der Schlagbolzen
ist außerdem im Verhältnis zum Loch in der
Basküle viel zu schmal*

ist nicht gerade ein mildes Lüftchen, das nach hinten weht, wenn das Zündhütchen durchbrochen wird. Die Pulvergase sind sehr heiß und der Druck gerade dann maximal, wenn der Schlagbolzen ein Loch in das Zündhütchen schlägt.

Nach einigen Durchbläsern zeigt die Schlagbolzennase einen Krater statt der wünschenswerten Halbkugelform. In einigen Fällen wird der Schlagbolzen nur einseitig erodiert, was die Sache aber nicht besser macht. Ausgebrannte Schlagbolzen führen früher oder später zum Versagen der Waffe, schlimmstenfalls wird auch die Schlagbolzenbohrung beeinträchtigt, was eine Reihe kostspieliger Konsequenzen mit sich bringt.

Die Ursachen des Zündhütchenbruchs sind in der Regel auf zu lange und fehlerhaft gestaltete Schlagbolzen zurückzuführen. Es gibt aber noch andere Gründe. Einige moderne Waffen arbeiten mit geringer Schlagenergie und haben Patronenlager mit geringen Toleranzen. Manche Munitionshersteller kompensie-

ren dies dadurch, daß so weiche Zündhütchen wie möglich benutzt werden. Außerdem achtet man bei der Patronenfertigung darauf, daß nach den herkömmlichen, internationalen Normen die kleinsten zugelassenen Außenmaße verwendet werden, um unter allen Umständen den Ruf zu vermeiden, versagende Munition herzustellen.

Hier kann es nützlich sein, mit gezünderten Hülsen probezuschießen, besonders beim heutzutage überwiegend verwendeten Zündhütchentyp 209.

Wenn das Zusammenwirken von Patronenlager- und Patronenmaßen groß ist, kriecht das Zündhütchen ein kleines Stück aus der Hülse. Solange es nicht mehr als etwa 0,3 mm aus dem Hülsenboden herausragt, ist dem keine besondere Bedeutung beizumessen. In Kombination mit zu langem Schlagbolzen und zu großem Spiel zwischen dem Schlagbolzen und seiner Bohrung in der Basküle können aber Probleme entstehen. Beim kleinsten Anzeichen, daß der Schlag-

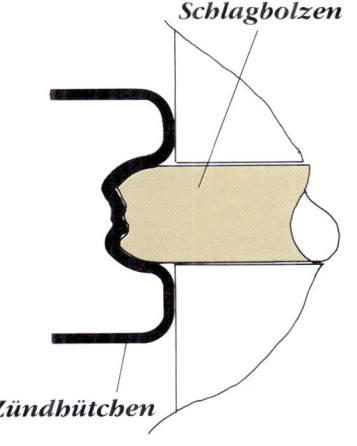

*Eine Patrone mit Zünd-
hütchen Typ 209. Im Boden
des Einschlages sieht man
eine Erhöhung. Das
beweist, daß der Schlag-
bolzen von vielen Zünd-
hütchendurchbläsern
ausgebrannt ist*

bolzeneindruck merkwürdig aussieht, soll die Waffe mit scharfer Munition, die diesen Zündhütchentyp hat, probegeschossen werden.

Es ist immer wichtig, daß die Schlagbolzen in ihrer Bohrung sauber geführt werden. Das Zündhütchen preßt die Schlagbolzen beim Schuß zurück. Wenn die Waffe schwache Schlagfedern oder Rückholfedern bei Waffen mit losen Schlagbolzen hat, wird der Eindruck wieder herausgepreßt. Manchmal soviel, daß das Zündhütchen ganz flach wird. Wenn dann rings um den Schlagbolzen Platz vorhanden ist, kann ein weiches Zündhütchen leicht bersten.

Wenn die Schlagbolzenbohrung viel zu groß ist, kann dabei soviel Pulvergas in die Waffe eindringen, daß u. U. der Schaft bricht. Auf jeden Fall streichen die heißen Pulvergase bei einem Zündhütchenbruch immer in das Schloßsystem der Waffe. Mögliche Folgen sind eine unnötig schnelle Abnutzung der Waffe, rostende Teile und Funktionsstörungen durch Pulverreste.

Ein Zündhütchenbruch ist in der Praxis viel ernster zu nehmen als ein Versager. Trotzdem gibt es viele Schützen, die es überhaupt nicht bekümmert, wenn einige Patronenhülsen beim Schießen hinten Durchbläser zeigen. Wenn sie aber einen Versager haben, ist das Gezeter groß. Beides kann normalerweise ohne größere Kosten behoben werden. Waffen oder Munition, bei denen öfter Zündhütchenbrüche auftreten, sollten aber sofort inspiziert werden. Falls die Schlagbolzen zerstört sind, kann das zur Folge haben, daß die Waffe nur mit Munition funktioniert, die so weiche Zündhütchen hat, daß sie fast immer durchblasen. Dies ist jedoch für den Erhaltungszustand der Waffe definitiv nicht gut.

Waffen mit losen Schlagbolzen

Lose Schlagbolzen bedeuten, daß sie nicht permanent mit dem Hahn oder Schlagstück verbunden sind, sondern ein bewegliches Detail darstellen, welches in der Basküle montiert ist. Lose Schlagbolzen findet man bei den meisten Bockflinten, aber auch bei Seitenschloßwaffen, Drillingen, kombinierten Waffen und Doppelbüchsen: Ihr einziger Vorteil ist, daß sie verhältnismäßig leicht auszutauschen oder bei Justierungen zu demontieren sind. Außerdem ist es, wenn nötig, nicht besonders schwierig, einen neuen, passenden Bolzen anzufer-

tigen. Dies ist natürlich vorteilhaft, wenn die Bohrung für den Bolzen ein bißchen zu groß ist oder wenn er länger gemacht werden muß etc. Nachteil ist, daß die Bolzen bei Abschlagen ohne Pufferpatronen im Patronenlager leicht brechen können. Sie sind auch bei Vernachlässigung sehr empfindlich. Pulverreste oder Rost können dazu führen, daß die Bolzen sich nicht in die Basküle zurückbewegen, wenn die Waffe nach dem Abfeuern geöffnet wird. Dann schleifen sie im Zündhütchen, und das Risiko ist groß, daß sie verbogen werden. Verbogene Schlagbolzen sind noch schwergängiger, und zuletzt reicht die Schlagenergie des Hahnes nicht mehr, sie hart genug zu treiben. Dann neigt auch diese Waffe zu Versagern.

Ein untrügliches Zeichen für schwergängige, verbogene oder zu lange Schlagbolzen ist, daß im Zündhütchen eine Ritze vom Einschlag nach unten entsteht. Bei gewissen Waffen kann es fast unmöglich sein, diesen grundsätzlich unerwünschten Zustand abzuändern.

Bockwaffen und Drillinge sind besonders problematisch, wenn es um lose Schlagbolzen geht. Abhängig von der Laufgarnierung im Verhältnis zum jeweiligen Schloßsystem ist es selten, daß alle Bolzen so plaziert werden können, daß sie rechtwinklig auf das Zündhütchen schlagen. Waffenfabrikanten lösen dieses Problem auf verschiedene Weise mehr oder weniger erfolgreich.

Voraussetzung für Funktionssicherheit sind genaue Schlagbolzenbohrungen und hohe Übereinstimmung zwischen Patronenlager- und Patronenmaßen. Leider sind Theorie und Praxis nicht identisch, und besonders bei Drillingen und kombinierten Bockwaffen kommt eine Unart ziemlich oft gerade bei Schlagbolzen für den Kugellauf vor. Der Schlagbolzen für eine Kugelpatrone muß einen deutlich kleineren Durchmesser haben als der entsprechende für Schrotpatronen. Die Ursache ist gasdruckbedingt und braucht hier nicht ausführlicher diskutiert zu werden. Der Schlagbolzen des Kugellaufes schlägt in der Regel von oben nach unten. Wenn er beim Öffnen der Waffe nicht genug zurückfedert, wirkt die Spitze wie ein Widerhaken im Zündhütchen. Es gehört sehr viel handwerkliches Geschick dazu, den mechanischen Gang bei allen Schloßeinzelteilen richtig einzustellen. Wenn beispielsweise die Waffe geöffnet wird, muß der Hahn so weit nach hinten gebracht werden, daß der Schlagbolzen in die Basküle hinein kann, bevor die Läufe

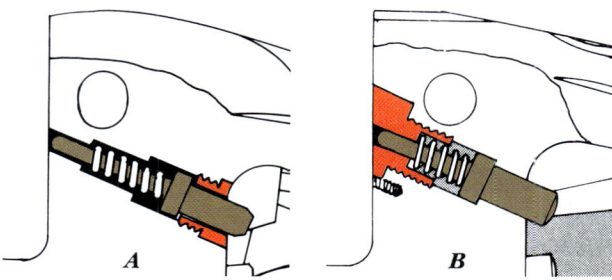

Je nach Waffenfabrikat variiert die Einbauart des Schlagbolzens. In einigen Fällen wird der Schlagbolzen von hinten (A), in anderen von vorne (B) montiert. Wenn die Schlagbolzenbohrung nicht zentrisch ist, besteht die Gefahr, daß der Schlagbolzen schwergängig ist oder daß sich die Spitze verformt. Infolgedessen können Schlagbolzenbruch und Zündversager auftreten.
Bei Waffen mit der Schlagbolzenmutter hinten (A) ist das Risiko der Fehlfunktion etwas größer als bei vorne sitzender. Die Schläge vom Hahn können die Führungsmutter lockern, wodurch sie nicht mehr konzentrisch führt

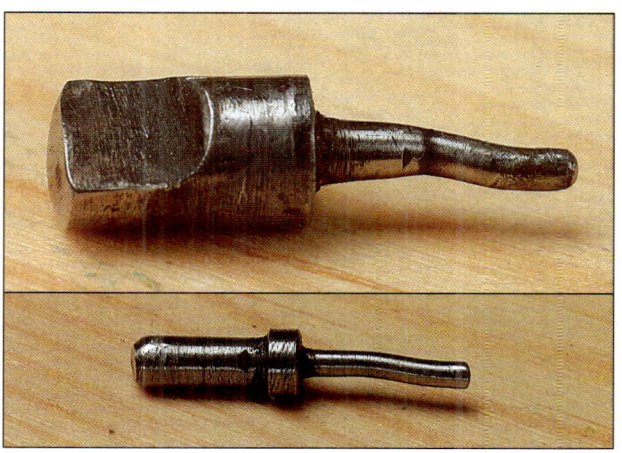

Die Schlagbolzen oben stammen von zwei verschiedenen Drillingen, bei denen das Schlagbolzenloch fehlerhaft zentriert und die Schlagbolzenführung fehlerhaft ausgeführt wurden. Es handelt sich hier um relativ oft vorkommende Herstellungsfehler

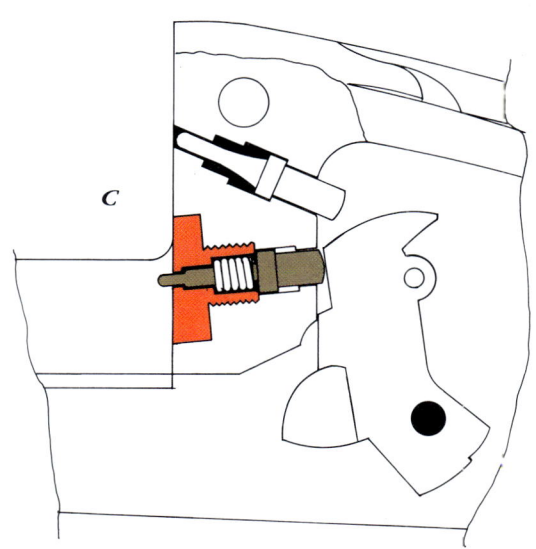

Der Schlagbolzen des Kugellaufes ist bei Drillingen und den meisten kombinierten Gewehren bei geöffneter Waffe gegen die Bewegungsrichtung der Läufe gerichtet

soweit gekippt werden, daß das Zündhütchen seine Lage zum Schlagbolzen verändert. Wenn dies nicht richtig funktioniert und der Schlagbolzen außerdem Maximallänge haben muß, weil das Patronenlager zu tief liegt, dann hat man ein Problem: Der Schlagbolzen wird verbogen und Versager oder ein Schlagbolzen-

bruch sind nur noch eine Frage der Zeit. Ein äußeres Zeichen sind immer Kratzer im Zündhütchen; deswegen soll man seine Hülsen stets genau inspizieren und die Zeichen deuten lernen.

Bei gewissen Drillingsfabrikaten hat der Schlagbolzen hinten eine lose Führung in der Basküle. Wenn sie nicht völlig koaxial im Verhältnis zum Schlagbolzenloch im Stoßboden sitzt, wird der Hahn den Schlagbolzen unweigerlich krummhämmern.

Dieser Fehler hat ernste Folgen, wenn er nicht behoben wird. Schlagbolzen mit runder Steuerung können sich drehen, und dann passiert es leicht, daß der Schlagbolzen sein Loch so stark erweitert, daß zuletzt ein Zündhütchendurchbruch entsteht. Der Gasdruck in einer Kugelpatrone ist um ein Vielfaches größer als in Schrotpatronen, wodurch das Risiko für einen schweren Unfall deutlich steigt.

Exzentrizität zwischen Schlagbolzen und Schlagbolzenführung gibt es häufiger, als man glaubt. Der Verdacht, daß etwas nicht in Ordnung ist, muß durch Zerlegen der Waffe geklärt werden. Man kann dann leicht fühlen, ob der Stift funktionsgemäß läuft. Ist dies nicht der Fall, soll der Schlagbolzen demontiert und betrachtet werden. Fehler dieser Art können teuer zu stehen kommen. Deshalb soll man beim Probeschießen aufpassen.

Weitere Ursachen für Versager

Bei Kälte werden Versager häufiger. Der Grund liegt oft im schlechten Zustand der Schlagbolzen und Schlagfedern, kombiniert mit mangelhafter Pflege. Nun ist es nicht jedermanns Sache und auch nicht jedem erlaubt, die Waffe in ihre Bestandteile zu zerlegen. Das ist auch der Grund, warum es nicht gemacht wird. Die meisten Kipplaufwaffen wurden nie zerlegt und gereinigt. Die meisten funktionieren trotzdem, was einiges über ihre Betriebssicherheit aussagt.

Leider wird Sprayöl in viel zu großem Ausmaß mißbraucht. Ruß von Zündhütchendurchbläsern, Pulverreste, Staub und anderes wird überall in Schlösser und Verriegelungen quasi hineingesprüht. Zuletzt entsteht ein zäher Brei, und wenn die Temperatur niedrig genug ist, wird er plötzlich fest.

Gewöhnliche Jagdwaffen werden selten einem regen Schießen ausgesetzt. Wie ist es aber mit Wettbewerbs- oder Trainingswaffen? Tausende Schüsse übers Jahr verteilt, und eine Dusche Sprayöl fast jeden Tag. Danach wird die Waffe für den ganzen Winter in den Schrank gestellt. Man sollte nicht erstaunt sein, wenn es im Frühjahr zu spuken beginnt, weil die Ölreste zusammengeklebt sind. Boxlockbockwaffen mit losen Schlagbolzen und extrem niedrigem Profil sind oft empfindlicher als eine gewöhnliche „Hammerless" mit festem Schlagbolzen. Das hängt hauptsächlich vom Konstruktionsprinzip der Schlagbolzen und der Ge-

Diese Waffe wurde viele Jahre ungepflegt benutzt, zuletzt versagte sie bei jedem Schuß. Nach einer gründlichen Reinigung funktionierte sie wieder tadellos. Man soll jedoch Sprayöl vorsichtig einsetzen und die Waffe wenigstens jede fünfte Saison zerlegen lassen

stalt der Hähne ab. Die meistgenutzte Konstruktionslösung ist die, bei der der Hahn am oberen Lauf den Schlagbolzen mit seinem oberen Teil trifft, während der Hahn für den unteren Lauf kürzer gemacht werden muß. Folglich wird eine geringere Aufschlagenergie beim unteren Lauf zu erwarten sein. Man kann es mit dem Einschlagen eines Nagels vergleichen, wobei der Hammer mal am Ende des Stiels und mal nahe am Hammerkopf gehalten wird.

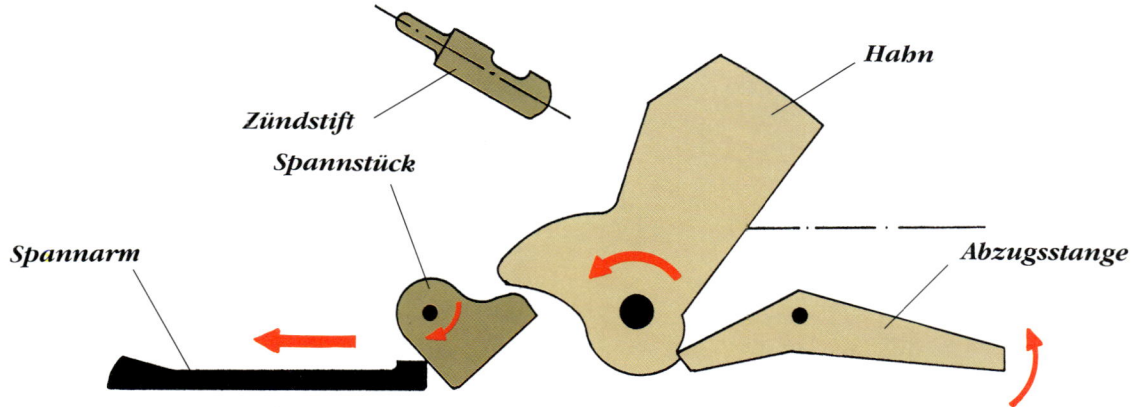

Wenn der Spannhebel und das Spannstück bei geschlossener Waffe nicht in die Ruhelage zurückgehen, trifft der Hahn das Spannstück und drückt es nach unten, gleichzeitig wird der Spannhebel nach vorne gebracht. Das bremst den Hahn und kann einen Versager bewirken

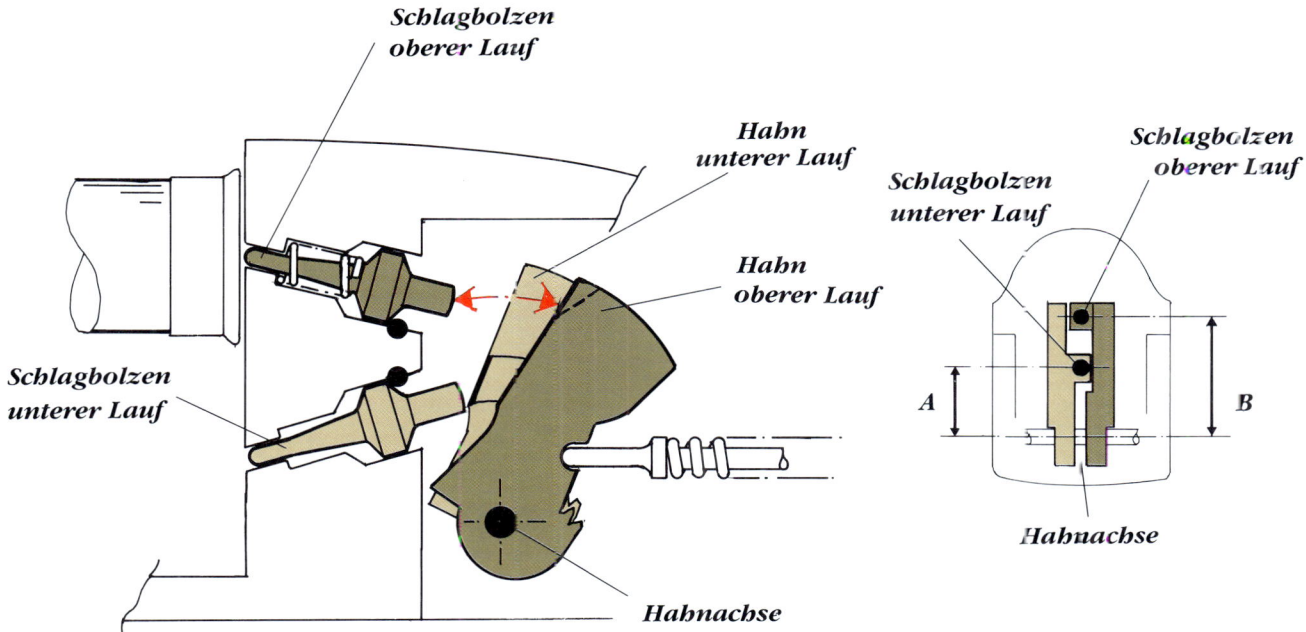

Wenn man vermeiden will, daß die Schlagbolzen auch in der Horizontalen schräg sitzen, wird die Schlagebene bei dem Schlagbolzen des unteren Laufes tiefer sitzen als die des oberen Laufes. Die Hähne werden immer gleich gespannt, aber wenn der Abstand zwischen Hahn-achse und dem Teil des Hahnes, der den Schlagbolzen des unteren Laufes trifft (A), der, wie die Skizze zeigt, kürzer ist als der Abstand (B) für den oberen Lauf, wird der Einschlag auf den Schlagbolzen immer schlechter als der des unteren Laufes

Um eine Schloßkonstruktion zu vereinfachen, gehen viele Fabrikanten dazu über, die Hähne auf einer gemeinsamen Achse zu montieren und die Schlagfedern direkt auf den Hahn wirken zu lassen. Dadurch bekommt man leider eine Konstruktion, die auf Wechsel der Munition, Schmutz, den Zustand und die Form des Schlagbolzens empfindlich reagiert.

Ein anderer Grund, sich Versager einzuhandeln, ist das Spannhebelsystem, was oft nicht beachtet wird. Das sind die Teile des Schlosses, die den Hahn beim Öffnen der Waffe spannen. Bei Waffen mit Anson & Deeley-System sind die Spannhebel zwangsgesteuert und kehren bei geschlossener Waffe in die Ruhelage zurück. Bei anderen Konstruktionen ist dies nicht der Fall, sondern sie werden von Rückholfedern gesteuert.

Wenn der Spannhebel, nachdem der Hahn gespannt wurde, nicht in seine Ruhelage zurückkehrt, wird der Hahn beim Versuch, die Waffe wieder abzufeuern, ein wenig abgebremst. Der Hahn muß ja die ganze Spannvorrichtung emporpressen, bevor er den Schlagbolzen erreichen kann. Unter ungünstigen Bedingungen ist dies ausreichend, einen Versager zu verursachen.

Die Spannhebel liegen immer zu einem bestimmten Teil in der Basküle offen, was bedeutet, daß sie Sprayöl,

Pulverresten, Staub und Kälte ausgesetzt sind. Wenn die Waffe nicht sorgfältig gepflegt wird, werden die Spannhebel bald schwergängig. Dann kann man nicht mehr damit rechnen, daß die Waffe in allen Situationen und mit jeder Munition normal funktioniert. Das gilt besonders für den unteren Lauf.

Eine Waffe ist erst dann perfekt funktionstüchtig, wenn man sich darauf verlassen kann, daß sie in allen Lagen und mit allen Typen von Munition und Zündhütchen den Schuß auch sicher auslöst. Wie schon angemerkt, kann aber auch dafür keine Garantie gegeben werden. Zudem gibt es immer wieder fehlerhafte Munition. Tatsächlich sind Versager, deren Ursache nur am fehlerhaften Zündhütchen liegt, sehr selten. Der Anlaß zu einem Versager ist fast immer eine Kombination verschiedener Faktoren, die zufällig zusammenfallen. Auf jeden Fall sollte man mit verschiedenen Typen von Munition probeschießen. Außerdem soll man Schlagbolzen und Stoßböden betrachten und die Spannhebel (mit geöffneter Waffe) darauf prüfen, ob sie wirklich zurückfedern. Es ist aber genauso wichtig, die Waffe letztlich von einer kompetenten Person zerlegen und innen ordnungsgemäß durchsehen und reinigen zu lassen.

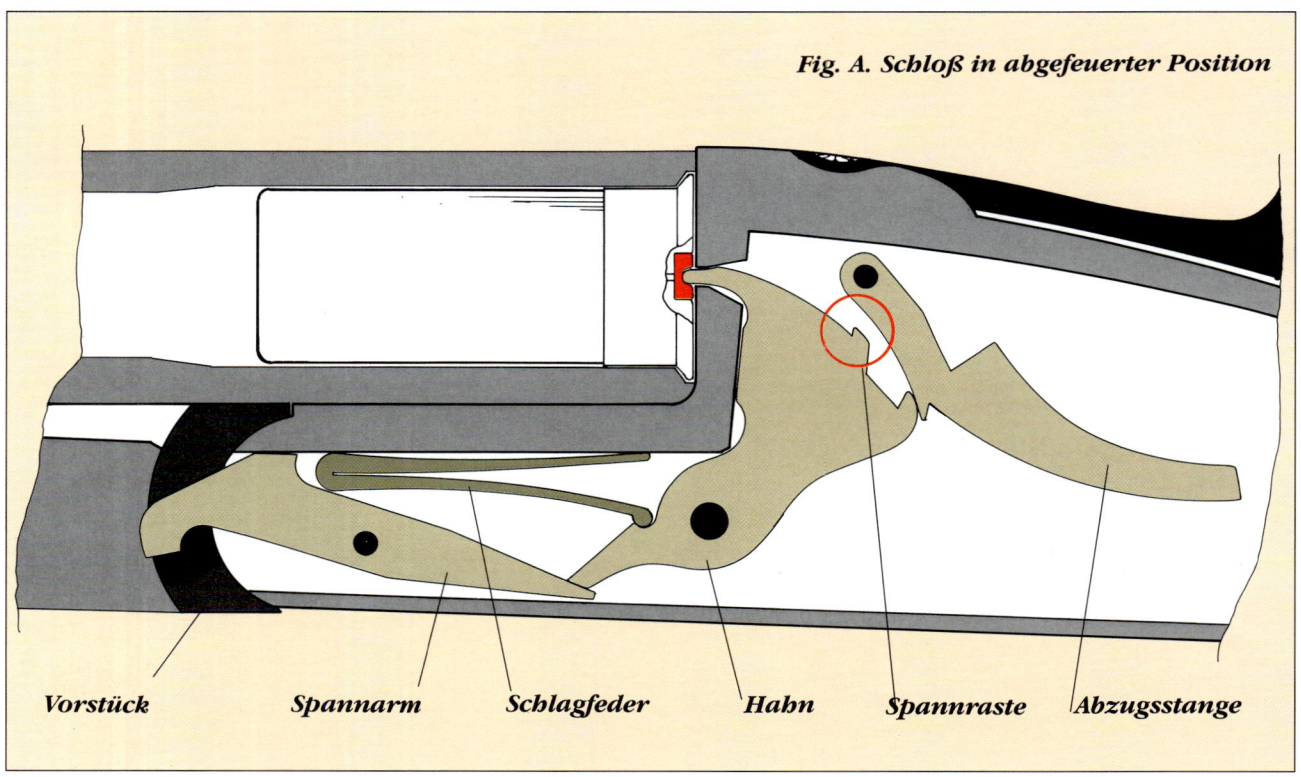

Fig. A. Schloß in abgefeuerter Position

Vorstück	**Spannarm**	**Schlagfeder**	**Hahn**	**Spannraste**	**Abzugsstange**

Anson & Deeley

Eines der genialsten Boxlocksysteme ist das von Anson & Deeley. Die Konstruktion stammt aus den fünfziger Jahren des neunzehnten Jahrhunderts und ist noch heute eines der gebräuchlichsten Kastenschloßsysteme.

Die Konstruktionslösungen können variieren, z. B. wie die Abzugsstange angebracht ist. Auf den Illustrationen wird ein Modell mit obenliegender Abzugsstange gezeigt. Das bedeutet, daß die Spannraste in der Peripherie des Hahnes plaziert ist.

Der Vorteil hierbei ist, daß der Eingriff zwischen Hahn und Abzugsstange nicht so hart belastet wird, da der Hebelarm zwischen Spannraste und Hahnachse im Verhältnis zu dem, der zwischen dem Angriffspunkt der Schlagfeder und der Hahnachse entstehen wird, sehr groß ist.

Bei Waffen mit untenliegender Abzugsstange wird der Abstand zwischen Spannraste und Hahnachse bedeutend kürzer. Das stellt größere Forderungen daran, daß die Spannraste und der vordere Teil der Abzugsstange richtig ausgeformt sind, damit der Abzug sowohl trocken als auch sicher werden kann.

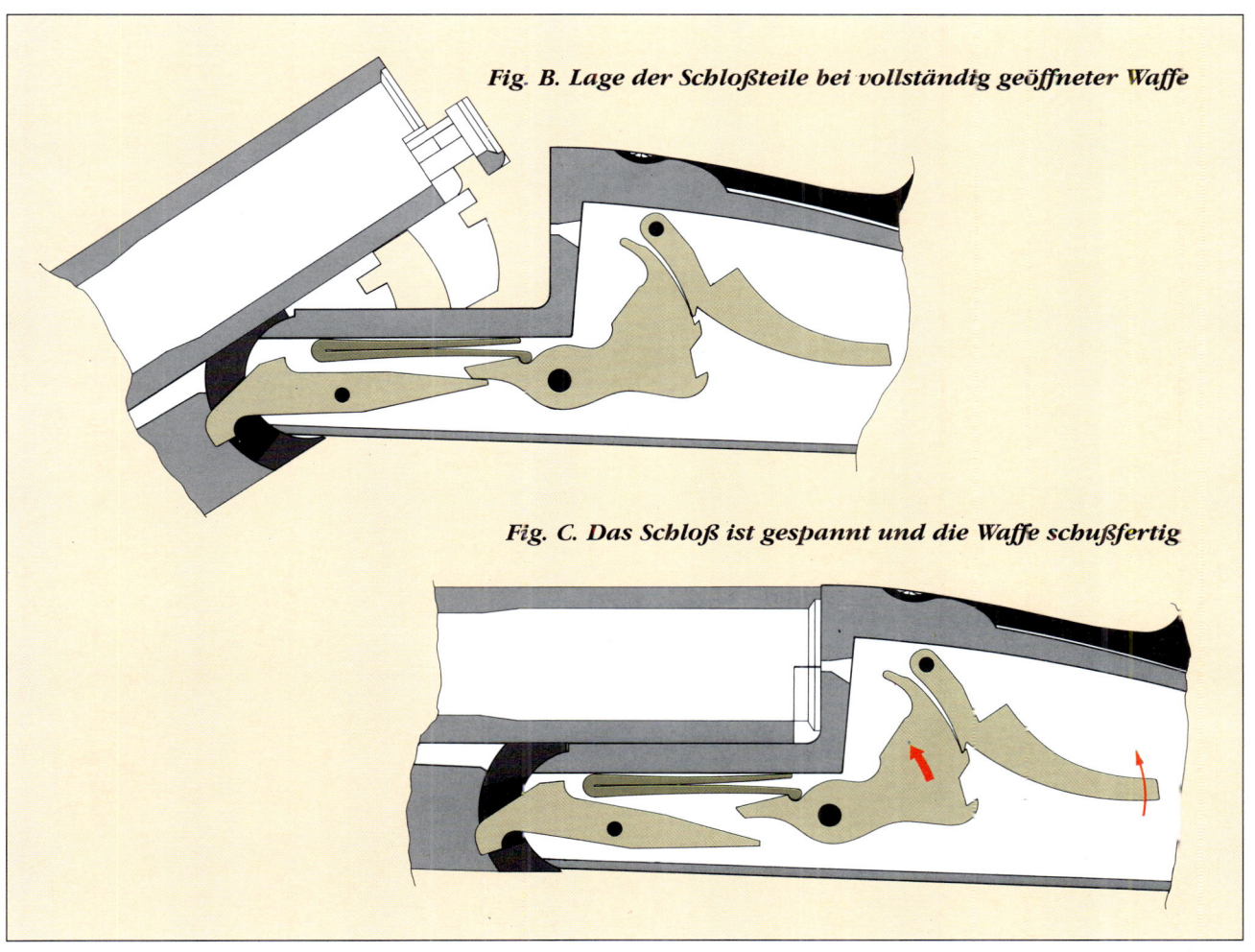

Fig. B. Lage der Schloßteile bei vollständig geöffneter Waffe

Fig. C. Das Schloß ist gespannt und die Waffe schußfertig

Das Funktionsprinzip

Fig. A zeigt das Schloß in abgefeuerter Lage. Der vordere, obere Teil des Spannhebels steht dann mit dem Vorderstück in Kontakt. Wenn die Waffe geöffnet wird, Fig. B, preßt das freie Ende des Spannhebels den Hahnfuß nach oben und drückt gleichzeitig die Schlagfeder zusammen. Wenn die Waffe völlig geöffnet ist, soll die Spannraste des Hahns ein wenig an der Abzugsstange vorbeigehen. Wenn die Waffe geschlossen wird, greifen zuerst Hahn und Abzugsstange ineinander, Fig. C.

Das Loch im Vorderstück ist so angepaßt, daß der Spannarm am Ende der Schließbewegung so zwangsgesteuert wird, daß der Hahnfuß vom Spannhebel frei geht. Die Absicht ist, daß der Hahn, wenn er bei der nächsten Auslösung freigege-

ben wird, nicht sofort dem gesamten Widerstand begegnen soll.

Bei der Auslösung wird der Hahnfuß kurz vor dem Zündhütcheneinschlag das freie Ende des Spannarms zu der Lage in Fig. A herunterpressen.

Da das Achszentrum des Spannhebels tiefer und hinter dem Drehzentrum zwischen Basküle und Vorderstück sitzt, wird der vordere Teil des Spannhebels beim Öffnen der Waffe ein Stück außerhalb des Spannstückes kriechen. Das wird in Fig. B gezeigt. Eine eventuelle Verschiebung wird genutzt, um die Ejektoren auszulösen, falls die Waffe mit solchen versehen sein sollte. Wie sie funktioniert, wird auf Seite 49 gezeigt

Abzugseinrichtung und Sicherung

Abzugswiderstand heißt die Kraft, die dazu benötigt wird, den Abzug so weit zu bewegen, daß der Schuß auslöst. Wie groß sie sein soll, wird von einer Anzahl verschiedener Faktoren, teils schießtechnischer, teils sicherheitsmäßiger Art, bestimmt.

Jedes Schießen wird erleichtert, wenn die Waffe einen Abzug mit adäquat hartem Widerstand hat, der kurz und trocken steht. Selbstverständlich ist es viel leichter, eine Waffe zu bedienen, bei der die Abzugsbewegung kaum merklich ist, bevor der Schuß bricht, als wenn selbst bei vergleichsweise geringerem Abzugswiderstand die Bewegung lang und zäh wird.

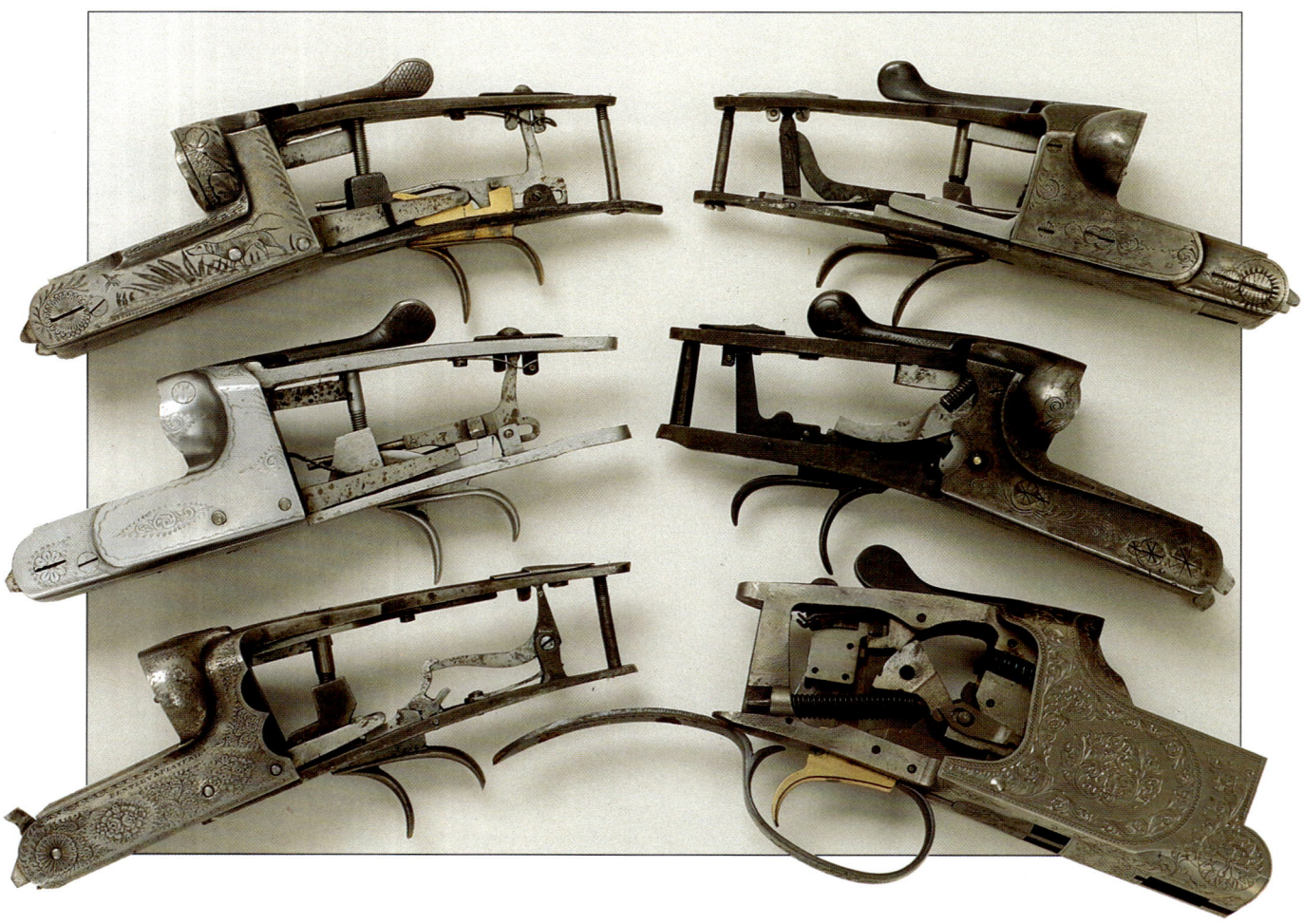

Eine Auswahl Kipplaufwaffen unterschiedlicher Qualität und Konstruktion.
Für den Laien ist es schwierig zu verstehen, worin die großen Unterschiede bestehen,
wenn es um Qualität und Konstruktionslösungen geht

Was ist paßlich hart?

Was ist denn adäquat hart? Es kommt natürlich darauf an, für welchen Zweck die Waffe benutzt werden soll. Für eine gewöhnliche Jagdwaffe (Flinte) soll der Abzugswiderstand zwischen 20 und 25 Newton (N) liegen. Bei Waffen mit zwei Abzügen soll der hintere einige Newton schwerer eingestellt sein. Für die Maßeinheit der Kraft wurde bisher das Kilopond (kp) verwandt, an dessen Stelle jetzt das Newton (N) getreten ist.

$$1 \text{ kp} = 9{,}81 \text{ N}; 1 \text{ N} = 0{,}10 \text{ kp}$$

Um kontrolliert flüchtig schießen zu können, müssen die meisten „den Abzug nehmen", d. h., während man in Anschlag geht und die Waffe einrichtet, belastet man den Abzug ein wenig. Dies ist besonders während der kalten Jahreszeit der Fall, wenn das Gefühl in den Fingerkuppen manchmal nicht optimal ist. Ist der Abzug sehr leicht eingestellt, besteht das Risiko, daß der Schuß bricht, bevor die Mündung in die gewünschte Richtung zeigt.

Waffen, die nur zum Parcours-, Skeet- oder Trapschießen benutzt werden, können natürlich etwas leichtere Abzüge haben. Es gibt aber keinen Grund, unter 16–18 N zu gehen. Der Abzugswiderstand ist nämlich direkt entscheidend, wie sicher eine Waffe ist.

Ausnahmen sind Waffen mit Hahnauffang; dieser ist auch bei nicht gesicherter Waffe funktionstüchtig.

Das Risiko fahrlässig abgegebener Schüsse steigt bei solchen Waffen auffallend, wenn der Abzug zu leicht justiert ist. Viele Waffenfabrikate und Konstruktionen sollten deswegen, um zuverlässig zu sein, keine Abzugswiderstände unter 25–30 N haben.

Die Abzugscharakteristik ist völlig davon abhängig, wie tief die Raste zwischen dem Hahn und der Abzugsstange ist und wie sie ausgeformt ist. Ich versichere, daß es keine Schwierigkeiten gibt, den Widerstand leicht zu machen. Das Problem ist, ihn bei gewünschter Härte genügend trocken und sicher einzustellen. Die Konstruktion des Schlosses entscheidet, was möglich ist oder nicht. Es sind aber bedeutende Kenntnisse erforderlich, um eine Justierung durchzuführen. Erforderliche mechanische Eingriffe bei Schloßteilen sollten nur vom autorisierten Fachmann vorgenommen werden.

Die Raste

Die Eingriffsebenen zwischen dem Hahn und der Abzugsstange sind klein, oft unter einem halben Quadratmillimeter. Daher ist es erforderlich, daß sowohl Winkel als auch Ebenen richtig und perfekt ausgeformt sind. Grundsätzlich soll die Raste so beschaffen sein, daß der Hahn und die Abzugsstange durch die Kraft der Schlagfeder bestrebt sind, sich selbst zu schließen. Richtig ausgeformt, bedeutet das, daß, wenn die Waffe abgefeuert wird, der Hahn ein bißchen nach hinten gepreßt werden muß, um frei von der Abzugsstange zu stehen. Ein solches Schloß mit Einabzug, der nicht zu leicht steht, braucht eigentlich keine andere Sicherheitsfunktion zu haben als eine Abzugssicherung, um ungewolltes Abfeuern zu vermeiden.

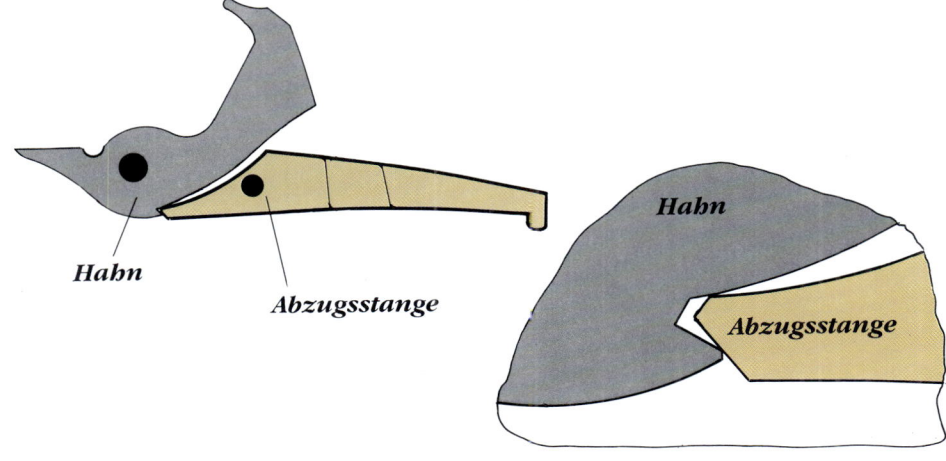

Hahn

Abzugsstange

Hahn

Abzugsstange

Die Schlagfeder ist bestrebt, den Hahn in die Richtung des Pfeils (s. S. 37) zu drehen. Sind die Spannraste im Hahn und die Abzugsstange richtig ausgeformt, wird die Konstruktion selbstschließend und sehr stoßsicher.
Der Eingriff ist tatsächlich bei den meisten Waffen ca. 0,5 mm. Richtig ausgeformt muß aber die Abzugsstange den Hahn ein wenig nach hinten pressen, bevor er auslöst

Einzelwirkende Sicherungen sind auch bei Kipplaufwaffen die gebräuchlichsten. Bei älteren Waffen oder solchen, mit denen sehr viel geschossen wurde, kann die Raste stark abgenutzt sein. Dann scheinen die Abzüge oft teigartig und verhältnismäßig leicht. Die Maßnahme, die in einem solchen Fall erforderlich ist, ist eine Schärfung der Abzüge. D. h., ein Fachmann muß das Schloß ausbauen, um die Raste mit Hilfe von Feiloder Wetzstein zu justieren.

Wie ich schon erwähnte, erfordern solche Eingriffe Fachkenntnis. Wenn die Arbeit fehlerhaft oder laienhaft ausgeführt wird, kann die Abzugsstange im Verhältnis zur normalen Position ihre Lage ändern, weil der vordere Teil der Abzugsstange ein bißchen kürzer als normal wird. Der Eingriffspunkt zwischen Hahn und Abzugsstange verschiebt sich dann im Verhältnis zu den Achsen, an denen sie aufgehängt sind, und infolgedessen kann der hintere Teil der Abzugsstange näher zum Abzug kommen. Wenn das Sicherheitssystem abgenutzt ist oder zu große Toleranzen hat, kann die Sicherung unwirksam werden, auch wenn der Ein-

griff in der Raste selbst perfekt war. Jede mechanische Justierung des Abzugs erfordert, daß man danach die Sicherheitsfunktion kontrolliert. Man hat selten Probleme, solche Fehler zu korrigieren. Zähe Abzüge sind ein Greuel, bei vielen Waffen ist es aber völlig unmöglich, die Abzüge unter Beibehaltung der Sicherheit trocken einzustellen. Dies betrifft vor allem Kipplaufwaffen mit untenliegenden Abzugsstangen und Halbautomaten. Gewisse Konstruktionen erfordern große Eingriffe in der Raste, damit sie Stöße und normale Handhabung aushalten, und dann ist es schwierig, die Abzüge ganz perfekt einzustellen.

Doppelsicherungen und Hahnfang

Die Werbung ist voll von diesen Begriffen. Bedeuten sie aber, daß die Waffen sicherer werden? Die Antwort ist nein. Abhängig von der Konstruktionslösung können sie aber einen variierenden Schutz gegen verschiedene Typen von Unfällen ergeben. Die haupt-

Einzeln wirkende Abzugssicherung bei einer billigen Waffe. Hier liegt die Abzugsstange dicht am Abzug an (A). Es gibt aber auch Spiel zwischen dem Stift im Sicherungsarm und dem Abzug (B). Wenn dieser Spielraum im Verhältnis zum Eingriff zwischen Hahn und Abzugsstange zu groß ist, kann die Waffe, auch wenn sie gesichert ist, abgefeuert werden

sächlichen Unfallrisiken, die gemäß besonderen Sicherheitsanordnungen minimiert werden sollen, sind:

- Die Raste im Hahn oder das Ende der Abzugsstange zerbricht.
- Der Abzug steht so locker, daß die Waffe stoßempfindlich ist.
- Schaftbruch infolge eines Sturzes.
- Der Abzug befindet sich zu nahe an der Abzugsstange.

Wenn die Waffe im Hahn eine Sicherheitsraste hat, was gewöhnlich bei Bockwaffen mit sogenannten übergehängten Abzugsstangen der Fall ist, können folgende Schäden ohne Schußauslösung entstehen:

- Bruch an der Raste im Hahn.
- Der Hahn wird von einem kräftigen Stoß ausgelöst.
- Der Abzug steht zu locker.

Waffen mit Sicherheitsraste im Hahn behalten die Sicherheitsfunktion unabhängig davon bei, ob die Waffe gesichert ist oder nicht, unter der Voraussetzung, daß die Abzugsstange korrekt ausgeformt ist.

Wenn sich die Abzugsstange aus irgendeinem

Mirokubockwaffe mit Hahnauffang. Man beachte, daß die Fangraste viel tiefer liegt als die eigentliche Spannraste (Pfeil)

Grund aus der gewöhnlichen Raste gelöst hat, sollte die Waffe bei Betätigung des Abzuges nicht abgefeuert werden können. Jedenfalls sollte man so kräftig ziehen müssen, daß man den Unterschied gegenüber dem normalen Abzugswiderstand merkt. Wenn, bei Waffen mit diesem Typ von Extrasicherung, der vordere Teil der Abzugsstange bricht, kann der Hahn nicht aufgefangen werden, und ein fahrlässiger Schuß ist unvermeidbar.

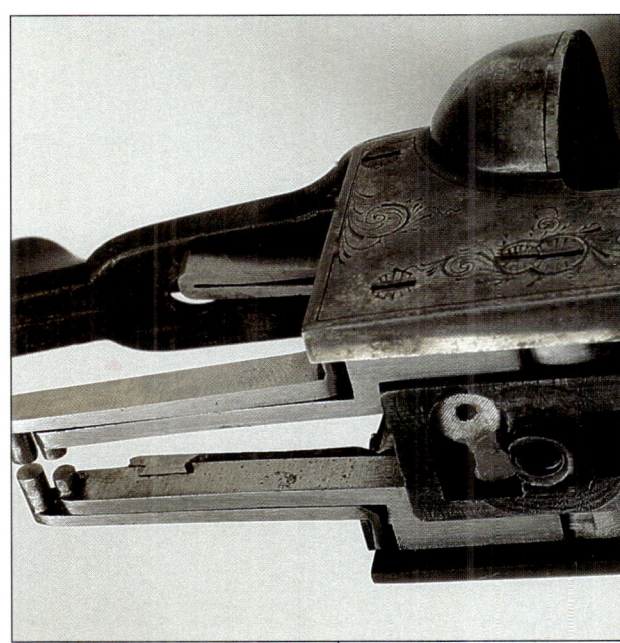

Querwaffe mit separaten Fangstangen, die parallel zu den Abzugsstangen liegen (Husqvarna 310)

Bei Querwaffen ist es üblich, um die oben beschriebene Sicherheitsstufe zu erreichen, die Waffe mit sogenannten Fangstangen zu versehen. Das ist im Prinzip eine Extra-Abzugsstange, die parallel zu der gewöhnlichen montiert ist. Wenn man mit der Waffe schießt, wird die Fangstange vom Abzug zusammen mit der Abzugsstange weggehoben

Fangstangen findet man häufig bei Seitenschloßkonstruktionen, aber auch bei besseren Boxlockwaffen. Die Sicherheitsstufe gleicht solchen Waffen, die eine Sicherheitsraste im Hahn haben.

Der Hahn wird aufgefangen, wenn sich die Abzugsstange durch Schläge oder Stöße löst. Es gibt aber einen wichtigen Unterschied beim Vergleich mit der einfacheren Form der Sicherheitsraste. Unter der Voraussetzung, daß die Abzüge nicht gezogen sind, wird der Hahn bei einem eventuellen mechanischen Fehler aufgefangen, entweder durch die Raste des Hahnes oder auf der normalen Abzugsstange. Ob die Waffe gesichert ist oder nicht, spielt für die Funktion der Fangstangen keine Rolle. Diese Art von Extrasicherungen hat in der Regel eine separate Abzugssicherung.

Andere Waffentypen wie z. B. Tikka m/77 und Merkel 8 haben einen mechanischen Hahnfang, der von der Abzugsstange unabhängig ist, aber mit Hilfe des

Hahnauffang bei einer Merkel M18. Wird die Waffe entsichert, klappt man die Wippe am unteren Teil des Hahns nach hinten. Damit der Hahnfang funktionieren soll, muß die Waffe gesichert sein

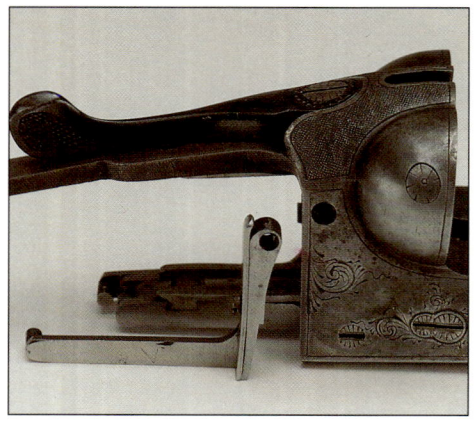

So sieht die rechte Fangstange aus, wenn sie demontiert ist. Man beachte die deutliche Stufe auf dem senkrechten Teil. Darin soll der Hahn aufgefangen werden, wenn die gewöhnliche Spannraste versagen sollte

Sicherungsschiebers gelenkt wird. Das bedeutet, daß die Sicherheitsraste gegen Schläge und Stöße gut ist, aber nur solange die Waffe gesichert ist. Sobald der Sicherheitsschieber nach vorne geschoben wird, ist der Hahnfang abgeschaltet. Eine Waffe mit zu lockerem Abzug dann fallen zu lassen, kann einen Schuß auslösen.

Eine andere Variante von Doppelsicherung blokkiert nicht nur die Abzüge, sondern auch die Abzugsstangen entweder auf der Oberseite am hinteren Ende oder, wie bei der Brno-300-Serie, auf der unteren Seite am vorderen Ende. Richtig justiert, ist dieses übrigens eine der zuverlässigeren Varianten.

Wenn der Hahn von einem kräftigen Stoß ausgelöst wird, so hat dies seinen Grund darin, daß die wirksame Kraft der Abzugsstange ausreicht, ihn aus der Raste zu pressen. Wenn die Abzugsstange in irgendeiner Weise blockiert ist, nimmt natürlich die Stoßsicherheit der Waffe zu, unter der Voraussetzung, daß die Anordnung richtig justiert ist. Wenn die Raste zu seicht und das Spiel zwischen der Abzugsstange und dem Teil, der sie blockieren soll, zu groß sein sollte, ist eine solche Extrasicherung völlig nutzlos.

Eine Abzugsstangenblockierung bietet gegen fahrlässige Schüsse keinen Schutz, wenn die Waffe entsichert ist. Sie schützt auch nicht gegen mechanische Schäden der Raste.

Waffen mit Sicherungssystemen, die die Abzüge blockieren, sollen generell, unabhängig davon, ob die Waffe eine Extrasicherung hat oder nicht, so justiert sein, daß die Abzüge, wenn sie gesichert werden, ein paar Zehntelmillimeter von den Abzugsstangen weggepreßt werden. Jedermann kann und sollte diese einfache Kontrolle regelmäßig vornehmen, sowohl bei neu erworbenen oder bei gebrauchten Waffen als auch bei denen, die man alltäglich benutzt.

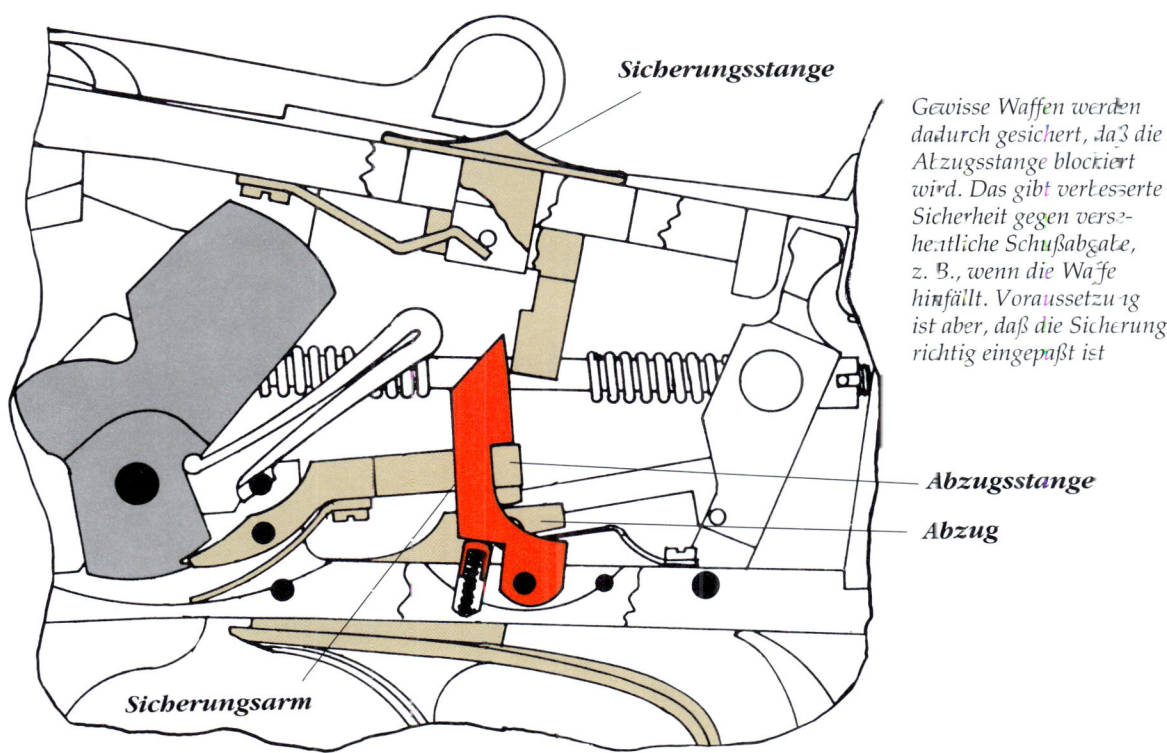

Sicherungsstange

Gewisse Waffen werden dadurch gesichert, daß die Abzugsstange blockiert wird. Das gibt verbesserte Sicherheit gegen versehentliche Schußabgabe, z. B., wenn die Waffe hinfällt. Voraussetzung ist aber, daß die Sicherung richtig eingepaßt ist

Abzugsstange

Abzug

Sicherungsarm

Kontrolle der Sicherheitsfunktion

Die Waffe wird ungeladen gespannt und entsichert. Danach greift man mit Daumen und Zeigefinger den Abzug und prüft mit vorsichtiger Hin- und Her-Bewe-

Wenn die Abzüge gesichert sind, muß etwas Spiel zwischen Abzug und Abzugsstange vorhanden sein

gung, ob ein bißchen Spiel vorhanden ist. Bitte beachten, daß gewisse Waffen bei den Abzügen eine kleine Rückholfeder haben, die das Spiel zur Abzugsstange eliminieren soll. Dieses vermeidet Gerassel oder das Gefühl, einen kleinen Vorweg zu haben. Danach legt man den Zeigefinger gegen den Abzug und drückt vorsichtig, bis man einen Widerstand fühlen kann. Man hält den Abzug in dieser Lage und sichert die Waffe wieder. Wenn alles in Ordnung ist, können die Abzüge sich jetzt ein bißchen nach vorne bewegen. Wieviel, kommt auf die Ausführung und die Konstruktion der Waffe an. Einige der eher hochklassigen Waffen sind so genau gefertigt, daß die Bewegung kaum merkbar ist. Dies gilt auch für Konstruktionen, die einen kleinen Kipphebel haben, der über den hinteren Teil des Abzugs geschoben wird.

Ein Nichtfachmann kann die Waffenkonstruktion nur unzulänglich beurteilen. Wenn man beim Sicherungsvorgang keine Bewegung in den Abzügen fühlt, soll man einen Fachmann die Waffe überprüfen lassen. Unter allen Umständen ist es notwendig, daß man die Abzüge einer Belastungskontrolle unterzieht.

Die Waffe wird gespannt und entsichert und der Abzugswiderstand mit einer Federwaage gemessen.

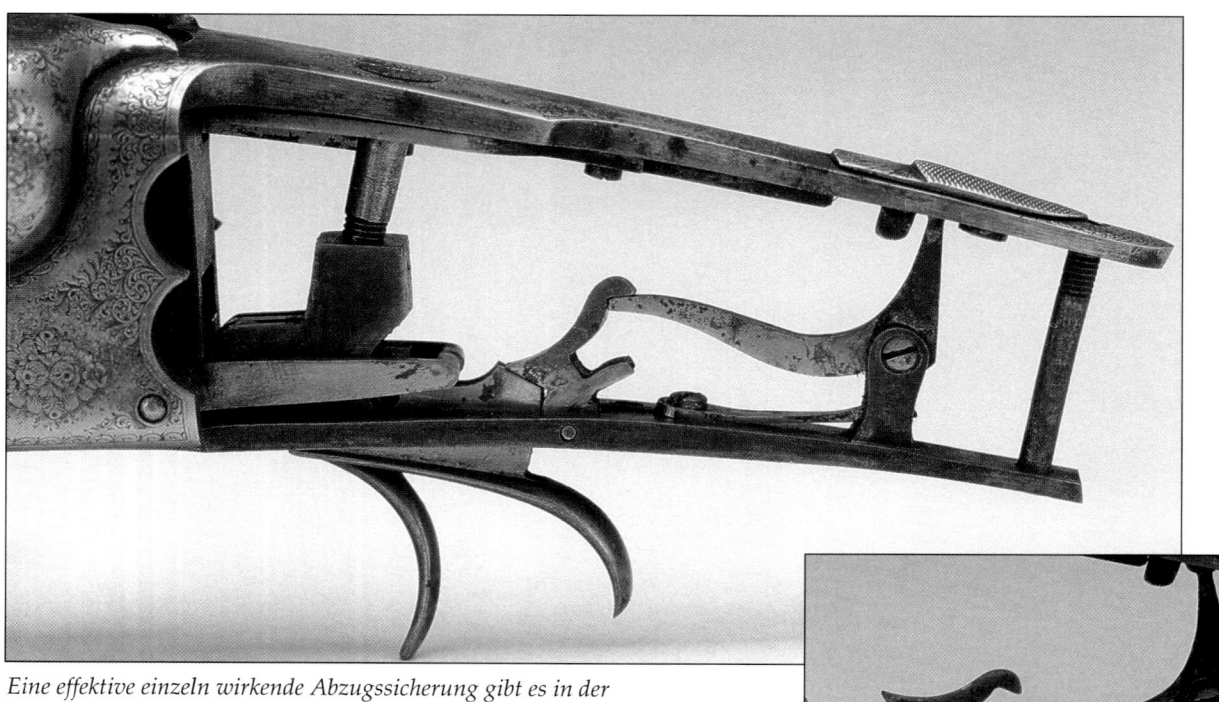

Eine effektive einzeln wirkende Abzugssicherung gibt es in der Regel nur bei älteren Boxschloßwaffen guter Qualität

Die Waffe wird wieder gespannt und gesichert. Danach drückt man hart an die Abzüge, doch ohne sie geradezumachen. Die Waffe wird wieder entsichert und der Widerstand erneut mit der Federwaage gemessen. Wenn die Abzüge bei der Probebelastung nachlassen oder wenn der Widerstand durch die beschriebene Behandlung geringer wurde, ist es an der Zeit, eine nähere Kontrolle in einer Fachwerkstatt durchführen zu lassen.

Risiken bei Schaftbruch

Was die Sicherheit betrifft, so sind solche Waffen am zuverlässigsten, die selbst bei Kräften, die einen Schaftbruch bewirken, nicht ungewollt auslösen. Hierzu gehören z. B. Bockwaffen mit geschlossenem Kasten (durchgehendem Schaftbolzen) und einer Art Hahnfangeinrichtung.

Die Möglichkeit, daß die Abzugsstangen auch bei einem größeren Unfall beschädigt werden könnten, ist ziemlich klein, auch wenn es nicht ausgeschlossen werden kann. Ein funktionierender Hahnfang hilft mit, eine solche Situation zu verhindern, auch wenn der Hahn sich lösen sollte.

Eine andere Situation gibt es bei herkömmlichen Querwaffen. Wenn der Schaft bricht, gibt es in der Regel keine Garantien dafür, was passieren kann. Wenn der Unterbeschlag gekrümmt wird, fahren Fangstangen und Extrasicherungen sehr leicht weg, und die Hähne werden frei. Eine Ausnahme bilden richtig konstruierte Seitenschloßwaffen, deren Fangstangen besser geschützt auf der Innenseite der Schloßplatten sitzen. Man soll jedoch den Extrasicherungen kein blindes Vertrauen entgegenbringen. Sie können nur eine kleine Extrasicherheitsmarge geben, wenn das Unglück (der Schaftbruch) schon geschehen ist. Schußwaffen sollen bewußt immer so behandelt werden, als ob sie entsichert seien. Das ist zweifelsohne die beste Sicherung. Leider ist aber menschliches Versagen immer noch der größte Unsicherheitsfaktor.

Ejektoren

Der praktische Vorteil eines Ejektors bei einer Kipplaufwaffe besteht darin, daß die abgeschossenen Hülsen beim Öffnen automatisch ausgeworfen werden. Seinen größten Wert hat er bei Waffen, die bei Treibjagden benutzt werden, wo man fast immer schnell nachladen muß. Natürlich ist ein Ejektor bei einer kombinierten Waffe auch in dem Fall nützlich, wenn ein schneller zweiter Schuß notwendig werden sollte, z. B. bei Doppelbüchsen, die oft bei der Drückjagd oder auf wehrhaftes Wild benutzt werden

Schlecht funktionierende Ejektoren machen die Waffe selbst nicht unbrauchbar, da die leeren Hülsen ja

Sollen Ejektoren von Nutzen sein, müssen sie die leeren Hülsen kraftvoll und im richtigen Moment auswerfen, ohne daß man an der Waffe in irgendeiner Weise manipulieren muß

beim Versagen der Ejektoren von Hand in herkömmlicher Weise herausgenommen werden können. Ist die Waffe aber mit Ejektoren ausgestattet, sollte man wohl die Forderung stellen, daß sie entweder tadellos funktionieren oder die Funktion grundsätzlich ausgeschaltet wird.

Es ist frustrierend, Ejektoren zu haben, die nur ab und zu funktionieren. Man gewöhnt sich nämlich ziemlich schnell daran, daß das Patronenlager leer sein soll, wenn man die Waffe geöffnet hat. Wenn dann eine neue Patrone hervorgeholt ist und die leere Hülse noch im Patronenlager steckt, muß man reichlich herumfummeln, bis die Waffe wieder schußbereit wird. Zumal in Eile beeinflußt natürlich ein solcher Zwischenfall das Schießen negativ.

Wenn man Gewehre benutzt, die keine Ejektoren haben, entfernt man automatisch die Hülsen, bevor man nachzuladen versucht. Das geschieht ohne nachzudenken, und es stört den Schützen überhaupt nicht.

Eine Waffe mit Ejektor an einem oder mehreren Läufen zu versehen bedeutet immer, daß die Konstruktion des Gewehres komplizierter wird. Technisch funktioniert ein Ejektorsystem wie ein Waffenschloß in Miniatur. Die Konstruktionslösungen können verschieden sein, aber im Prinzip handelt es sich um einen kleinen Hahn mit einer Schlagfeder, der gespannt und aufgefangen wird, wenn die Waffe geschlossen wird. Bei Bockwaffen ist oft auch der eigentliche Auszieher federbelastet und wird durch einen Mechanismus im Vorderschaft aufgefangen.

Ist die Waffe abgefeuert, wird die Bewegung des ordentlichen Hahnes durch ein Gelenksystem ausgenutzt, oder man hat eine besondere Ausformung der Spannarme, die den Ejektor freigibt, wenn die Waffe geöffnet wird. Wenn das Ejektorsystem einen Hahn hat, schlägt er auf den Auszieher des abgeschossenen Laufes.

Unabhängig davon, wie das Ejektorsystem ausgestaltet ist, muß eine sorgfältige Justierung vorgenommen werden, damit alles perfekt funktioniert. Gefordert wird, daß die Hülsen genau in dem Moment ausgeworfen werden, in dem die Waffe geöffnet ist, und das am besten gleichzeitig. Letzteres ist nicht von ästhetischer, sondern von praktischer Bedeutung.

Bei den Berettabockwaffen funktioniert der Auszieher auch als Ejektor. Beim Schließen der Waffe wird eine Spiralfeder zusammengedrückt, und der Auszieher wird von einem Mechanismus im Vorderstück aufgefangen

Das Ejektorsystem bei einer Jeffrey-Doppelbüchse. Die Ejektorhähne schlagen linear und werden von Spiralfedern getrieben, die in der Unterseite des Vorderstücks sitzen

Wirft der Ejektor zu früh aus, trifft die Hülse die Kante der Basküle. Dieses Problem tritt am unteren Lauf bei Bockwaffen häufig auf

Wenn eine der Hülsen zu früh ausgeworfen wird, d. h. bevor das ordentliche Schloß völlig aufgespannt wurde und die Konstruktion der Waffe die Hülse nicht hindert auszufliegen, kann es leicht passieren, daß man einen neuen Schuß nicht abfeuern kann. Das Problem ist, in der kurzen Zeit zu entscheiden, ob die Hülse, die nicht ausgeworfen wurde, deswegen steckt, weil die Ejektorfunktion versagte, oder ob das Gewehr nicht genug geöffnet wurde. Bei Bockwaffen kann dies ein besonderes Problem darstellen, da hier ja der untere Lauf maßgeblich bestimmt, wieweit die Waffe geöffnet werden muß, damit die Hülse an der Basküle vorbeikommen kann.

Das Ejektorsystem muß also so konstruiert sein, daß die Schlösser der Waffe gespannt wurden, bevor die Hülsen aus der Waffe ausgeworfen werden. Aus diesem Grund sind viele Gewehre so konstruiert, daß die Läufe sich nicht vollständig öffnen, wenn der Verschlußhebel zur Seite bewegt wird. Das letzte Stück muß man „mit Hand" öffnen und außerdem die Kraft der Schlagfedern überwinden.

Kontrolle von Ejektoren

Die Funktion der Ejektoren und ihre Übereinstimmung mit dem Schloßsystem der Waffe ist einfach zu überprüfen. Man lädt mit Pufferpatronen, feuert den einen Lauf ab und öffnet die Waffe. Die Hülse soll ausgeworfen werden, genau bevor die Läufe ihren Tiefpunkt erreicht haben. Selbstverständlich darf sie die Basküle nicht streifen. Danach wiederholt man die Aktion mit dem anderen Lauf. Feuert man danach beide Läufe ab und öffnet langsam die Waffe, sieht oder hört man, ob einer der Ejektoren zu spät oder zu früh auslöst.

Zur Kontrolle der Harmonie zwischen Ejektoren und Schloßsystem benutzt man in erster Linie das Gehör. Man lädt mit den Pufferpatronen und feuert ab. Danach öffnet man die Waffe sehr langsam, mit dem Ohr nahe der Basküle. Normalerweise soll man ein schwaches knackendes Geräusch hören, wenn die Hähne gespannt werden. Leider geschieht dies nicht immer genau gleichzeitig. Man soll aber das Geräusch hören können, ohne daß einer oder beide Ejektoren ausgelöst werden.

Wenn es jemandem nicht möglich ist, das Spannen der Hähne zu hören, gibt es eine andere Art der Prüfung. Dazu braucht man einen Schraubstock mit Filzbacken.

Die Waffe wird waagerecht an den Läufen festgespannt, so daß man sie ganz normal öffnen kann. Die Pufferpatronen, die benutzt werden, sollen ungefähr so lang wie normale Patronen sein. Man kann auch ein paar abgeschossene Hülsen benutzen.

Zuerst wird die Waffe ohne Pufferpatronen abgefeuert. Danach öffnet man sie langsam unter genauer Beobachtung mit einer Hand und untersucht, wieweit man das Gewehr öffnen muß, um die Pufferpatronen hineinstecken zu können bzw. um die Waffe zu laden. Natürlich kann man auf diese Weise sowohl sehen als auch hören, ob einer oder beide Ejektoren auslösen, bevor man eine Patrone hineinstecken kann. Jetzt ist die Waffe genau in dem Moment zu schließen, in dem man ohne Mühe die Pufferpatronen laden kann.

Wenn alles in Ordnung ist, müßte man jetzt die Waffe wieder abfeuern können. Gelingt dies nicht, ist die Waffe nicht richtig justiert, und es besteht die Gefahr, daß man zwar Patronen im Patronenlager hat, aber trotzdem eine Waffe in den Händen hält, deren Hähne nicht gespannt sind. Um diese Funktion zu kontrollie-

*Wenn der Ejektor nicht auslöst, ist es schwer,
den Hülsenrand zu fassen*

*Hier kann man bei ausgelöstem unteren Ejektor
den Höhenunterschied zwischen den Ausziehern
erkennen*

ren, ist es erforderlich, daß man eine sowohl leichte als auch sichere Hand und außerdem ein bißchen Übung hat. Um sicher zu sein, soll man deswegen die Überprüfung wiederholen.

Einige Gewehre können zwischen dem Spannen der Hähne und der Ejektorenauslösung sehr knapp eingestellt sein. Die mit Pufferpatronen abgefeuerte Waffe soll jetzt langsam und vorsichtig geöffnet werden und die Bewegung genau in dem Moment gestoppt werden, wenn der Ejektor auswirft. Wenn die Hülse pro-

blemlos herausfliegt, wird mit einer neuen Pufferpatrone geladen, die Waffe wird geschlossen, ohne bis zum Anschlag geöffnet zu werden, worauf erneut abgeschlagen wird, damit man sich vergewissern kann, daß das Schloß wirklich gespannt wurde.

Wenn die Ejektoren zu früh auslösen, so daß die Hülse im Patronenlager steckenbleibt, handelt es sich nur scheinbar um einen Fehler, solange man die Waffe soweit öffnen muß, daß die Hähne sich spannen, bevor man die Hülsen von Hand herausnehmen kann. Andernfalls ist es notwendig, Abhilfe zu schaffen, möglichst durch einen erfahrenen Büchsenmacher.

Wenn die Ejektoren überhaupt nicht auswerfen, ist es schwierig, die Hülsen herauszubekommen, da die Auszieher bei gespannten Ejektoren in ihren Sitzen sehr tief liegen. Spätes Auswerfen, d. h. wenn die Läufe hart bis zum Anschlag gepreßt werden müssen, um die Ejektoren zum Auslösen zu bringen, verursacht unnötige Belastungen an Leitbolzen, Spannarmen und in gewissen Fällen auch an den Schlagfedern und erfordert Gegenmaßnahmen.

Besondere Probleme bei Bockwaffen

Bei Bockwaffen ist es am wichtigsten, den Ejektor zum oberen Lauf zu kontrollieren. Es ist sicherzustellen, daß er nicht zu frühzeitig auswirft. Den oberen Lauf lädt man ja meistens vor dem unteren. Die Schlösser der Waffe werden aber nicht richtig gespannt, bevor das Patronenlager des unteren Laufes erreichbar ist. Eine etwas andere Situation ergibt sich bei kombinierten Bockwaffen mit obenliegendem Schrotlauf. Wenn man noch einen Schrotschuß abgeben will und der Ejektor frühzeitig ausgeworfen hat, kann es leicht passieren, daß man unter Zeitdruck die Waffe nicht weit genug öffnet, um das Schloß zu spannen. Auch wenn beide Läufe abgefeuert sind, kann es sein, daß es keinen Grund gibt, den Kugellauf nachzuladen. Dann kann man plötzlich Denkfehler machen. Diese Situation tritt bei kombinierten Waffen ohne Ejektor eher auf.

All diese Dinge sind natürlich situationsbedingt und von der Waffengewohnheit des Schützen abhängig. Wer immer exerziergemäß das Gewehr, bewußt oder unbewußt, völlig öffnet und registriert, ob die leeren Hülsen die Waffe verlassen haben, bevor er bereit ist, die neuen Patronen zu laden, erlebt selten solche Störungsmomente und gerät auch nicht unter Zeitdruck.

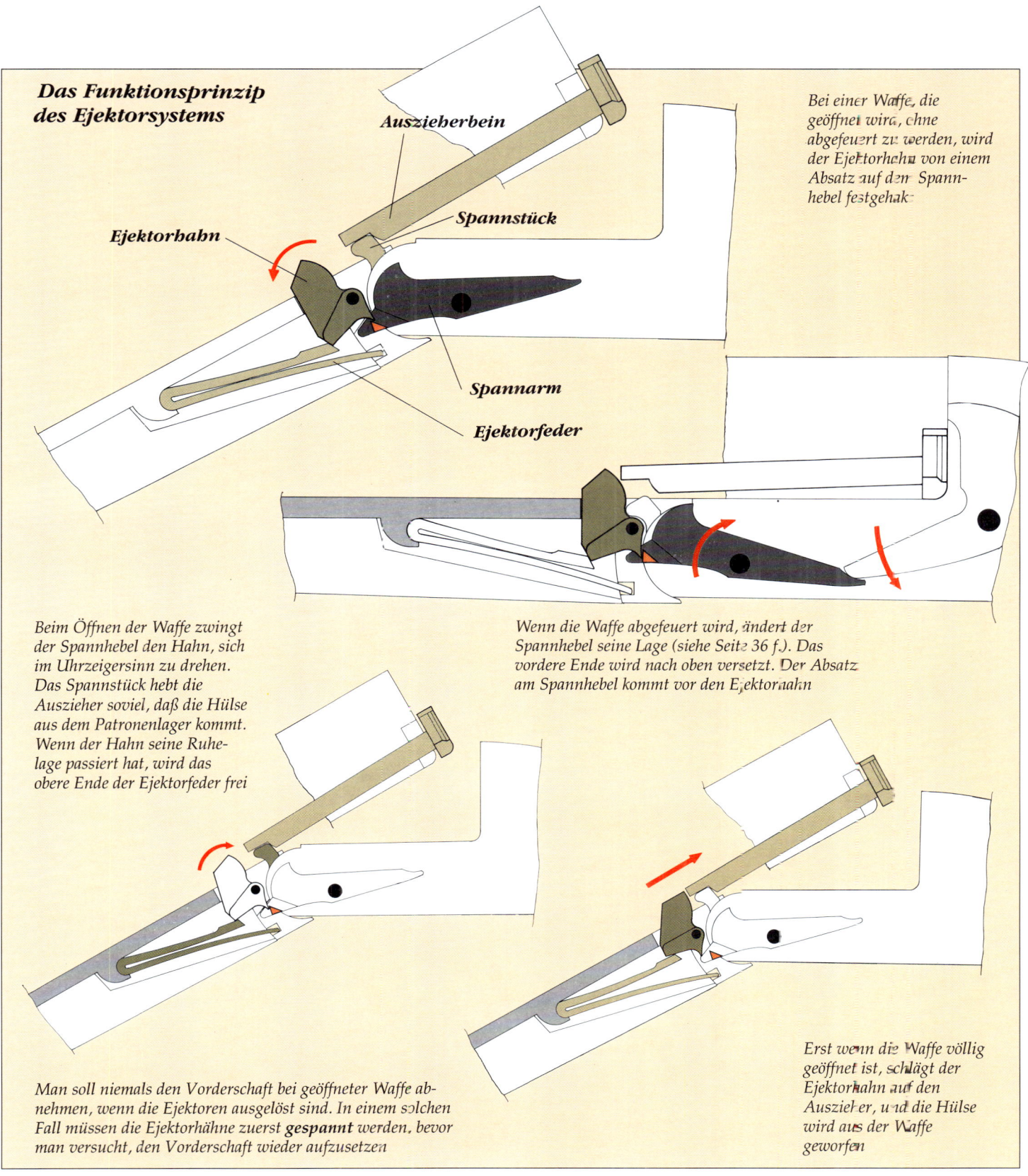

Das Funktionsprinzip des Ejektorsystems

Auszieherbein

Spannstück

Ejektorhahn

Spannarm

Ejektorfeder

Bei einer Waffe, die geöffnet wird, ohne abgefeuert zu werden, wird der Ejektorhahn von einem Absatz auf dem Spannhebel festgehakt

Beim Öffnen der Waffe zwingt der Spannhebel den Hahn, sich im Uhrzeigersinn zu drehen. Das Spannstück hebt die Auszieher soviel, daß die Hülse aus dem Patronenlager kommt. Wenn der Hahn seine Ruhelage passiert hat, wird das obere Ende der Ejektorfeder frei

Wenn die Waffe abgefeuert wird, ändert der Spannhebel seine Lage (siehe Seite 36 f.). Das vordere Ende wird nach oben versetzt. Der Absatz am Spannhebel kommt vor den Ejektorhahn

Man soll niemals den Vorderschaft bei geöffneter Waffe abnehmen, wenn die Ejektoren ausgelöst sind. In einem solchen Fall müssen die Ejektorhähne zuerst **gespannt** werden, bevor man versucht, den Vorderschaft wieder aufzusetzen

Erst wenn die Waffe völlig geöffnet ist, schlägt der Ejektorhahn auf den Auszieher, und die Hülse wird aus der Waffe geworfen

Wärmeausdehnung bei kombinierten Waffen und Doppelbüchsen

Treffpunktlageveränderungen beim Kugellauf einer kombinierten Waffe oder bei den Läufen einer Doppelbüchse, wenn sie warmgeschossen wurden, sind ein völlig natürliches, aber immer wieder irritierendes Problem.

In der Praxis ist eine größere oder kleinere Wärmeausdehnung bei zusammengelöteten Läufen unvermeidlich. Wird ein Lauf mehr aufgewärmt als der oder die anderen, dehnt er sich aus, und das ganze Laufset wird sich wie ein Bimetall in irgendeine Richtung biegen. Die Frage ist nur, wieviel und nach wie vielen Schüssen die Treffpunktlageveränderung aus jagdlichem Gesichtspunkt unakzeptabel wird.

Kombinierte Waffen

Bei kombinierten Bockwaffen und Drillingen ist die Sache auf einem Schießstand leicht zu kontrollieren.

Wenn man zwei Schüsse innerhalb von 4–5 Sekunden abgeben kann und die Treffer nicht mehr als 4–5 cm voneinander entfernt sitzen, kann man ganz zufrieden sein. Es ist nur äußerst selten der Fall, daß man auf der Jagd mit kombinierten Gewehren Gelegenheit bekommt, mehr als zwei Schüsse schnell nacheinander abzugeben. Natürlich kann es in einer Jagdsituation passieren, daß mehrere Schüsse erforderlich sind, bevor das Wild abgefangen ist. In der Regel vergeht aber soviel Zeit zwischen dem ersten und letzten Schuß, daß der Lauf sich etwas abkühlen und zu normaler Trefferlage zurückkehren kann.

Bei kombinierten Bockwaffen und Drillingen mit untenliegendem Kugellauf erfolgt die Wärmeausdehnung meistens in senkrechter Richtung. Die Treffer klettern aufwärts im Verhältnis der Erwärmung des Kugellaufs. Bei Bockdrillingen mit einem Kugellauf, der an der Seite zwischen den anderen Läufen liegt, muß man damit rechnen, daß eine gewisse seitliche Abweichung durch Wärmeausdehnung entsteht.

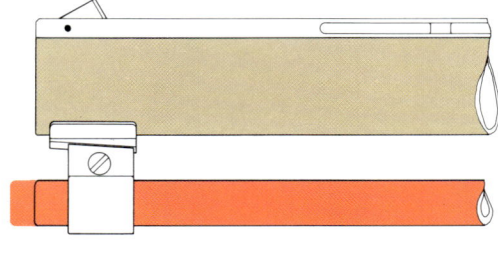

Bei einer Waffe mit freiliegendem Kugellauf wird die Aufhängung so gestaltet, daß der Kugellauf, wenn er vom Schießen aufgewärmt wird, sich frei in der Länge ausdehnen kann

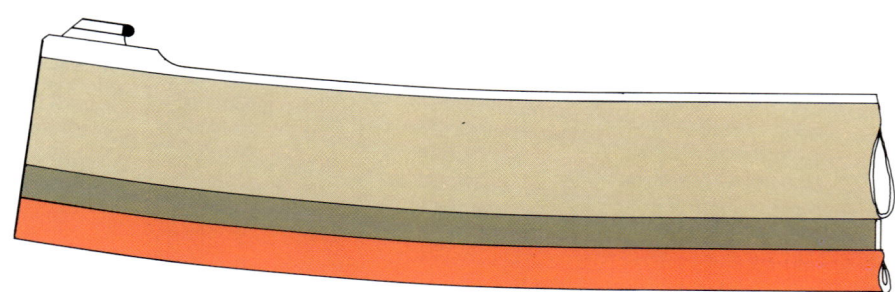

Wenn die Läufe zu einer homogenen Einheit zusammengelötet sind, krümmt sich das ganze Laufset, wenn der eine Kugellauf ein wenig länger als der andere wird

Wie groß die Wärmeausdehnung zwischen den Schüssen wird, ist von einer Reihe verschiedener Faktoren abhängig; der Außentemperatur, der Zeit zwischen den Schüssen, der Dimension des Laufes im Verhältnis zu den nominalen Maßen der Munition und nicht zuletzt vom Typ der verwendeten Munition.

Kombinierte Waffen verschiedener Fabrikate können sich völlig verschieden verhalten, auch wenn das Kaliber des Kugellaufes dasselbe ist und man die gleichen Munitionstypen verwendet. Dies muß man einfach akzeptieren. Generell gilt, daß sich verhältnismäßig großkalibrige Waffen um 8 mm herum in Kombination mit Munition von mäßiger Auftreffgeschwindigkeit am besten verhalten.

Ich habe kombinierte Waffen von hoher Qualität in der Hand gehabt, die auf einer so geringen Entfernung wie 100 m den dritten Schuß auf eine Rehbockscheibe viel zu hoch über den Rücken schossen, wobei die Schüsse mit einem Zeitabstand von 8 Sekunden abgegeben wurden. Der Besitzer einer solchen Waffe war natürlich verzweifelt. Ich fragte ihn aber, wie oft er während seiner fünfunddreißigjährigen Jagdpraxis Gelegenheit gehabt hatte, drei Rehe in dem Tempo zu schießen. Kein einziges Mal, war die Antwort, so daß man sich fragen muß, warum er betrübt war. Zwischen dem ersten und zweiten Schuß war der Abstand nicht mehr als 5 cm, und wenn man zwanzig, dreißig Sekunden wartete, bis man den dritten Schuß abgab, saß der Treffer in der Nähe vom zweiten Schuß.

Viele Jäger begehen einen Denkfehler, indem sie die Schießstandverhältnisse beim Einschießen der Waffe mit praktischer Jagd vergleichen. Mit einer kombinierten Waffe schießt man auf der Jagd in der Regel nur einen, möglicherweise zwei Schüsse hintereinander. Danach bekommt der Lauf meistens viel Zeit, sich bis zur nächsten Schußabgabe abzukühlen. Die Wärmeausdehnung ist also in erster Linie beim Einschießen des Zielfernrohres oder der Schußleistungsprüfung ein störendes Moment.

Die Molekülbewegungen im Material bewirken, daß der Lauf sowohl in der Längsrichtung als auch diametral expandiert. Wenn man einige Schüsse in allzu schneller Folge abgibt, breitet sich die Wärme auch auf die anderen Läufe aus, und es dauert tatsächlich ziemlich lange, bevor das Laufset wieder seinen normalen Zustand erreicht hat. Auch wenn der vordere Teil des Kugellaufes zwischen den Schüssen abgekühlt zu sein scheint, ist er rings um das Patronenlager noch warm.

Das Einschießen von kombinierten Waffen mit gelöteten Läufen kann umständlich sein. Eine tiefe Außentemperatur ist vorteilhaft, da die Läufe sich dann zwischen den Schüssen schneller abkühlen

In der Regel reicht dann ein einziger Schuß, damit der Lauf sich wieder auszudehnen beginnt.

In der Praxis bedeutet dies, daß, wenn man mit einem ganz abgekühlten Gewehr zwei Schüsse abgegeben hat, man sich damit abfinden muß, eine ganze Weile zu warten, bis man wieder schießen kann. Das beste ist, die Waffe zu zerlegen. Dann kühlen die Läufe schneller ab. Eine Alternative ist, ein einseitig verschlossenes Plastikrohr von 8–10 cm Durchmesser und einen Kanister mit Wasser mitzubringen. Das Wasser wird in das Rohr gegossen, und dann badet man das ganze Laufset darin einige Minuten. Nicht zu vergessen ist ein Putzstock, so daß man den Kugellauf nach der Abkühlung trockenputzen kann. Selbstverständlich ist jetzt ein bißchen Waffenpflege notwendig. Das ist aber nichts anderes, als wenn man einen ganzen Tag in strömendem Regen gejagt hätte. Einfacher ist natürlich eine Gebläsevorrichtung, wie sie standardmäßig zu ordentlich geführten Schießständen gehört.

Mein Grundtip beim Einschießen von kombinierten Gewehren ist, daß man am nächsten Tag einer Kontrollschuß abgibt, wenn die Waffe ganz kalt ist. Man stellt zwei Scheiben nebeneinander und schießt einen Schuß auf jede mit dem gleichen Haltepunkt. Dann erfährt man, ob das Einschießen richtig war und um wieviel die Einschüsse zwischen dem ersten und zweiten Schuß klettern. Wenn die Treffer in senkrechter Richtung falsch liegen, korrigiert man nach dem Durchschnittstreffpunkt. Wenn man ein gutes Zielfernrohr hat und weiß, um wieviel jedes „Klick" bei der Schußentfernung die Treffpunktlage verändert, ist es leicht, nach Wunsch zu korrigieren. Wenn die Waffe empfindlich ist, muß man nur lange genug warten, bis man es wieder probiert. Am besten wartet man bis zum nächsten Tag, dann kann man sicher sein.

Doppelbüchsen

Doppelbüchsen sind nicht fürs Präzisionsschießen auf weite Entfernungen geeignet. Auch wenn es ausgezeichnete Ausnahmen gibt, ist es meine feste Auffassung, daß eine Doppelbüchse, die auf 80 m vier schnelle Schüsse innerhalb eines Streukreises von 15 cm setzt, außerordentlich gut ist. Für diesen Zweck ist der Waffentyp nämlich gedacht, d. h. schnelles Schießen auf Großwild bei kurzen Entfernungen.

Das Problem bei Doppelbüchsen ist es, die Läufe dazu zu bringen, auf etwa demselben Fleck mit einer gemeinsamen Zieleinrichtung zu treffen. Technisch hört sich das nicht besonders aufregend an, es sind aber viele Faktoren, die das Zusammenschießen negativ beeinflussen. Einer ist die Wärmeausdehnung. Wenn einer der Läufe vom Schießen aufgewärmt ist, wird die Treffpunktlage des anderen verändert, weil die Läufe sich in irgendeine Richtung biegen, nach oben, nach unten, nach rechts oder links. Alles ist davon abhängig, ob die Waffe in Quer- oder Bockausführung gefertigt ist und welcher Lauf zuerst abgefeuert wird.

Weiter wird die Treffpunktlage bei den einzelnen Läufen von der Schäftung der Waffe beeinflußt. Eine Querwaffe, die eine kräftige Rechtsschränkung hat, schießt oft mit dem linken Lauf ordentlich nach links, wenn man mit der Waffe im Anschlag schießt, also nicht vom Schießgestell. Das kommt daher, daß der linke Lauf einen längeren Abstand seitlich von seiner Zentrumslinie zur Schaftkappe hat als der rechte Lauf. Der Rückstoß dreht also die Waffe nach links. Der „Hebelarm" zwischen Lauf und Schaftkappe nimmt natürlich mit zunehmender Schränkung zu. Bockdoppelbüchsen sind in dieser Hinsicht weniger empfindlich, da die Läufe in der gleichen senkrechten Ebene sehr unterschiedlich treffen können.

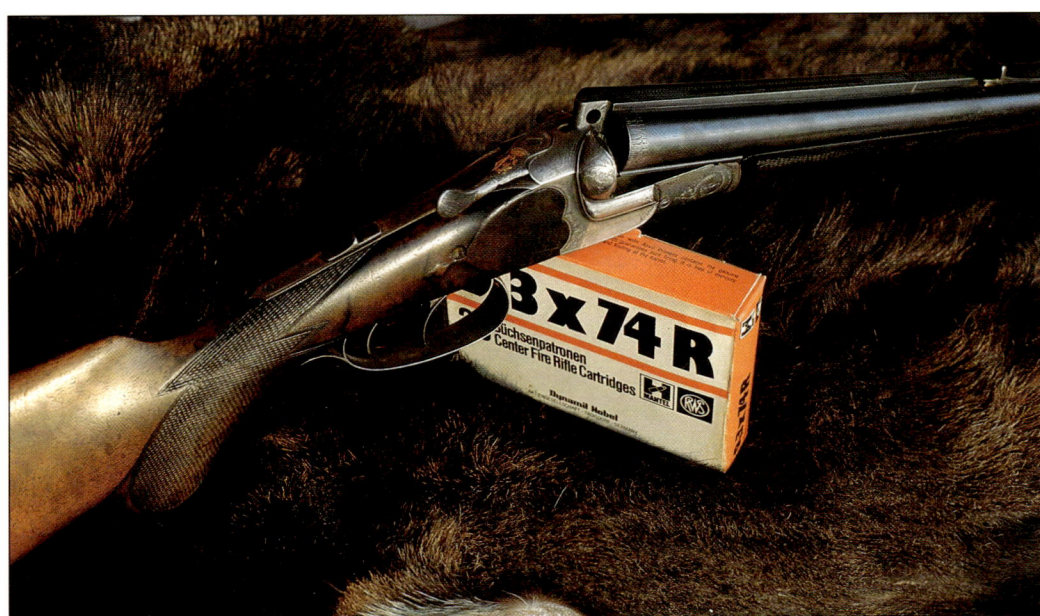

Die Doppelbüchse ist eine Waffe für schnelles Schießen auf kurze Entfernungen. Man soll keine unmögliche Schußleistung verlangen

Zwei Kugelläufe zu einer zusammenschießenden Einheit zusammenzufügen ist ein komplizierter Prozeß. Tatsächlich so kompliziert, daß meistens nicht einmal die besten computergesteuerten Maschinen der Welt es schaffen. Die Arbeit muß von einem einfühlsamen und erfahrenen Büchsenmacher durchgeführt werden. Ob man es glaubt oder nicht: Die Läufe arbeitsmäßig richtig zu garnieren, geschieht oft nach dem Gehör.

Das nächste Problem, besonders wenn man beabsichtigt, eine etwas ältere Waffe zu kaufen, ist, mit welcher Munition die Läufe eingeregelt wurden. Man könnte glauben, daß das keine Rolle spielt, wenn nur das Kaliber dasselbe ist. So ist es aber selten. Die meisten Doppelbüchsen sind in dieser Hinsicht sehr empfindlich. Die Variablen sind Geschoßmasse und -form, die Härte und Stärke des Mantelmaterials, die Masse der Pulverladung und zuletzt die tatsächliche Anfangsgeschwindigkeit. In der Praxis kann es sich zeigen, daß eine Doppelbüchse, die mit einem bestimmten Patronenfabrikat recht gut schießt, mit einem anderen katastrophale Ergebnisse zeigt, auch wenn das Ge-

Unter dem Lauf findet man wichtige Angaben über den ursprünglichen Beschuß und die abgestimmte Laborierung. Das Bild ist zwar nicht vollständig, aber es ist z. B. nützlich, die Geschoßmasse zu kennen

schoßgewicht und die Auftreffgeschwindigkeit auf dem Papier genau die gleichen sein können.

Bei älteren Waffen kann es schwierig sein, Angaben zu finden, mit welcher Munition die Läufe geregelt wurden. Die einzige Möglichkeit ist, so lange mit verschiedenen Munitionsarten zu probieren, bis es klappt. Eine gute Alternative ist es, seine eigene Munition zu

laden und zu experimentieren, bis man eine gute Laborierung gefunden hat. Handladen aber bitte nur mit gültiger sprengstoffrechtlicher Erlaubnis. Leider kann es sein, daß die Läufe tatsächlich falsch zusammengelötet und schlecht garniert wurden. Dies kann man aber nicht wissen, wenn die Originalmunition fehlt. Ich habe mit Waffen geschossen, die mit einem Munitionsfabrikat regelmäßig zwei Schüsse innerhalb von 10 cm auf 100 m setzten, aber mit einer anderen Munition kreuzten sich die Flugbahnen der Läufe, und die Treffer saßen mehr als 35 cm voneinander entfernt, trotz gleicher Entfernung.

Wenn man eine feine Waffe gefunden hat, aber Probleme hat, mit der Munition zu schießen, die zur Verfügung steht, sollte man einen ordentlichen Vorrat an Munition kaufen oder fertigen, zu der man Vertrauen hat. Danach läßt man eine kompetente Firma die Läufe mit diesen Patronen einrichten. Selbst Munition zu fertigen, ist, wie ich erwähnt habe, oft die letzte Möglichkeit. Es verlangt aber, daß man genau weiß, was gemacht werden muß, damit die Waffe richtig schießt.

Eine andere merkwürdige Tatsache bei Doppelbüchsen, die mit Zielfernrohr versehen wurden, besteht darin, daß bei einigen Waffen der Lauf ganz unterschiedlich schießt, abhängig davon, ob das Zielfernrohr aufgesetzt ist oder nicht. Ich kann in Kürze nicht erklären, warum, aber wahrscheinlich beeinflussen die Veränderungen in Gewicht und Schwerpunkt die Treffpunktlagenabweichung.

Eine Warnung ist angebracht, wenn es um Zielfernrohrmontagen geht. Einhakmontagen erfordern, daß Einzelheiten der Montage auf dem Lauf festgelötet werden müssen. Dazu muß die Oberschiene an zwei Stellen weggekappt werden, und das Löten bringt eine lokale Aufwärmung von mehr als 350 Grad mit sich. Eine Waffe kann so ihre bisherigen Schießeigenschaften verlieren und eine Regulierung der Läufe erforderlich machen. Ich empfehle Montagen, die in der Schiene festgeschraubt werden, auch wenn es nicht so elegant aussieht. Bei der Jagd sind ja die Schußeigenschaften am wichtigsten.

Es gibt noch einige Faktoren, die das Schießen mit Doppelbüchsen beeinflussen. Dabei denke ich nicht an den Schützen, sondern an die Tatsache, daß das Abzugssystem der Doppelbüchse in den meisten Fällen wie bei einer gewöhnlichen Flinte gefertigt ist. Perfekte „Kugelschußabfeuerungen" mit einem Doppelabzug zu machen ist wirklich nicht jedermanns Sache.

Eine unsachgemäße Einhakmontage ist eine ständige Sorgenquelle. Ob die schlechte Verlötung durch zu wenig oder zu viel Erhitzung erfolgte, ist nicht mehr feststellbar

Es zeigt sich oft, daß sich schlechtschießende Doppelbüchsen in den Händen desjenigen, der es versteht, sie auf richtige Art und Weise zu bedienen, beispielhaft verhalten. Dies hat seinen Grund darin, daß die Rückstoßkräfte auf verschiedene Weise aufgenommen werden, wenn man die Hand vom vorderen zum hinteren Abzug bewegt. Man sollte daran denken, daß Pistolengriff und Schafthals bei einer Doppelbüchse sich in der Formgebung von einem Repetierer recht deutlich unterscheiden.

Die Tatsache, daß man merkliche Treffpunktlageveränderungen bei einem gewöhnlichen Stutzen in verschiedenen Schießstellungen bekommen kann, wenn man die Schaftkappe nicht stets gegen denselben Punkt an der Schulter ansetzt oder die Waffe in exakt derselben Weise hält, ist unwiderlegbar. Zwar wird der

Fehler nicht so deutlich wie bei einer zweiläufigen Waffe, aber er ist meßbar. Man sollte einmal Wettbewerbsschützen der Weltrangliste studieren. Wenn sie nach dem Warmschießen auf dem Schießstand einmal ihre Position gefunden haben, sind sie peinlichst genau darum bemüht, nichts an der Körperhaltung oder dem Anschlag zu ändern.

In vielen Fällen können Probleme mit Abfeuern und Rückstoßaufnehmen dadurch gelöst werden, indem man zuerst den hinteren Abzug betätigt. Es mag unnatürlich erscheinen, aber mit der Waffe im Anschlag bekommt man einen festeren und natürlicheren Griff um den Schafthals, wenn die Hand zur Abgabe des zweiten Schusses nach vorne anstatt nach hinten bewegt wird. Hierfür sprechen Form und Aufhängung der Abzüge. Der hintere Abzug kann ja nicht nach hinten aufwärts gepreßt werden, um das Abfeuern zu kontrollieren.

Kontrollschießen

Man soll immer versuchen, eine Doppelbüchse so probezuschießen, wie sie praktisch genutzt wird, d. h. freihändig oder sitzend mit Kniestütze. Besonders eine Querdoppelbüchse ist empfindlich, und damit soll man sich nicht in einer Schießbank einklemmen oder eine Unterlage benutzen wie beim Einschießen mit einem Repetierer. Die Läufe biegen sich, wenn man auf Waffe und Unterlage zu hart drückt, auch wenn man die Hand zwischen dem Vorderschaft und der Unterlage hat. Außerdem nimmt man den Rückstoß nicht in derselben Weise auf, als wenn man freihändig stehend schießt.

Man will beim Schießen Präzision haben, besonders wenn man die Waffe einschießt. Ich empfehle, daß man stehend mit einer Unterlage auf einem Autodach aufgelegt schießt. Man nimmt ein Kissen mit als Unterlage für „die Laufhand" und benutzt die Dachlitze als Unterstützung für den anderen Unterarm. So bekommt man eine völlig akzeptabel aufgelegte Schießstellung, die die Waffe nicht beeinflußt.

Man könnte glauben, daß ich Doppelbüchsen nicht mag. Dem ist aber nicht so. Man muß einsehen, daß dieser Waffentyp ganz besondere Eigenschaften hat. Eine Doppelbüchse ist nicht etwas, was man beim Waffenhändler kauft, um damit direkt ins Revier auf die Jagd zu gehen und sofort in allen Lagen gut zu schießen.

Wenn man das Glück hat, ein Gewehr zu finden,

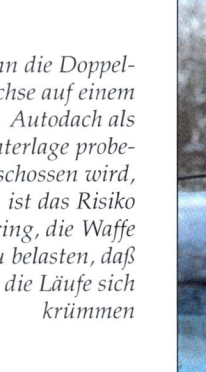

*Wenn die Doppel-
büchse auf einem
Autodach als
Unterlage probe-
geschossen wird,
ist das Risiko
gering, die Waffe
so zu belasten, daß
die Läufe sich
krümmen*

das gut schießt, kann man viele kleinere Beschädigungen akzeptieren. Es kann sich sogar lohnen, eine Umschäftung zu machen. Dann muß man sich aber an die Waffe gewöhnen und sie viel benutzen. Wenn man schon so weit gekommen ist, hat man alle Voraussetzungen, auf der Jagd ungewöhnlich schnell und effektiv zu schießen.

Freiliegende Kugelläufe

Mit der Absicht, Probleme der Wärmeausdehnung und andere Unannehmlichkeiten zu vermeiden, haben gewisse Waffenhersteller wie Krieghoff, Valmet und Miroku unverlötete Läufe für einige ihrer kombinierten Waffen und Doppelbüchsen produziert.

Die Technik, die Läufe nur an Mündung und Hakenstück und ein Stück vor diesem aneinander zu befestigen, ist verlockend. Teils entgeht man der Lötoperation, teils kann man leicht eine Anordnung anbringen, die es möglich macht, den Lauf oder die Läufe mechanisch im Verhältnis zueinander zu korrigieren.

Diese Methode hat keinen größeren Erfolg gehabt. Eine rein ästhetische Sache ist, daß Kugelläufe bei kombinierten Waffen und Doppelbüchsen mit sehr kleinen Außendimensionen gefertigt werden, damit die Waffen nicht zu schwer wirken. Kombinierte Gewehre mit freiliegenden Kugelläufen sehen sehr mager aus, wenn keine Schienen vorhanden sind, die den Raum zwischen den Läufen decken. Dies ist zwar nur eine optische Frage, aber dünne Läufe, die nicht miteinander verbunden sind, federn leicht, wenn man die Waffe unvorsichtig auf eine Unterlage legt oder sie auf fehlerhafte Weise anfaßt. Der größte Nachteil liegt in der Justieranordnung oder der Befestigung des Kugellaufs gegen die übrige Waffe. Wenn sie umfällt und die Mündung unglücklicherweise gegen etwas schlägt, ist in der Regel erneutes Einschießen erforderlich. Handelt es sich um eine Doppelbüchse, kann auch das Zusammenschießen der Läufe gefährdet werden.

Der Mündungsbeschlag kann ja nicht zu groß und kräftig gemacht werden, und die kleinen Lachsrillen und Stellringschrauben, die die Läufe fixieren sollen, sind beim Schuß besonderer Beanspruchung ausgesetzt. Wenn das Geschoß in die Züge eingepreßt wird und zu rotieren beginnt, entsteht eine Torsionskraft, die den Lauf um seine Längsachse drehen will. Die Kraft wirkt in umgekehrter Richtung zur Zugsteigung. Der Torsionskraft können wir nicht entkommen, und je kleiner die Außendimensionen des Laufes sind, um so mehr wird er in Form von Vibrationen beeinflußt. Auch wenn es nicht möglich ist, genau zu zeigen, was passiert, kann man ziemlich überzeugt sein, daß der Lauf sich in größerem oder kleinerem Ausmaß bewegt, und das mit großer Kraft. Wenn die Befestigungs- oder Justierungsanordnungen bei der Mündung schwach oder schlecht angezogen sind, kann man nicht ernsthaft damit rechnen, das Ein- oder Zusammenschießen ein für allemal stabilisiert zu haben.

Grundsätzlich rate ich von Waffen mit freiliegenden Läufen ab, auch wenn es natürlich Waffen dieser Art gibt, die tadellos funktionieren. Bevor man sich für eine solche Waffe entscheidet, ist eine genaue Überprüfung angesagt.

Die Büchse

Einführung

Die wichtigste Eigenschaft einer Büchse ist ihre Schußgenauigkeit. Ein einzelnes Geschoß ist entscheidend und nicht ein ganzer Schwarm wie beim Schrotschuß. Daher muß diese eine Möglichkeit gut genutzt werden. Wenn wir von Schußgenauigkeit sprechen, sprechen wir vom Streukreis, der mit der jeweiligen Waffe erreichbar ist. Dieser ist, im Vergleich zu vielen anderen Dingen, die man bei einer gebrauchten Büchse untersuchen sollte, relativ leicht zu kontrollieren.

Man soll die Waffe mit einer guten Auflage, wie bei Benchrestschützen üblich (z. B. Superest), probeschießen, um dann den Streukreis mit einem Meßstab genau zu bestimmen. Im Gegensatz zur Analyse der Schußleistung einer Flinte gibt es hier keinen Beurteilungsspielraum aufgrund besonderer Kenntnisse. Jeder kann ohne Vorkenntnisse einen Vergleich zwischen verschiedenen Waffen anstellen und Unterschiede sofort erkennen.

Beim Probeschießen bekommt man immer das zusammenfassende Ergebnis einer ganzen Reihe von Einzelheiten, die alle mehr oder weniger die Größe des Streukreises beeinflussen. Dazu gehören:

– die Fähigkeit des Schützen,
– der Zustand des Laufes,
– die Qualität und Eigenschaften der Munition,
– die Passung zwischen System und Schaft,
– die Qualität und Ausführung des Zielfernrohrs und der Montage,
– die Ausformung und Paßform des Schaftes im Verhältnis zum Schützen,
– die Geschoßmasse und die Auftreffgeschwindigkeit im Verhältnis zum Drallwinkel.

Nur wenn wir mit dem Schießergebnis nicht zufrieden sind, könnte es einen Grund geben, sich dieser Liste zur Fehlersuche wieder zuzuwenden, um festzustellen, warum die Waffe nicht genau schießt.

Wenn es sich um Jagdwaffen handelt, wage ich zu behaupten, daß achtzig Prozent aller Präzisionsprobleme dem ersten Punkt der Liste zuzuordnen sind, also dem Schützen. Im allgemeinen herrscht die Auffassung, daß frühere gute Schußfertigkeiten, beispielsweise während der Wehrpflichtzeit vor vielleicht 20 bis 30 Jahren, immer noch vorhanden sind. So ist es aber nicht.

Um seine Schießfähigkeit und -fertigkeit beizube-

Aus einer älteren Waffe mit einem guten Mechanismus läßt sich etwas Individuelles gestalten. Dieses ist ein BRNO-Stutzen aus den fünfziger Jahren, der vom Verfasser umgebaut wurde

Die Fläche des Streukreises wird schnell kleiner, je enger die Schüsse sitzen. Links drei Schüsse, die innerhalb von 11 mm sitzen. Rechts kann man den Unterschied zwischen einem Streukreis mit 40 mm Durchmesser und einem mit 26 mm (dem inneren) sehen. Der Unterschied im Durchmesser scheint nicht groß, nur 14 mm, die Fläche ist aber entscheidend. Vergleiche mit der Bierdose! *Maßstab 1 : 1*

halten, muß man immer trainieren. Leider glauben immer noch viele, daß ein Zielfernrohr das Schießen leichter macht, wenn man nur eine Unterlage hat. Die Tatsache aber, daß das eigentliche Anvisieren erleichtert wird, macht keinen Meisterschützen.

Der Streukreis

Vor vielen Jahren garantierte die Waffenfabrik Husqvarna in Schweden, daß ihre normalen Jagdstutzen bei fünf Schüssen auf 100 m innerhalb eines Kreises von 7 cm sitzen sollten. Es hört sich nicht so überragend an, aber im Hinblick darauf, daß dabei über Kimme und Korn geschossen wurde, ist das ein respektables Ergebnis. Der Streukreis, der garantiert wurde, war nur wenig größer als der Boden einer Bierdose, und es ist tatsächlich schwierig, eine solche mit fünf Schüssen hintereinander zu treffen, wenn man sie 100 m entfernt auf einen Pfahl setzt. Das sollte man gerne einmal mit Zielfernrohr und gut aufgelegt probieren. Dann versteht man, wovon ich spreche. Die meisten fabrikneuen Stutzen schießen enger, als es garantiert wird. Es ist aber durchaus auch mit einer gebrauchten

Waffe möglich, in die Nähe der Fabriksgarantie zu kommen, wenn der Lauf in einigermaßen gutem Zustand und die Waffe im übrigen in Ordnung ist. Mit einigermaßen gutem Zustand meine ich einen Lauf, der frei von Rostnarben ist, und mit dem nicht mehr als einige 1000 Schüsse abgegeben wurden.

Ein Streukreis von 3–4 cm ist bei einem guten Schützen oder beim Schuß aus dem Schießgestell nichts Außergewöhnliches. Ich kann mir denken, daß viele Leser die Nase rümpfen, doch wohlgemerkt, wir sprechen von Serien bis zu fünf Schuß und von normalen Jagdwaffen. Bei Drei-Schuß-Serien sind enge Streukreise viel leichter zu erzielen. Allenthalben wird über Büchsen gesprochen, die „Loch in Loch" oder aufs Schußpflaster schießen.

Viele glauben, gute Schußleistung sei beliebig käuflich oder selbstverständlich erreichbar, wenn man nur dieses Waffenfabrikat mit jener Munition verwendet. Eine Verminderung des Streukreisdurchmessers von beispielsweise 4 auf 2 cm bedeutet nicht eine Verdoppelung der Schußleistung. Der Vergleich der Flächen zeigt, daß die Streuung auf ein Viertel reduziert wurde. Die Flächenbetrachtung eröffnet tatsächlich eine etwas andere Perspektive. Wenn wir den Streukreis-

Ein Streukreis von 12 cm kann auf einer Scheibe recht groß wirken. Das entspricht einer normalen Tontaube. Ein solcher Streukreis, in seinem richtigen Kontext eingesetzt, bedeutet nicht nur ein annehmbares Ergebnis, sondern ist völlig ausreichend, wenn man auf normalen Entfernungen niemals schlechter schießt

durchmesser um die Hälfte vermindern wollen, müssen Waffe und Schütze ein viermal besseres Ergebnis liefern. Wenn wir Forderungen nach Streukreisen zwischen 2 und 4 cm stellen, sind wir bereits jenseits des Bereiches, der für die Jagdpraxis notwendig ist. Auch mit einer sehr guten Waffe und einer perfekten Auflage sind die Anforderungen an den Schützen, an die Munition, an das Zielfernrohr und an die Montage außerordentlich, wenn sich die Einschüsse berühren sollen.

Wenn man regelmäßig mit seiner Waffe auf einhundert Meter drei Schuß innerhalb von 7 cm plaziert, kann ich garantieren, daß man in der Wildbahn niemals Probleme haben wird, auch wenn sich die Schußweiten mal zweihundert Metern nähern sollten.

Vor dem Probeschießen

Wenn man eine unbekannte Waffe probeschießt, sollte man einige Dinge zuvor kontrollieren, um unnötige Fehler zu vermeiden. Seine eigene Waffe wird man selbstverständlich genauso prüfen.

Sehen wir zuerst in den Lauf. Er soll sorgfältig von Geschoßablagerungen und Treibladungsmittelrückständen gereinigt werden. Lösungsmittel (z.B. Nitrosolvent, Hoppes #9, sweets oder shooters choice) sind hierzu die richtige Medizin. Danach sollte die Verbindung von Schaft und System geprüft werden, indem man die Halteschrauben mit einem genau passenden Schraubendreher fest anzieht. Zuletzt kommt der Test der Visiereinrichtung. Bei einer offenen Visiereinrichtung soll geprüft werden, ob Kimme und Korn fest

sitzen. Es kommt nicht selten vor, daß sie so lose sitzen, daß sie mit den Fingern bewegt werden können. Ein Test mit einer Nadelspitze oder der Klopftest mit einem Schraubenziehergriff liefern wichtige Erkenntnisse. Dabei muß man wissen, daß bei einigen Fabrikaten Kimme und Korn auf einem separaten Sockel montiert sind, der mit dem Lauf verschraubt ist.

Schlecht gemachte Zielfernrohrmontagen sind für die Schußleistung verheerend. Zuerst werden alle Schrauben kontrolliert. Danach wird die Montage kontrolliert, indem man die Waffe kräftig einspannt: Man versucht, das Zielfernrohr seitlich zu rücken. Man faßt fest mit der einen Hand vor dem Okular und mit der anderen das Objektiv. Ruhig kräftig anfassen und rukken, um den Sitz zu prüfen.

Die Kastenschraube ist ganz vorne am Unterbeschlag. Man soll mit einem passenden Schraubenzieher kräftig anziehen

Ein Schnittmodell des schwedischen Gewehrs m/96. Hier kann man deutlich sehen, wie das System von Kreuzschraube und Kastenschraube zusammengehalten wird

Wenn man von Beginn an richtig sorgfältig sein will, nimmt man das Zielfernrohr ab und kontrolliert die Schrauben, die die Montageabsätze festhalten. Sie sollen fest am Kasten sitzen. Sollten die Absätze lose sein, merkt man dies beim Rücken des Zielfernrohrs. Bei einer fremden Waffe ist es aber am besten, diese Kontrolle immer sofort vorzunehmen.

Das Probeschießen

Wie ich schon erwähnt habe, ist es sehr schwierig, einen Gegenstand zu treffen, der dieselbe Größe hat wie

Die Montagesockelschrauben für das Zielfernrohr sollen nachkontrolliert werden. Man soll aufpassen, daß die vordere Schraube keinen Kontakt zum Lauf erhält

Wenn die Kreuzschraube angezogen ist und mehr als eine halbe Umdrehung gedreht werden kann, muß man kontrollieren, ob sie nicht beim Repetieren hinderlich ist

Die Montageringschrauben sollen hart angezogen sein. Wenn man sie löst und wieder zuzieht, muß die Waffe erneut eingeschossen werden

Zuletzt kontrolliert man, ob die Zielfernrohrmontageteile fest auf ihren Absätzen sitzen. Dann ist es an der Zeit, einzuschießen

der Streukreis, den man normalerweise zustande bringt. Man kann z. B. sehr wohl imstande sein, ein Schußpflaster auf einer Scheibe zu treffen. Wenn aber das Schußpflaster selbst die ganze Scheibe ist, dann ist es fast unmöglich, es zu treffen.

Es gibt keinen Grund, sich in diesem Stadium in die physiologischen und physischen Ursachen zu vertiefen, die diese Schwierigkeiten hervorbringen. Man muß nur die Verhältnismäßigkeit erkennen und Zielmaterial (z. B. Spezial-Anschuß-Scheibe) wählen, das das Schießen von vorne herein erleichtert.

Auch wenn es sich um ein Zielfernrohr handelt, sind viereckige und reichlich bemessene Haltebereiche auf einer großen Scheibe aufgesetzt vorteilhaft.

Persönlich benutze ich am liebsten gelbe, etwa 10 cm breite und 8 cm hohe Halteflächen, auch bei hohen Vergrößerungen im Zielfernrohr. Ich ziele immer gegen die Unterkante dieses Zielbereichs.

Der Grund, daß man unter den Zielbereich halten soll, ist, daß das sogenannte Noniesehen, d. h. das Vermögen zu sehen, ob eine horizontale oder vertikale Linie nicht ganz gerade ist, beim Menschen sehr gut entwickelt ist. Es ist beispielsweise leichter zu sehen, ob ein Bild schräg an der Wand hängt, als zu beurteilen, ob es genausoweit vom Boden wie von der Decke hängt. Oder denken wir an das Zeichnen einer sehr dünnen Linie mit einem Lineal. Wenn man die Richtung des Lineals nur einige Hundertstelmillimeter än-

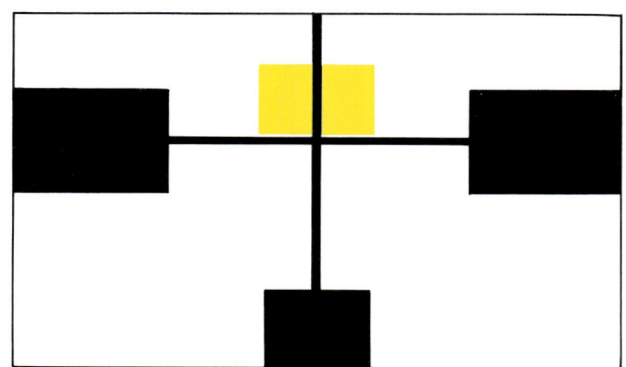

Vorteilhaft bei einem großen viereckigen Richtpunkt ist, daß man weniger von seinem eigenen Zittern merkt, und es zudem einfacher ist, in senkrechter Richtung exakt zu zielen.
Man soll immer mit einem dünnen Spalt „Luft" zwischen der Oberkante des Absehens und dem Haltepunkt zielen.
Bei dieser Art des Absehens (4) muß man, wenn man mit Hochschuß einschießt, auch die Dicke des Fadenkreuzes berücksichtigen. Bei der Jagd zielt man ja mit dem Zentrum des Fadenkreuzes auf einen Tierkörper, der keinen Haltepunkt hat.
Je nach Zielfernrohrfabrikat muß man damit rechnen, daß man bei der Jagd auf Einschießentfernung einen Hochschuß bekommt, der ein oder ein paar Zentimeter höher liegt

Präzisionsschießen zu trainieren ist genauso wichtig, wie auf laufende Ziele zu trainieren. Ohne gute Abzugstechnik und Handhabungssicherheit werden auch Schüsse auf bewegliche Ziele nur zufällige Treffer bringen

dert und fortfährt, die Linie zu zeichnen, sieht man unmittelbar, daß sie nicht gerade ist.

Mit einem verhältnismäßig breiten Richtpunkt ist es für das Auge deutlich einfacher, spontan zu überwachen, ob man in senkrechter Richtung richtig zielt. Man soll darauf achten, daß ein bißchen „Luft" zwischen dem Absehen und dem Haltepunkt ist. Hierdurch vermeidet man, daß das Absehen einen Teil des Haltepunktes verdeckt. Dies gilt besonders bei einem Absehen mit ununterbrochenem Fadenkreuz. Jagdabsehen mit einem Fadenkreuz in der Mitte decken normalerweise 1-3 cm vom Hintergrund auf 100 m, abhängig von Typ und Fabrikat. Das bedeutet, daß der Zielfehler in senkrechter Richtung genau so groß ist, ohne daß man es überhaupt erkennt.

Danach kommen wir zum subjektivsten Teil des Probeschießens, nämlich der Aufgabe, gegen sich selbst ehrlich zu sein. Verursache ich oder die Waffe die Streuung? Ganz klar ist, daß es unterschiedlich schwer ist, mit verschiedenen Waffen zu schießen. Dies ist abhängig von Schäftung, Abzug und Kaliber der Waffe und besonders vom Rückstoß. Daß eine Person mit einer Waffe gut schießt, bedeutet nicht, daß sie auch mit allen anderen Waffen dasselbe gute Ergebnis erreicht, ungeachtet, wie gut diese Waffen schießen.

Oft hört man die Auffassung, es sei unmöglich, mit einer bestimmten Waffe zu schießen, weil z. B. der Abzug zu hart oder zu zäh ist. Dies hat aber überhaupt nichts mit der Eigenpräzision der Waffe zu tun; es besagt lediglich, daß die Waffe zu den „diffizilen" ge-

hört. Wer damit schießen soll, muß also ein guter Schütze sein.

Der enge Streukreis ist nicht etwas, das man umsonst bekommt, auch nicht, wenn man die denkbar beste Waffe hat. Wenn man nicht Geige spielen kann, hilft es auch nicht, wenn man eine Stradivari in die Hände bekommt.

Abgenutzter Lauf

Von einem stark abgenutzten Lauf sind selbstverständlich keine perfekten Streukreise zu erwarten. Außer der Kontrolle mit einer Lehre auf Maßhaltigkeit und

Enge Streukreise erfordern eine gute Waffe, einen guten Schützen und eine gute Auflage

der Inaugenscheinnahme, die auch nicht alle Mängel offenbart, gibt es andere Möglichkeiten, um den Laufzustand zu beurteilen. Man schießt den Lauf richtig heiß, mindestens 15–20 Schüsse in schneller Folge, während jemand mit einem Spektiv oder in der Anzeigerdeckung stehend beobachtet, was auf der Scheibe passiert. Wenn die Treffer nach einigen Schüssen tiefer liegen, ist dies schon verdächtig.

Tiefe Treffer beim Heißschießen zeigen, daß der Lauf nahe daran ist, ausrangiert zu werden. Die Wärmeausdehnung bewirkt, daß der Innendurchmesser des Laufes über die Toleranzen hinaus zunimmt. Dadurch nehmen Reibung und Dichtung zwischen dem Geschoß und der Laufwand ab, wodurch der Gasdruck sinkt und die Mündungsgeschwindigkeit abnimmt. Die Schüsse wandern dann um so weiter nach unten, je wärmer der Lauf wird.

Eine andere Erscheinung nach dem Warmschießen, die auf einen schlechten Laufzustand hinweist, sind ovale Einschußlöcher. Sie haben ihre Ursache im zusammenwirkenden Effekt von abgenutzten Feldern und vergrößertem Innendurchmesser des Laufes. Das Geschoß bekommt nicht genügend Rotationsgeschwindigkeit und beginnt zu taumeln oder zu kippen. In schweren Fällen kann das Geschoß schon nach etwa

50 m quergehen. Selbstverständlich soll man die Waffe mit einer Munition prüfen, die ein für das Kaliber normales Geschoßgewicht besitzt.

Kipptendenzen können auch bei ganz fabrikneuen Waffen entstehen, die eine für Geschoßmasse und Mündungsgeschwindigkeit der Munition völlig ungeeignete Drallänge haben. In der Regel ist es eine Kombination von zu schweren Geschossen und einer zu großen Drallänge, die solche Probleme verursacht. In solchen Fällen sollte man Munition mit leichteren Geschossen und höherer Mündungsgeschwindigkeit probieren.

Wenn eine Waffe akzeptable Streukreise schießt, auch wenn sie ordentlich warmgeschossen ist, kann sie unbedenklich als Jagdwaffe eingesetzt werden. Der Lauf ist zudem ein Abnutzungsteil, das leicht für geringe Kosten ausgetauscht werden kann. Die Kosten für einen neuen Lauf sind selten höher als einige Prozent der Munitionskosten, die nötig sind, um ihn völlig auszuschießen.

Nur wenige können es sich leisten, einen Stutzenlauf mit Jagdmunition völlig auszuschießen. Man kann damit rechnen, daß es bis zu 75 000 DM kosten kann. Nach 47 000 verbuchten Schüssen mit einer Büchse, die nur auf einem Schießstand benutzt wurde, war es

mit Jagdmunition noch möglich, damit vier Schüsse innerhalb 8 cm zu schießen. Danach begann die Waffe zu streuen, und der sechste und siebte Schuß fehlte die Elchscheibe völlig. So weit soll man natürlich nicht gehen, man kann aber mit sehr gutem Gewissen schießen. Der Lauf hält lange.

Einen Stutzenlauf bei der Jagd völlig abzunutzen ist wohl das, was sich alle wünschen. Viele tausend Schüsse sind aber erforderlich, bevor er so schlecht wird, daß man mit ihm nicht mehr jagen sollte

Probleme bei Repetierwaffen

Es gibt drei Hauptgründe für Repetierprobleme bei Magazinwaffen. Der erste hängt mit der technischen Ausführung der Waffe zusammen. Ein anderer ist in der Konstruktion und Formgebung des Gewehres zu suchen, der dritte liegt in der Unfähigkeit des Schützen, die Waffe in geeigneter Art und Weise zu handhaben. Auf die zwei letzten Gründe komme ich später zurück, da sie miteinander zusammenhängen und nicht zu den waffentechnischen Fehlern gehören.

Gewisse Waffen lassen sich nicht gut repetieren, auch wenn sie in normalem Zustand sind. Das ist etwas, was man einfach in Kauf nehmen muß, man kann aber durch Übung und korrekte Handhabung das Problem reduzieren. Dies wird näher im Kapitel „Schießtechnik" behandelt.

Die erste Ursache der Repetierprobleme ist am einfachsten zu beheben, ohne mehr oder weniger teure Eingriffe vorzunehmen. Generell kann man sowohl bei fabrikneuen als auch gebrauchten Waffen Repetierprobleme finden. Sie reichen von leicht bis lebensgefährlich. Repetierprobleme, die sich auf die Waffe beziehen, können in zwei Gruppen eingeteilt werden. Die eine hängt mit der Funktion des Magazins zusammen, d. h. der Patronenzuführung. Solche Fehler sind nicht weniger ärgerlich als andere, können aber in den meisten Fällen ohne größere Probleme behoben werden.

Die Funktion des Magazins kann man einfach kontrollieren, indem man mit der Waffe probeweise repetiert, wobei man Exerzier- oder Pufferpatronen benutzt. Dies soll sowohl mit langsamen als auch schneller Bewegungen durchgeführt werden. Außerdem soll man die Patronen unterschiedlich weit nach vorne ins Magazin einlegen, besonders wenn der Mechanismus im

So etwas passiert mir nicht! Das glaubt man so lange, bis es eines Tages geschieht. Die Ursachen können vielfältig sein, bei einigen Waffen ist es fast die Regel. Man soll es nicht akzeptieren!

Verhältnis zu den Patronen lang ist. Der Grund für diese Art der Erprobung liegt darin, daß sich die Patronen beim normalen Schießen durch die Rückstoßkräfte ohnehin nach vorne bewegen. Das beste ist, wenn man die Waffe mit richtigen Patronen mit verschiedenen Geschoßformen und -gewichten ausprobiert. Aber Achtung! Dies soll nur auf einem Schießstand geschehen, wobei man den Lauf in Richtung des Geschoßfanges hält oder den Schlagbolzen ausgebaut hat. Es ist oft schwierig, mit Waffen zu repetieren, bei denen man Patronen mit Ogival-Geschossen mit großen Bleispitzen oder moderne Geschosse mit quergeschnittenen Spitzen benutzt.

Problematisch wird es, wenn es schwer oder sogar unmöglich ist, den Verschluß nach dem Abfeuern zu öffnen. Die Ursachen können verschiedener Art und schwierig zu klären sein, besonders wenn die Waffe manchmal normal funktioniert, manchmal nicht. Ex-

Wenn der Gasdruck in einer Patrone zu hoch wird, birst zuerst die Verschlußhülse. Es ist sehr schwierig vorauszusagen, was passieren kann. Wie man an der herausgebrochenen Verriegelungswarze sieht, ist es kein mildes Lüftchen, das nach hinten losgeht

trem hoher Gasdruck in der Patrone zeigt sich immer dadurch, daß der Verschluß schwierig zu öffnen ist. Hohe Gasdrücke können Unannehmlichkeiten in Form von Zündhütchenbruch oder Hülsensprengung zur Folge haben, und das bedeutet ein nicht zu unterschätzendes Risiko für Personen und Waffen.

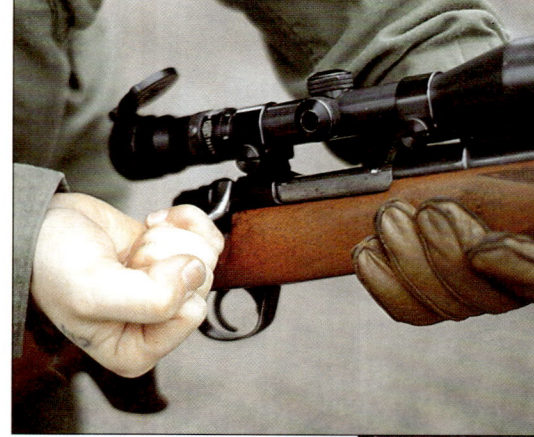

Ein Verschluß kann aus vielen Gründen schwer zu öffnen sein. Wenn es bei unpassender Gelegenheit geschieht, ist es sehr ärgerlich

Natürlich muß ein schwergängiger Verschluß nicht Zeichen für hohen Gasdruck der Patrone sein. Es ist auch möglich, daß die Patronenlagertoleranzen zu groß sind. Die Ungelegenheiten können auch ihren Grund in einem ungünstigen Winkel zwischen dem Patronenlager und dem Stoßboden des Verschlusses haben. Die Schwierigkeit für den Jäger besteht darin, den wirklichen Grund des Problems zu finden und zu beurteilen, welchen Einfluß er auf den Gebrauchswert und die Sicherheit der Waffe haben kann.

Genau wie bei Schrotpatronen hat die abgeschossene Hülse großen Informationswert bei der Beurteilung. Die Schwierigkeit ist nur, daß die Anzeichen, die man bei zu hohem Gasdruck oder zu großem Patronenlager erkennen kann, z. B. kräftig abgeflachte Zündhütchen oder Deformationen am hinteren Teil der Hülse, einander sehr ähnlich sind. Um die Feinheiten zu unterscheiden, muß man einige Schüsse abgeben, wobei man Jagdpatronen benutzt, mit einer Ladung und einem Geschoßgewicht, die dem Kaliber entsprechen. Um sichere Anhaltspunkte zu bekommen, soll man es ruhig auch mit den schwersten Geschossen und einer kräftigeren Laborierung probieren.

Ständige Probleme mit schwergängigen Verschlüssen haben oft ihre Ursache in den Patronenlagertoleranzen. Typisch für einen solchen Fehler ist, daß die Probleme unabhängig davon auftreten, welche Ladung und welches Geschoßgewicht die Patrone besitzt. Ich komme später auf die Ursachen zurück.

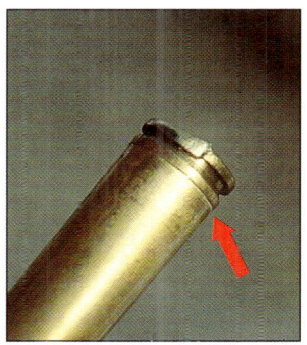

Eine Hülse mit Anzeichen von extrem hohem Gasdruck. Die Zündhütchenglocke ist so erweitert, daß das Zündhütchen herausgefallen ist. Auf dem linken Bild kann man auch Prägungsmarken vom Auswerfer an der rechten Seite des Hülsenbodens sehen (Pfeil).
Auf dem rechten Bild kann man eine kleine Kante gleich unterhalb der Auszieherspur erkennen.
So sieht eine Hülse in diesem Kaliber, 6,5 × 55, normalerweise nicht aus. Es ist deutlich zu sehen, daß der Teil der Hülse, der außerhalb des Patronenlagers liegt, durch den Innendruck der Pulverladung gewaltig expandiert wurde (Pfeil)

Freiflug

Hohe Gasdrücke als Ursache für einen festgeklemmten oder schwergängigen Verschluß können auch systematisch auftreten. Den Grund finden wir meistens im Patronenlager. Dann sind es aber nicht die eigentlichen Toleranzen des Patronenlagers, die das Drama auslösen, sondern ein zu kurzer Übergangskegel. Der Freiflug ist die Strecke, die das Geschoß innerhalb des rotationslosen Geschoßweges so zurücklegt, daß es mit

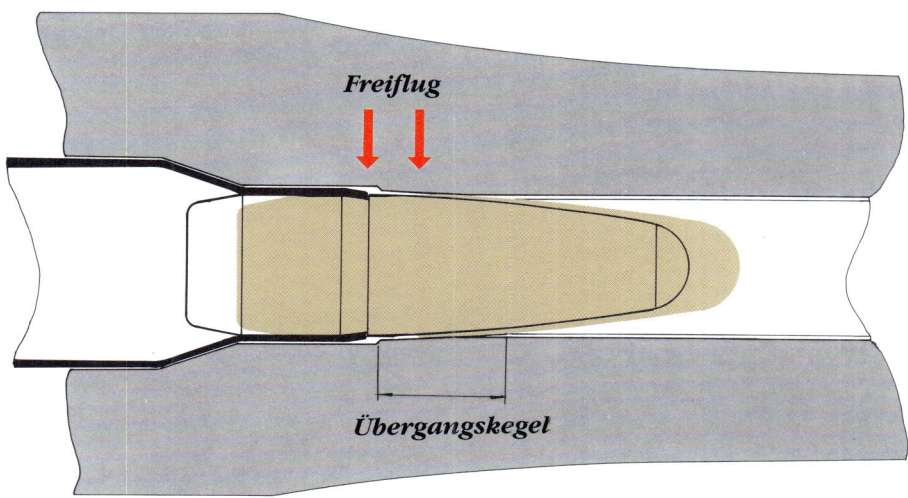

Freiflug

Übergangskegel

Freiflug nennt man die Strecke, auf der das Geschoß weder in der Hülse noch in den Feldern geführt wird. Rotationsloser Geschoßweg ist die Strecke, die das Geschoß in der Hülse zurücklegt, bis die Felder erreicht sind

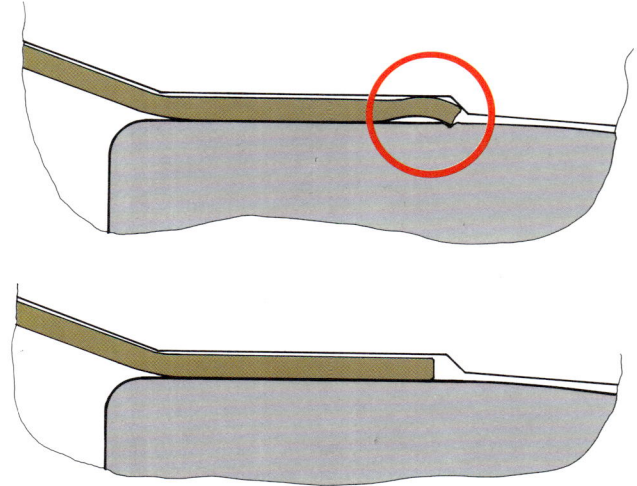

Ist der Hülsenhals zu lang, schneidet er, während der Verschluß verriegelt wird, ins Geschoß ein. Der Ausziehwiderstand wird dann groß und der Gasdruck steigt kräftig

dem Heck die Führung des Hülsenhalses bereits verlassen hat, ohne jedoch schon mit dem Geschoßkopf in die Felder eingetreten zu sein.

Einen zu kurzen Übergangskegel erkennt man daran, daß der Verschluß völlig normal funktioniert, wenn man Patronen mit kurzen (leichten) Geschossen oder Torpedo-Geschossen mit langer oder flacher Spitze verwendet. Der Fehler ist nicht selten, da viele Waffenfabrikanten versuchen, die Präzision der Gewehre durch Patronenlager mit sehr kurzem Übergangskegel und dem daraus resultierenden kurzen, rotationslosen Geschoßweg zu verbessern.

Selbstverständlich muß man als Jäger verlangen können, daß die Waffe mit allen im Kaliber vorkommenden Geschoßlaborierungen und Patronenfabrikaten tadellos funktioniert. Wie gesagt, ist dies nicht immer der Fall. Es sei noch erwähnt, daß eine Korrektur des Übergangskegels für eine kompetente Waffenwerkstatt eine einfache Maßnahme ist.

Ein anderer gasdruckerhöhender Fehler ist, daß der Raum für den Hülsenhals zu kurz ist. Das Symptom ist wie im vorherigen Fall, daß der Verschluß schwer zu öffnen ist. Der Fehler wird u. U. nicht leicht zu finden sein, sofern man keinen Patronenlagerabguß macht. Es kann passieren, wenn das Hülsenhalslager zu kurz oder der Hülsenhals zu lang ist, daß der vordere Teil des Hülsenhalses gestaucht wird, so daß er mit großer Kraft in das Geschoß hineinschneidet. Wenn

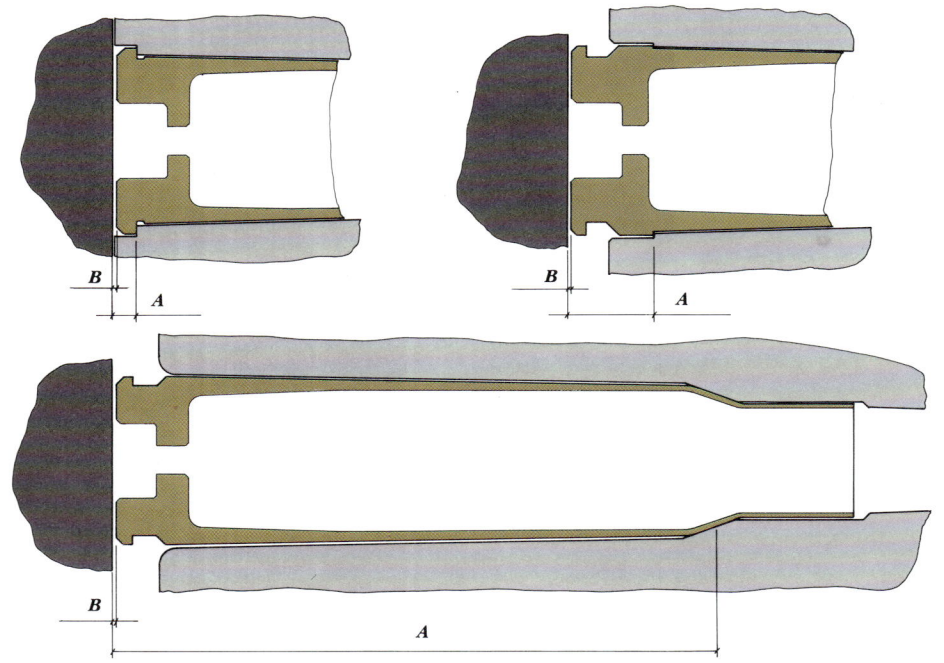

So wird der Verschlußabstand (A) bei verschiedenen Hülsentypen nach herkömmlicher Methode gemessen

Das Endergebnis soll so sein, daß das Spiel zwischen Verschluß und Hülsenboden sich zwischen 0,1 und 0,15 mm bewegt (B)

*Hülsen mit Anzeichen von zu großem Verschluß-
abstand oder zu weitem Patronenlager. Man soll
die Bauchung ein Stück vom Ausziehrand
beziehungsweise die Ausziehspur beachten*

die Toleranzen im Patronenlager klein sind, wirkt das
leicht deformierte Ende des Hülsenhalses auch hart
gegen die Patronenlagerwand. Die Folge ist, daß der
Ausziehwiderstand für das Geschoß erheblich zunimmt, wodurch sich der Gasdruck beträchtlich erhöht. Wenn dann außerdem der rotationslose Geschoßweg kurz ist, kann der Gasdruck unbehaglich hoch
werden.

Hohe Gasdrücke, die von der Hülsenhalslage her-
rühren, sind nichts Ungewöhnliches, wenn man fa-
brikmäßig hergestellte Munition benutzt. Dagegen
können Handlader solche Störungen bei selbstgefer-
tigter Munition bekommen, wenn sie das Längenmaß
der Hülse nach der Kalibrierung nicht kontrolliert haben. Selbstverständlich sind systematisch alle Hülsen
auf Maßhaltigkeit zu kontrollieren, damit sich zu keiner Gelegenheit eine nicht maßhaltige Hülse unter die
anderen hineinschleichen kann.

Wollen wir für eine Weile die hohen Gasdrücke beiseite lassen und eine andere, nicht so gefährliche, aber
ebenso ungewöhnliche Ursache von schwergängigen
Verschlüssen untersuchen.

Der Verschlußabstand

Der Druck, der in einer Patrone entsteht, wenn sie abgefeuert wird, ist gewaltig. Die Kräfte sind so groß, daß
es nicht einfach ist, Vergleiche hierzu aus dem täglichen Leben zu finden. In den kurzen Augenblicken
aber, wenn der Druck in der Patrone am höchsten ist,

wird sie unter normalen Verhältnissen mit einer Kraft,
die der Größenordnung von bis zu 5 t entspricht, gegen den Stoßboden des Verschlusses gepreßt.

Die Patronenhülse selbst hält keinen so hohen Druck
aus. Der Druck der Pulvergase beträgt in einer Stan-
dardpatrone etwa 3000–5000 bar. Man kann überzeugt
sein, daß die Hülse im Schußaugenblick jeden Teil von
dem im Patronenlager zur Verfügung stehenden Raum
ausfüllt. Dieser Raum ist normalerweise sehr begrenzt.
Die Patrone soll soviel Platz haben, ohne daß wir den
Verschluß zuzwingen müssen, aber auch nicht mehr.
Wenn das Patronenlager zu groß ist, besteht immer
das Risiko, daß die Hülse so stark expandiert, daß ihr
Material die sogenannte Ausdehnungsgrenze über-
schreitet. Dann ist die Elastizität im Hülsenmaterial
verloren, und es federt nicht die wenigen Hundertstelmillimeter zurück, die notwendig sind, damit die Hülse sich von den Wänden des Patronenlagers löst. Natürlich ist es dann schwer, den Verschluß zu öffnen. Es
ist vergleichbar dem Unterschied, einen trockenen oder
einen feuchten Korken aus einer Weinflasche zu ziehen.

Ein viel größeres Problem beim Repetieren liegt vor,
wenn der sogenannte Verschlußabstand in der Waffe
zu groß ist. Der Verschlußabstand ist der Spielraum,
den die Patrone in Längsrichtung hat, wenn der Mechanismus geschlossen ist. Normalerweise soll er 0,1–
0,15 mm zwischen der Hülse und dem Stoßboden des

*Ein Schnelltest, der allzu großen Verschluß-
abstand enthüllt: man entnimmt Geschoß und
Pulver aus einer Patrone und feuert dann das
Zündhütchen ab. Wenn das Zündhütchen, wie auf
dem Bild, aus der Hülse kriecht, ist der Verschlußabstand mindestens so groß, wie das Zündhütchen
herausragt. Daß es bei der Hülse auf dem Bild fast
0,5 mm sind, kann man ohne zu messen sehen*

Verschlusses betragen. Um das zu erreichen, verwenden die Waffen- und Munitionshersteller gewisse für bestimmte Kaliber festgelegte Toleranzen. Da aber Waffe und Munition von verschiedenen Herstellern stammen können, funktioniert dies nicht immer hundertprozentig. Außerdem ist damit zu rechnen, daß die Normen zwischen Nordamerika und Europa nicht immer übereinstimmen. Die Folge kann sein, daß die Hülse sich in der Längsrichtung zu stark ausdehnt. Wenn der Verschlußabstand dann zu groß ist, kann die Hülse abreißen.

Patrone und Patronenlager sind immer etwas konisch angelegt. Dies bedeutet, auch wenn das eigentliche Patronenlager sonst normal ist, daß bei einem zu großen Verschlußabstand die Hülse auch in der Breite schwillt, wenn sie sich in der Länge ausdehnt. Die Wirkung ist vergleichbar der bei zu großem Patronenlager. Außerdem wird der hintere Teil der Hülse sehr kräftig gegen den Stoßboden des Verschlusses gepreßt. Es ist also die Reibung, die zwischen der Hülse, den Patronenlagerwänden und dem Verschluß entsteht, die bewirkt, daß der Verschluß schwer zu öffnen ist.

Wenn das Patronenlager und der Verschluß nur ein wenig schräg gegeneinander stehen, wird das Öffnen noch schwieriger. Ist dies der Fall, sieht man an der hinteren Ebene der Hülse einen blanken Fleck. Wenn

Zu großer Verschlußabstand oder extrem hoher Gasdruck? Das zu entscheiden kann schwierig sein. Wenn Prägemarken nach dem Auswerfen fehlen, ist wahrscheinlich der Verschlußabstand zu groß. Die Zündhütchenprobe ist angebracht!

unglücklicherweise sowohl das Patronenlager zu lang als auch zu groß sowie nicht koaxial ist, so steht man vor einem großen Problem. Wer seine Munition nicht selbst lädt, darf nur dann tolerieren, daß die Hülse schwillt, wenn der Verschluß nach wie vor normal zu öffnen ist. Da aber geschwollene Hülsen auch ein Zeichen sein können, daß der Verschlußabstand zu groß ist, soll man die Hülsenlänge vor und nach dem Schießen mit Hilfe eines Meßschiebers kontrollieren. Wenn die Hülse sich mehr als 0,2–0,3 mm gelängt hat, soll man es vermeiden, die Waffe zu kaufen. Ganz besonders, wenn der Verschluß zu Schwergängigkeit neigt.

Eine Hülse, die ein Stück oberhalb vom Hülsenboden einen deutlichen Rand (Dehnungsring) zeigt, einige Zehntelmillimeter zu lang ist oder ein extrem abgeflachtes Zündhütchen hat, zeigt, daß das Patronenlager nicht in Ordnung ist oder daß das Schloßsystem der Waffe nachläßt. Wenn man abgefeuerte Patronenhülsen kontrolliert, muß man berücksichtigen, daß das benutzte Munitionsfabrikat Minimalmaße haben kann. Wenn die Waffe, die man untersucht, teuer ist, sollte man sie zuerst mit verschiedenen Patronenmarken und Laborierungen ausprobieren, bevor man sich ernsthafte Gedanken über einen Kauf macht. Ich bin der Auffassung, daß viele Waffenfabrikanten bewußt Patronenlager herstellen, die ein bißchen zu groß sind. Dadurch sollen Reklamationen ausgeschlossen werden für den Fall, daß Patronen eines Fabrikats mit Maximalmaßen nicht ins Patronenlager passen.

Man könnte natürlich meinen, daß solche Dinge nicht von Bedeutung sind, wenn nur die Waffe einigermaßen normal funktioniert. Man soll aber die vorherige Betrachtung über den erhöhten Gasdruck nicht vergessen. Wenn eine ungünstige Kombination von zu großem und zu tiefem Patronenlager und einem kurzen Übergangskegel vorliegt und man außerdem einen für die Waffe ungeeigneten Geschoßtyp benutzt, kann eine Hülsensprengung sehr naheliegen. Jedenfalls kann es fast unmöglich werden, den Verschluß ohne Gewaltanwendung zu öffnen.

In diesem Zusammenhang soll man auch nicht zufällige Gasdrucksteigerungen außer acht lassen, die von ganz anderen Faktoren als denen der Waffe und der Munition beeinflußt werden. Es genügt, daß man vergißt, den Lauf und das Patronenlager nach der Waffenpflege von Fett und Öl zu reinigen, so daß der Gasdruck nur deswegen in die Höhe schnellen kann. Ein Patronenlager, das zu groß ist, gibt bei solchen kleinen

*Hülsenreißer durch zu großen Verschlußabstand.
An der linken Hülse kann ein aufmerksamer
Betrachter einen hellen Rand erkennen (Dehnungsring beim Pfeil). Diese Waffe war fabrikneu!*

meter zu groß ist. Wenn die Maßnahme bei einer ansonsten fertigen Waffe erfolgen soll, können Fehler nicht nur durch Einschrauben in die Verschlußhülse unterlaufen. Dann werden Kornabsatz, Kimme und eventuelle Stempel schräg sitzen. Um eine Justierung des Verschlußabstandes vornehmen zu können, muß der Lauf genau eine Umdrehung ins Gewinde hineingeschraubt werden. Die Gewindesteigung ist bei den meisten Gewehren 12–14 Gänge pro Zoll, was eine Versetzung nach hinten von fast 2 mm bedeutet.

Wie oft kommt es vor, daß die Patronenlager zu weit sind und zu großen Verschlußabstand haben? Leider häufiger, als man glauben möchte. Wenn man auf einem Schießstand die leeren Hülsen betrachtet, wird man viele finden, die auf zu große Patronenlager deuten.

Außer dem Risiko, Repetierprobleme zu verursachen, können fehlerhafte Patronenlager Hülsenreißer hervorrufen. D. h., die Hülse wird so sehr ausgedehnt, daß sie abreißt. Man bemerkt dies kaum, wenn man den Verschluß öffnet. Das Problem ist aber, daß man nur den hinteren Teil der Hülse aus der Waffe bekommt. Der Rest bleibt im Patronenlager. Ich kann

Versehen kein Pardon. Dies kann sich beispielsweise rächen, wenn man auf der Jagd schnell einen zweiten Schuß braucht.

In vielen Fällen kann man ein zu großes Patronenlager ausbessern, es erfordert aber einen bedeutenden Arbeitseinsatz. Der Lauf muß aus der Waffe genommen und hinten abgekürzt werden, so daß das Patronenlager zu korrekten Maßen nachgerieben werden kann. Auch das Laufgewinde muß nach dem Abkürzen verändert und alles wieder eingepaßt werden, damit der Verschlußabstand richtig wird. Ebenso ist die Waffe dem Beschußamt vorzulegen. Ob diese Maßnahmen erfolgreich sind, liegt ganz an der Laufkontur und den Dimensionen der Verbindung gegen den Kasten, dem Abschluß des Laufgewindes usw.

Es ist nicht nur die Weite des Patronenlagers, die man auf diese Weise korrigieren kann. Ein zu großer Verschlußabstand kann ebenso reguliert werden. Es kann übertrieben sein, einen Lauf hinten abzukürzen, nur weil der Verschlußabstand ein paar Zehntelmilli-

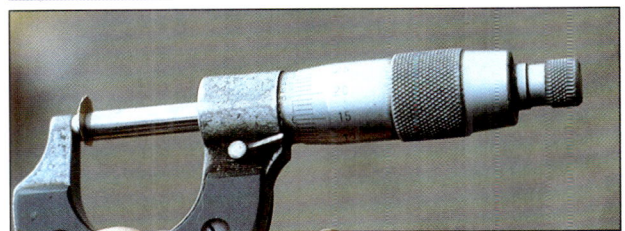

Als provisorische, aber brauchbare Methode, um den Verschlußabstand bei einer Büchse zu kontrollieren, legt man dünne Messingscheiben zwischen Patrone und Verschluß. Danach wird mit einem Mikrometer (Meßspindel) nachgemessen

garantieren, daß man mit der nächsten Patrone nicht laden kann.

Viele moderne Waffen mit Ausstoßvorrichtungen im Stoßboden begünstigen eine überproportionale Hülsendehnung. Es kommt hierbei nicht darauf an, ob sich der Verschlußabstand bei einer normalen Kontrolle mit einer Patronenlagerlehre als zu groß erweist. Die Ursache ist, daß solche Konstruktionen in größerem oder kleinerem Umfang nachgeben. Ein hoher Gasdruck, unabhängig davon, ob er auf zu kräftigen Patronen oder zu kurzem Übergangskegel beruht, verstärkt natürlich diese negative Wirkung enorm.

Eine nicht ganz wissenschaftliche, dennoch brauchbare Methode, sich eine Vorstellung vom Verschlußabstand der Waffe zu machen, kann man selbst ausprobieren. Man verwendet eine fabrikneue leere Hülse oder delaboriert eine Patrone, indem Geschoß und Pulverladung entfernt werden, ohne die Hülse zu beschädigen.

Anmerkung: Bitte beachten, daß Delaborieren in Deutschland gemäß den gesetzlichen Bestimmungen nur mit einer gültigen Erlaubnis nach dem Sprengstoffgesetz zulässig ist.

Danach braucht man ein Stück Messingblech, 0,1 mm dick, aus dem man Stücke abschneidet, die kleiner als der Hülsenboden sind. Diese legt man zwischen den Verschluß und die Hülse. Danach schiebt man den Verschluß mit der Hülse vorsichtig in die Waffe hinein und schließt den Mechanismus. Wenn man keinen Widerstand spürt, legt man mehrere Messingstücke hinein, bis der Mechanismus beginnt, ein bißchen schwer zu schließen.

Für den, der eine Waffe mit einem ausgefallenen Kaliber kauft und seine Patronen selbst lädt, ist es wichtig, daß die Dimensionen und Toleranzen des Patronenlagers normal sind. Es ist ärgerlich und ergibt eine schlechte Hülsenökonomie, wenn teure Patronenhülsen nur zwei-, dreimal wiedergeladen werden können, bis sie abgenutzt sind.

Auszieher und Ausziehersysteme

Ein schweres, indirektes Repetierproblem ist eine im Patronenlager beim Öffnen des Verschlusses steckenbleibende Hülse. Die Ursache kann eine direkte Folge davon sein, daß die Hülse aus Gründen, die oben erwähnt wurden, fest in der Waffe steckt. Es kann aber

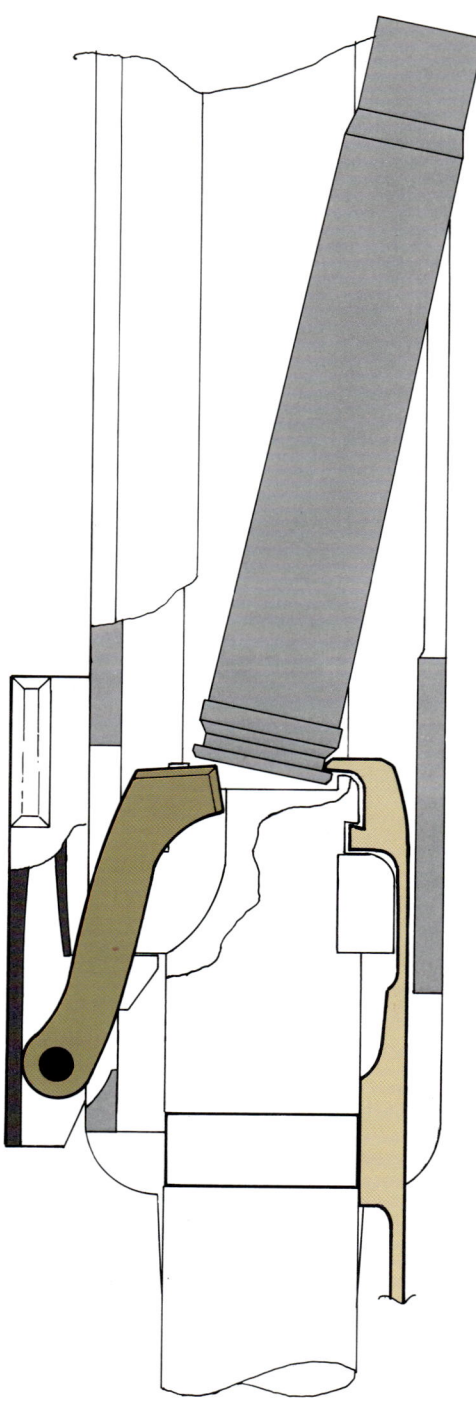

Auszieher und Auswerferfunktion bei einem Mauser M98 gehören zu den absolut zuverlässigsten, wenn sie nicht fehlerhaft justiert wurden

auch auf ungeeignete Konstruktion und Ausführung des eigentlichen Ausziehers beruhen. Die Kombination eines fehlerhaften Patronenlagers und einer schwachen Auszieherfunktion gibt genug Nährboden dafür, daß die Hülse nicht herauskommt, ein aus jagdlichem Gesichtspunkt sehr ernsthafter Fehler, auch wenn es in vielen Fällen eine einfach zu behebende technische Bagatelle ist.

Im Wald hat man wohl zwischen dem ersten und zweiten Schuß nie Zeit, den Auszieher zu reparieren oder auszutauschen. Deswegen soll man nie geeignete Maßnahmen hinauszögern, sobald ein Symptom auftaucht. Ich empfehle, die Waffe zurückzugeben, wenn der Verkäufer keine plausible Erklärung für die Ursache des Fehlers geben kann, d. h. auf einen Defekt beim eigentlichen Auszieher zu schließen ist. Wenn die Unzulänglichkeit mit dem Ausziehen der Hülse ihren Grund darin hat, daß etwas beim Patronenlager nicht in Ordnung ist und daß der Auszieher schlecht konstruiert ist, kann der Fehler nicht ohne große und teure Eingriffe hundertprozentig behoben werden.

Kann man denn auf einfache Art und Weise zwischen schlechten und gut gefertigten Auszieherkonstruktionen unterscheiden? Die Antwort ist nein. Dagegen kann man die Konstruktionen in zwei Gruppen einteilen. Zu der ersten gehört der lose Seitenauszieher, den man bei älteren Militärwaffen (z. B. Mauser-Modelle) findet. Bei der anderen Gruppe ist der Auszieher im vorderen Teil des Verschlusses eingefräst.

Unzutreffenderweise bezeichnet man den Seitenauszieher als altmodische und zweifelhafte Konstruktion. In der Praxis verhält es sich umgekehrt. Beim Gewehr der Gebrüder Mauser M 88 findet man den Auszieher, den wir Jäger als modern betrachten. Tatsächlich wurde er jedoch früher bereits als unzuverlässig angesehen und schon 1891 durch den Seitenauszieher ersetzt. Die Ursache für die Umkonstruktion war wohl hauptsächlich, daß die damaligen Patronenhülsen ziemlich oft im Patronenlager steckenblieben. Der kleine Auszieher hielt nicht, wenn man den Verschlußgriff aufschlug und versuchte, den Verschluß und die Hülse mit Gewalt auszutreiben.

Dieses Problem existiert auch heute noch. Eine Hülse, die aus irgendeinem Grund steckengeblieben ist, kann einen gebrochenen Auszieher verursachen. Der Seitenauszieher, besonders bei Mauser M 98, ist eine robustere Konstruktion. Teils weist er einen sehr großen Eingriff in der Auszieherrille der Hülse auf, teils ist er so erfinderisch konstruiert, daß er um so stärker gegen die Hülse gepreßt wird, je mehr man den Verschluß zieht. Bei Waffen, die in tropischen Gegenden mit gefährlichem Wild zum Einsatz kommen sollen, ist es mehr Regel als Ausnahme, daß der erfahrene Jäger einen Mechanismus mit Ausziehertyp Mauser M 98 wählt. Er ist gegen äußere Belastungen sehr unempfindlich, aber vor allem ist es möglich, den Verschluß, wenn es nötig sein sollte, sogar mit einem Baumast aufzuschlagen, um eine steckengebliebene Hülse herauszubekommen, ohne daß der Auszieher bricht.

Selbstverständlich kann auch ein Seitenauszieher fehlerhaft konstruiert sein. Der häufigste Fehler ist aber, daß jemand versucht hat, ihn zu justieren, da er leichter über die Hülsenkante federn soll, wenn man die letzte Patrone direkt in das Patronenlager gesteckt hat und den Verschluß zuschließen will. Meistens wird diese Justierung unnötigerweise vorgenommen, da es normalerweise genügt, den Verschluß ein bißchen robust zu handhaben, damit er funktioniert. Wenn man zu viel von der Kante, die in die Hülse eingreifen soll, wegputzt oder sie zu dünn macht, kann der Auszieher brechen oder hält die Hülse zu schlecht, was später Probleme beim Auswerfen hervorruft.

Dies zu prüfen ist leicht. Man nimmt nur den Verschluß weg und führt eine Patrone hinein unter den Auszieher. Die Patrone soll mit einem Klicken stecken- und hängenbleiben, auch wenn man der Verschluß waagerecht hält. Prüft man den anderen Ausziehertyp, untersucht man zuerst, ob er zurückfedert,

So kann man kontrollieren, ob der Seitenauszieher zufriedenstellend funktioniert

*Kontrolle eines „modernen" Ausziehers. Man soll
so kräftig ziehen, wie man kann*

wenn man ihn mit dem Nagel einpreßt, oder ob er
nicht halbwegs steckenbleibt. Man soll auch nach Mes-
singresten und anderen Verunreinigungen suchen, die
sich gerne zwischen dem Auszieher und dem Verschluß ablagern. Danach hakt man eine Patrone hinein
und preßt sie auf den Stoßboden. Bei den meisten Waffen mit diesem Ausziehertyp ist im Stoßboden ein
Federbolzen eingelassen. Man hält den Verschluß und
die Patrone gegeneinander und zieht so kräftig wie
möglich. Die Patrone darf sich nicht lösen. Das beste
ist, den vorderen Teil einer leeren Hülse in einem
Schraubstock festzuschrauben. Dann ist es leichter, sie
gerade zu halten, und man kann auch kräftiger ziehen.

Der Auswerfer

Grundsätzlich soll die Hülse aus der Waffe herausgeschleudert weren. Sie darf nicht herunterrutschen und
oben auf den Patronen im Magazin liegenbleiben. Man
soll auch nicht die Waffe in einer bestimmten Lage
halten müssen, damit die Hülse ausgeworfen wird.
Mit einer solchen Waffe ist es nicht nur unangenehm
zu jagen, sie ist als Jagdwaffe völlig unbrauchbar. Wer
immerzu darauf achten muß, daß die abgeschossene
Hülse weg ist, bevor man den Verschluß nach vorne
schiebt, wird früher oder später eine leere Hülse quer
im Kasten festgeklemmt finden statt einer neuen Patrone im Patronenlager.

Bei Gewehren mit Seitenauszieher ist der Auswerfer
eine kleine federbelastete Metallzunge, die ganz hinten im Kasten sitzt. Ist der Verschluß nach vorn angebracht, wird der Auswerfer vom Verschlußkörper weggepreßt. Die linke Verriegelungswarze (bei Rechts-
systemen) ist durch eine Rille gespalten, die ein Stück
in die Peripherie des Stoßbodens des Verschlusses hin-
einragt. Wenn man den Verschluß fast völlig nach hin-

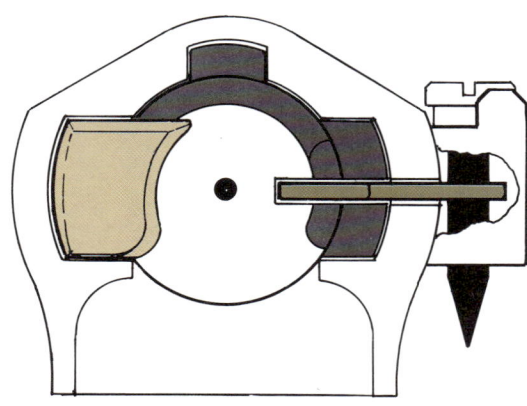

*Der Auswerfer bei Waffen mit Seitenauszieher
läuft in einer Führung, die in die Mitte der
rechten Verriegelungswarze, von vorne gesehen,
gefräst ist*

ten zurückgezogen hat, federt der Auswerfer in die
Rille des Schloßabsatzes hinein und trifft die Kante des
Stoßbodens der Hülse.

Ist der Auszieher korrekt plaziert, wird die Hülse
gerade zur Seite herausgeschleudert. Wie schwung-
voll die Hülse herausfliegt, hängt natürlich davon ab,
wie man den Verschluß handhabt. Das Auswerfen bei
modernen Waffen wird, wie ich erwähnt habe, durch
einen Federbolzen im Stoßboden des Verschlusses
vollzogen. Er preßt natürlich die ganze Zeit gegen die
Hülse, und sie wird auf einmal gegen die Seite gepreßt, nachdem sie das Patronenlager verlassen hat.
Der vordere Teil der Hülse schleift dann gegen die
Innenseite des Kastens, bis er die Auswerferöffnung
des Kastens erreicht hat. Hat die Hülse keine seitliche
Stütze mehr, wird sie aus der Waffe geschleudert. Die
Schwäche des Systems ist, daß die Hülse immer mit

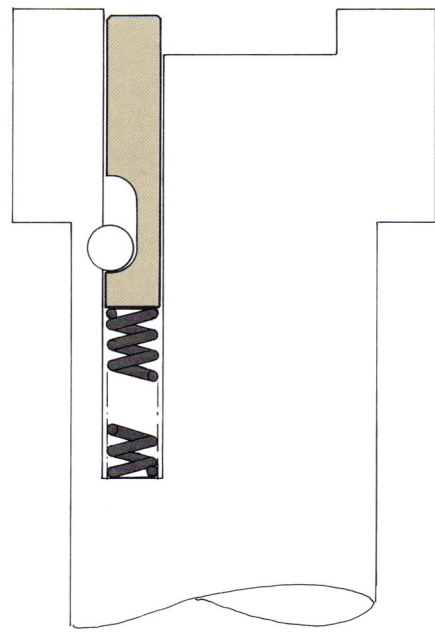

Der Ausstoßerstift ist bei den meisten neuen Waffen im Stoßboden des Verschlusses eingelassen. Die Funktion ist davon abhängig, daß Feder und Stift in ihrer Bohrung leichtgängig sind

ihn mit einem passenden Dorn weg und reinigt oder poliert, wenn nötig, eventuelle Grate weg, die die Funktion beeinflussen können. Eine andere Unannehmlichkeit bei Waffen mit „modernen" Ausziehern und Auswerferstiften kann entstehen, wenn die Waffe mit einem Zielfernrohr versehen werden soll.

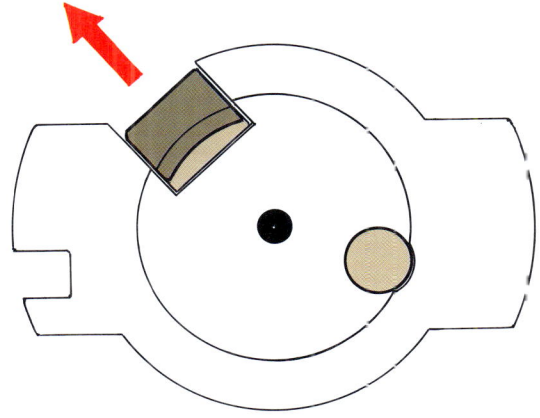

Auszieher bei modernen Waffen mit automatischem Auswerfer müssen oberhalb der einen Verriegelungswarze angebracht werden. Die Anordnung des Ausstoßers im Verhältnis zum Auszieher bewirkt, daß die Hülse schräg nach oben in die Richtung des Pfeils geworfen wird

derselben Kraft geworfen wird, fast unabhängig davon, wie schnell man den Verschluß nach hinten zieht. Ferner hat man keine direkte Kontrolle über die Auswerferfunktion, da der Stift, abhängig von äußeren Bedingungen wie z. B. strenger Kälte oder Schmutz, schwergängig werden kann. Die Feder ist auch nicht leicht erreichbar, und eine Vernachlässigung der Waffe wirkt negativ auf die Funktion.

Deswegen prüfe man des öfteren die Federung des Stiftes. Man soll ihn mit einem geeigneten Werkzeug nur soweit einpressen, daß er unter den Stoßboden des Verschlusses gelangt, und ihn dann loslassen. Es dürfen keine Anzeichen von Schwergängigkeit spürbar sein. Wenn es so sein sollte, gibt es bei den meisten Waffen mit dieser Konstruktion einen kleinen Stift, der den Auswerferstift im Verschluß festhält. Man treibt

Aus technischen Gründen ist es nicht üblich, die Rille für den Auszieher in ein Schloßteil zu fräsen. Da zuviel vom Material weggenommen werden müßte, würde er dadurch geschwächt werden. Statt dessen wird er unmittelbar links (Rechtssystem) vom Schloßteil angebracht. Um genug Kraft zum Auswerfen zu erhalten, muß der Auswerferstift so weit wie möglich vom Auszieher entfernt angebracht werden, d. h. diagonal auf der anderen Seite des Stoßbodens. Die Anordnung führt dazu, daß die Hülse schräg nach oben hinten geworfen wird, anstatt gerade seitlich. Dies bewirkt, daß bei gewissen Waffen Probleme bei der Zielfernrohrmontage entstehen können. Wenn man Pech hat, trifft das vordere Ende der Hülse den Schutzdeckel der Seitenjustierung des Zielfernrohrs und prallt in die Waffe zurück.

Oft geht das so schnell, daß es schwierig wird zu entdecken, was geschehen ist. Man hört nur ein Gerassel, und schon liegt die Hülse da, wo man sie am wenigsten wünscht. Problematisch ist dies dann, wenn es unregelmäßig passiert, abhängig davon, wie schnell oder langsam man den Verschluß nach hinten zieht und wie man die Waffe hält. Wenn einem dies widerfahren sollte und man keinen Fehler beim Auszieher oder Auswerfer finden kann, nimmt man das Zielfernrohr ab, um danach die Auswerferfunktion neu zu prüfen. Wenn alles ohne Zielfernrohr tadellos funktioniert, muß man versuchen, ein Zielfernrohr zu finden, bei dem die Justierungsschrauben anders angebracht sind: entweder weiter vorne oder hinten. Manchmal hilft es auch, wenn man eine etwas höhere Montage wählt. Der Auszieher und die Auswerferfunktion sind bei einem Repetierer etwas sehr Vitales. Dadurch ist es möglich, daß man die Chance hat, mehrere Schüsse nacheinander abzugeben. Deswegen soll man nie eine Waffe akzeptieren, die hinsichtlich dieser Funktionen nicht in einwandfreiem Zustand ist, wie fein sie auch sonst sein mag.

Zündsystem und Schlagbolzen

Die wichtigste Forderung bei einer Jagdwaffe, ungeachtet aller sonstigen Funktionen oder dem Aussehen der Waffe, ist, daß der Schuß nur dann brechen darf, wenn die Waffe abgefeuert wird.

Es scheint merkwürdig, daß dies so spät erwähnt wird. Im Waffengeschäft kann man aber die Waffe nicht probeschießen. Bestenfalls kann man die Munitionszuführung kontrollieren und einen Eindruck von den Auszieher- und Auswerferfunktionen gewinnen. Ein eventuelles Repetierproblem, das seinen Grund im Patronenlager, Verschlußabstand oder in dem technischen Zustand der Waffe hat, kann man ja erst feststellen, wenn ein Schuß abgegeben wurde. Die Frage wird also erst im Zusammenhang mit dem Probeschießen aktuell. Ein Versager ist immer unwillkommen, egal ob man ein Stück Wild oder eine Scheibe vor dem Lauf hat. Sich ganz dagegen zu schützen ist nicht möglich, da ein Jäger beispielsweise keine Kontrolle über das Zündhütchen in der Patrone haben kann. Es ist unmöglich, von außen festzustellen, ob es funktionsfähig ist. Die Waffe selbst aber kann man kontrollieren.

Um zu sehen, wie lang der Schlagbolzen ist, und um ihn betrachten zu können, muß das Schlößchen in die geschlossene und entspannte Lage gedreht werden

Bei einem Rechtssystem wird die Steuerhülse entgegen dem Uhrzeigersinn gedreht. Dann wird der Schlagbolzen entspannt und sichtbar

Der rechte Schlagbolzen ist einwandfrei, der linke an der Spitze gestaucht

Zuerst soll man den Schlagbolzen der Waffe, insbesondere die Spitze untersuchen. Genau wie bei Flinten soll die Spitze halbkugelförmig sein und 1,2–1,6 mm aus dem Stoßboden des Verschlusses herausstehen, nicht mehr und nicht weniger. Um den Schlagbolzen zu sehen, wenn man den Verschluß aus der Waffe genommen hat, dreht man die Steuerhülse gegen den Uhrzeigersinn (rechtsrepetierte Waffe), bis der Schlagstift vorne sichtbar wird. Danach braucht man nur durch ein Vergrößerungsglas zu blicken und mit dem Meßschieber zu messen, wie weit der Schlagbolzen heraussteht.

In sieben von zehn Fällen liegt bei einer gebrauchten Waffe der Grund für einen Versager in einem vorne abgeflachten Schlagbolzen. Manchmal ist es schwierig, das zu entdecken, da das Abflachen nicht immer deutlich ist. Die Schlagbolzenspitze kann für den Uneingeweihten rund aussehen. Deswegen empfehle ich, den Schlagbolzen aus dem Verschluß zu nehmen, so daß man das Spitzenprofil gegen einen lichten Hintergrund sehen kann. Eine Lupe ist dabei sehr hilfreich. Um einen abgeflachten Schlagbolzen zu korrigieren, setzt man ihn in eine Drehbank und gibt dem vorderen Ende mit Hilfe eines Wetzsteines seine korrekte Form wieder. Man sollte vermeiden, die eigentliche Spitze des Schlagbolzens zu bearbeiten, damit sie nicht

zu kurz wird. Zum Schluß sollte man mit feinem Schmirgeltuch auf einem Korkklotz überpolieren.

Auch wenn die Schüsse auf korrekte Art und Weise abgegeben werden, soll man Länge und Form des Schlagbolzens kontrollieren, selbst bei fabrikneuen Waffen. Wenn die Form der Spitze nicht genau so ist, wie sie sein soll, steigt das Risiko, Versager zu bekommen. Es kann aber auch sein, daß die Waffe prinzipiell funktioniert, aber durch kaltes Wetter oder den nicht richtig geschlossenen Kammergriff der Schlagbolzen nicht in der Lage ist, tief genug in das Zündhütchen einzudringen.

Ich behaupte, daß bei vielen modernen Stutzenkonstruktionen der Zustand des Schlagbolzens außerordentlich empfindlich ist. Die Ursache ist in diesen Fällen, daß der Waffenhersteller die Schlaglänge des Schlagbolzens sehr kurz hält, aber auch zu schwache Schlagfedern benutzt, damit der Öffnungs- und Schließwiderstand niedrig bleiben. Dies betrifft insbesondere Waffen mit 60° Öffnungswinkel, d. h. solche, die drei symmetrisch angebrachte Verschlußwarzen haben.

Es ist bei einer Büchse kein Nachteil, eine kurze Schlaglänge zu haben, auch nicht, daß der Öffnungswinkel klein ist. Verglichen mit der Folgen eines Versagers sind aber die Vorteile, die bei solchen Konstruk-

 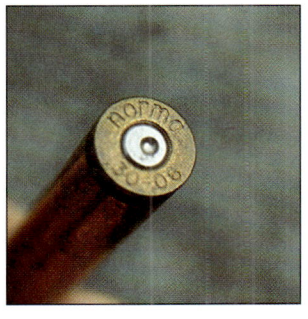  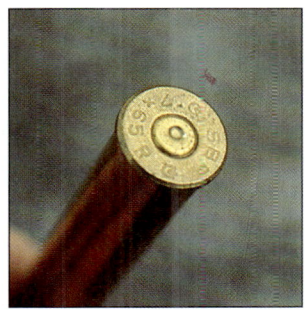

Nicht nur Länge und Form des Schlagbolzens können einen Versager verursachen. Der Einschlag muß auch nahe oder am besten genau in der Mitte der Zündhütchen sitzen.
Die Bilder zeigen Beispiele von exzentrischen Einschlägen, die Zweifel an der Funktionstüchtigkeit der Waffe aufkommen lassen. Eine gestauchte Schlagbolzenspitze oder eine schwache Schlagfeder können bewirken, daß die Waffe bei jedem oder jedem zweiten Schuß versagt. Auch kann das Patronenlager exzentrisch zur Laufrichtung sitzen oder das Schlagbolzenloch des Verschlusses fehlerhaft gebohrt sein

Hier sitzen die Einschläge recht gut im Zentrum, man kann aber sehen, daß sie seicht und im Boden platt sind. Nachbesserung des Schlagbolzens ist notwendig wie auch Kontrolle oder Austausch der Schlagfeder. damit man sich auf die Waffe hundertprozentig verlassen kann

tionen angeführt werden, für einen Jäger völlig uninteressant. Das Schießen wird nicht meßbar davon beeinflußt, daß die Schlaglänge extrem kurz ist, und der Zeitgewinn beim Repetieren dadurch, daß man nur 60° anstatt 90° heben muß, ist ziemlich unwesentlich.

Ich habe oben den Verschlußabstand der Büchse erwähnt, d. h. den Spielraum, den es bei geladener Waffe zwischen Verschluß und Hülsenboden gibt. Natürlich kann ein großer Verschlußabstand eine Waffe leicht versagen lassen, besonders dann, wenn der Schlagbolzen Minimallänge hat oder sie sogar unterschreitet. Auch in einem solchem Fall kann das Gewehr ab und zu funktionieren, wobei es auf das jeweilige Munitionsfabrikat und das verwendete Zündhütchen ankommt.

Gewisse Patronen können Maximalmaße und weiche Zündhütchen haben, und die Waffe funktioniert tadellos. Gelegentlich benutzt man vielleicht ein anderes Munitionsfabrikat, wobei die Verhältnisse umgekehrt sind, und dann treten am laufenden Band Versager auf. Es gibt viele, die sagen: „Ich habe dreißig Jahre lang gejagt und nie einen Versager gehabt.“ Ein Versager ist aber definitiv kein ungewöhnlicher Fehler bei Repetierern, die einige Jahre ausgiebig benutzt wurden. Es ist immer schwer, zu beurteilen, ob ein Versager von mehreren zusammenwirkenden Faktoren verursacht wurde, weil man ohne genaue Messungen keine Kontrolle hat. Man hat aber immer eine leere Hülse, wenn die Patrone gezündet wurde. Man soll die Zündhütchen unter einer Lupe untersuchen. Wenn der Schlagbolzeneinschlag seicht und schalenförmig oder im Boden sogar flach ist, wird es Zeit, eine genauere Untersuchung der Waffe vorzunehmen. Dadurch vermeidet man, daß das erwünschte Stück Wild nach dem ärgerlichen Geräusch eines Versagers abspringt.

Es wird aber nicht nur mit Repetierern gejagt, bei denen das Zündsystem verhältnismäßig leicht zu kontrollieren ist. Halbautomatische Gewehre, Vorderschafts- oder Unterhebelrepetierer sind komplizierter. Konstruktionsmäßig haben sie einen außen- oder innenliegenden Hahn und einen Schlagbolzen im Verschluß, also ungefähr wie eine Flinte.

Um den Schlagbolzen zu erreichen, muß die Waffe mehr oder weniger zerlegt werden. Außerdem ist der Schlagbolzen federnd gelagert. Der Schlagbolzen ist während des Ladevorgangs im Verschluß eingezogen. Bei Schußabgabe schlägt der Hahn auf den hinteren

Teil des Schlagbolzens, der ein Stück aus dem Verschluß herausragt. Der Schlagbolzen wird dann nach vorne bewegt, aber in der Regel nicht den ganzen Weg vom Hahn, sondern von seinem eigenen Impuls vorangetrieben. Der Hahn seinerseits ist auch federnd gelagert, so daß der Schlagbolzen in dem Augenblick zurückfedert, in dem der Hahn zurückschnellt.

Die Ursache für eine derartige Konstruktion liegt darin, daß man mit Sicherheit verhindern will, daß der Schlagbolzen das Zündhütchen erreichen kann, bevor die Waffe abgefeuert wird. Dadurch soll auch das Risiko umgangen werden, daß der Schlagbolzen beim Laden gebrochen wird.

Wenn man die Waffe zerlegt, soll man den Schlagbolzen hinten so weit wie möglich hineindrücken, damit man die Form der Spitze untersuchen kann. Außerdem soll man kontrollieren, ob der Schlagbolzen wirklich leichtgängig zurückfedert. Wenn ein Schlagbolzen bei diesen Waffentypen wegen eines mechanischen Fehlers bricht oder schwer geht, besteht immer das Risiko, daß das vordere Ende des Stiftes außerhalb des Verschlusses herausragt und sich in unglücklichen Fäl-

Zündhütchendurchbruch ist für die Waffe nicht gut. Der Schlagbolzen wird schließlich von den heißen Pulvergasen ausgebrannt

len verkeilt. Bei einem halbautomatischen Stutzen oder einem Vorderschaftrepetierer (Pump-Action-Repetierer) kann dies lebensgefährlich sein. Wenn der Schlagbolzen während des Ladevorgangs herausguckt, kann der Schuß abgefeuert werden, bevor der Verschluß im Kasten geschlossen ist. Das kann eine Waffensprengung zur Folge haben.

Risiken mit zu langen Schlagbolzen

Mancher fragt sich vielleicht, warum man die Überstandslänge des Schlagbolzens auf 1,6 mm maximiert und sie nicht ein bißchen länger macht, um auf diese Weise Versager zu vermeiden, falls die Patronenlagertoleranzen etwas zu groß sein sollten. Es besteht das Risiko, daß ein längerer Stift ein Loch in das Zündhütchen schlägt.

Allein der Zündhütchendurchschlag kann unangenehm genug sein. Zwar hat man bei den meisten Waffenmodellen überprüft, daß die hinten herausströmenden Pulvergase durch Evakuierungslöcher in Kasten und Verschluß ins Freie gelangen können. Aber es kann auch einiges hinten aus der Waffe gegen die Augen dampfen. Technisch gesehen stellt ein Zündhütchendurchbläser einen gravierenden Mangel dar. Ich habe dies zuvor bei den Flinten beschrieben. Man sollte aber

Hier kann man das Resultat von Zündhütchendurchbläsern sehen. Die Schlagbolzenbohrung hat sich vergrößert. Auch wenn man den Schlagbolzen ausgetauscht hat, bleibt zuviel Platz für den Schlagbolzen im Verschluß

Ein zu großes Loch im Stoßboden des Verschlusses führt zu diesem Ergebnis. Der Gasdruck stanzt ein Stück vom Zündhütchen aus, und die nach hinten strömenden Pulvergase zerstören schnell die Waffe

bedenken, daß der Gasdruck in einer Kugelpatrone sechs- bis siebenmal höher ist als in einer Schrotpatrone. Deswegen können zwei, drei Zündhütchendurchschläger genügen, um den Schlagbolzen zu zerstören. Er wird einfach von den heißen Pulvergasen ausgebrannt. Außerdem besteht das Risiko, daß die dünnen Kanten im Stoßboden des Verschlusses rings um den Schlagbolzen ausgebrannt werden. Wird der Raum zwischen dem Schlagbolzen und dem Verschluß zu groß, bricht zuletzt das Zündhütchen bei jedem Schuß, und das Loch in ihm wird viel größer als der Schlagbolzendurchmesser selbst. Abgesehen davon, daß große Mengen Pulvergas nach hinten strömen, würde der Verschluß oft völlig zerstört.

Bei einer Flinte kann man die Schlagbolzenbohrung ausräumen und einen neuen, etwas gröberen Schlagbolzen einlegen. Bei einer Büchse ist das anders. Abhängig vom Gasdruck kann man den Durchmesser des Schlagbolzens nicht größer als 1,5–1,6 mm machen, und das entspricht auch der Norm. Wenn er von Beginn an dünner gemacht wird, entstehen Probleme, weil er leicht bricht. Der Schlagbolzen bei Doppelbüchsen und anderen Kipplaufwaffen wird durch Besichtigung und Längenmessung genau wie bei Repetierern kontrolliert. Bei diesen Gewehren ist es oft besonders wichtig, daß der Schlagbolzen gut ausgeformt ist, damit er nicht in den Zündhütchen schleift, wenn die Waffe geöffnet wird.

Um den Schlagbolzen sichtbar zu machen, muß die Waffe gespannt werden, wonach man den Vorderschaft und die Läufe wegnimmt und das Gewehr blind abfeuert. Achtung! Um den Bolzen nicht zu beschädigen, ist es vorteilhaft, ein Holzstück im Augenblick des Abziehens gegen den Stoßboden der Basküle zu pressen, so daß die Stifte ein bißchen gebremst werden.

Gerade unter der Schlagbolzenbohrung kann man kleine Gruben sehen. Das ist ein Zeichen dafür, daß Pulvergase am Zündhütchen vorbei ausgeströmt sind. Die Ursache ist, daß die Waffe mit einem häufig verwendeten Patronentyp hohen Gasdruck erzeugt

Ausgebrannte Stoßböden

Zu den Dingen, die man bei einer Flinte oder Büchse, die einige Jahre alt ist, gewohnheitsmäßig kontrollieren soll, gehören die Stoßböden, um festzustellen, ob sie nicht ausgebrannt sind. Wenn man rings um das Schlagbolzenloch eine Andeutung einer ringförmigen Vertiefung, etwa so groß wie der Zündhütchendurchmesser, findet, sagt dies etwas über die Waffe und ihre Geschichte aus. Diese Erosion hat ihren Grund darin, daß Pulvergase rings um das Zündhütchen ausströmen. Der Ruß von Zündsatz und Pulver ist gegen Stahl sehr aggressiv, und zuletzt entsteht ein tiefer Rostschaden.

Diese Form der Waffenbeschädigung kann verschiedene Ursachen haben. Man kann mit der Waffe sehr viel geschossen haben, vielleicht auch mit älterer Munition, also mit Zündhütchen, die nicht quecksilberfrei waren. In derartigen Fällen sollte man den Lauf genau inspizieren. Eine Waffe kann immer hohen Gasdruck erzeugen, weil der Übergangskegel zu kurz ist, eventuell auch, weil das Patronenlager zu groß ist. In beiden Fällen wird der hintere Teil der Hülse zuviel expandieren. Dann wird auch die Vertiefung rings um das Zündhütchen größer, so daß die Pulvergase hier austreten können.

Eine solche kreisförmige Ausbrennung selbst ist nicht direkt disqualifizierend, wenn der eigentliche Schlagbolzen und das Schlagbolzenloch in Ordnung sind. Bei Repetierstutzen aber wird leicht ein bißchen Metall von der Hülse oder dem Zündhütchen weggerieben. Der Gasdruck preßt ohne weiteres die Hülse in die kleinste Vertiefung hinein, und wenn man den Verschluß öffnet, werden einige kleine Späne weggehobelt. Wenn die Waffe einen „modernen" Auszieher hat, der im Verschluß eingefräst ist, sammeln sich zuletzt Späne und sonstige Rückstände unter dem Auszieher, wodurch Probleme beim Hülsenausziehen entstehen können.

Bei minimaler Ausbrennung im Stoßboden kann bei Repetierbüchsen durch Ausschleifen Abhilfe geschaffen werden. Dies erfordert aber normalerweise, daß der Lauf zurückgesetzt und das Patronenlager nachgerieben wird. Ob diese Arbeit lohnt, kommt auf den übrigen Zustand der Waffe an. Aber natürlich lohnt es immer, eine feine, ältere Waffe wieder in perfekten Zustand zu versetzen.

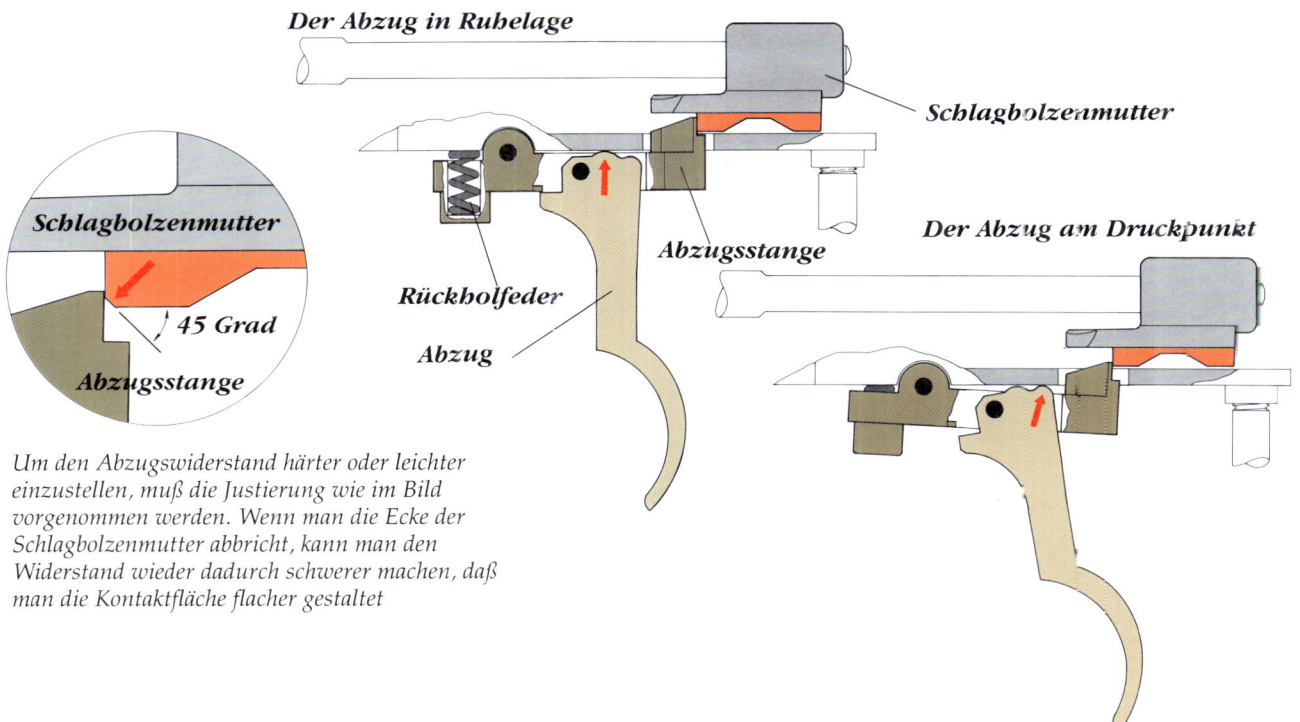

Der Abzug in Ruhelage

Schlagbolzenmutter

Schlagbolzenmutter

45 Grad

Abzugsstange

Abzugsstange

Rückholfeder

Abzug

Der Abzug am Druckpunkt

Um den Abzugswiderstand härter oder leichter einzustellen, muß die Justierung wie im Bild vorgenommen werden. Wenn man die Ecke der Schlagbolzenmutter abbricht, kann man den Widerstand wieder dadurch schwerer machen, daß man die Kontaktfläche flacher gestaltet

Abzüge und Sicherheitsfunktionen

Der Nutzen eines reinen und trockenen Büchsenabzugs braucht nicht diskutiert zu werden. Alle Jäger wünschen sich einen solchen Abzug. Die Konstruktionen sind aber systembedingt, und es gehören schon fundierte Kenntnisse dazu, um die Spreu vom Weizen zu trennen.

Alle Abzüge können justiert werden. Die Frage ist nur, wie weit man unter dem Aspekt der Handhabungssicherheit eingreifen darf. Wenn es sich um Waffentypen mit militärischen Abzugsmechanismen handelt, kann man leicht herausfinden, ob der Abzug justiert und ob eine früher durchgeführte Justierung fachgemäß durchgeführt wurde. Besitzt die Waffe einen Druckpunkt, kann man den Abzug mit der erforderlichen Sicherheit erheblich weicher justieren, wenn nur die Arbeit korrekt ausgeführt wird. Wird der Abzug zu locker justiert oder kann er sogar vor Erreichen des Druckpunktes den Schuß auslösen, so läßt sich dieses Problem ohne große Mühe beheben.

Wie die Einstellungen vorgenommen werden sollen, wird auf den Abbildungen gezeigt. Leider passiert es, daß unkundige Personen an der falschen Stelle anfangen, wie z. B. am Abzugsstollen, bei der Abzugsstange oder an der Unterseite des Schlagbolzens. Danach kann man den Abzug nie wieder justieren, wenn nicht die fehlerhaft behandelten Teile ausgetauscht werden. Alle Waffen mit Zylinderschloß und direkt

Das Sicherungssystem bei einer Büchse aus den fünfziger Jahren: HVA 1640 mit Direktabzug in ungesicherter Lage. Die Sicherung blockiert nur den Abzug. Wenn der Abzug leicht justiert wird, muß man genau kontrollieren, ob der Zapfen (Pfeil), der in der Abzugsstange sitzt, nicht zuviel Spiel im Sicherungsblech hat

wirkendem Abzugssystem sollen mit Patronen oder Patronenhülsen im Magazin überprüft werden. Härte und Eingriff des Abzugs sind nämlich direkt davon abhängig, wie der Verschluß im Kasten belastet ist. Wenn Patronen im Magazin sind, wird der Verschluß

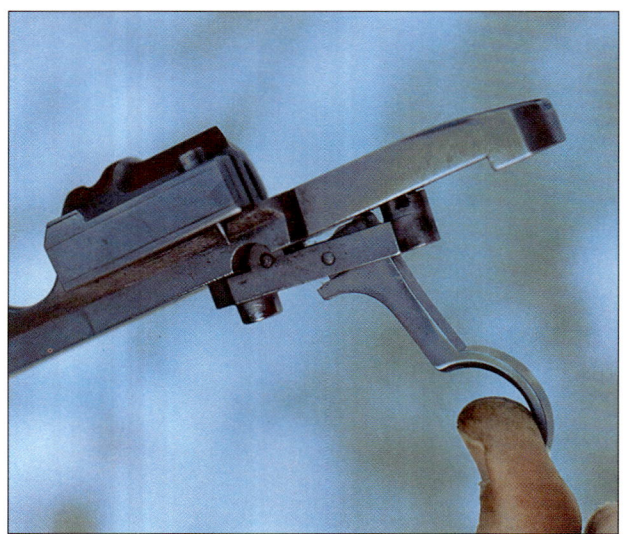

Abzugsmechanismen mit Druckpunkt sind zuverlässiger als solche mit Direktabzug. Auf der Oberseite des Abzugs sind zwei Radien vorhanden. Der vordere gibt den Druckpunkt, der hintere hebt das Schlößchen aus der Raste

Bei älteren Waffen mit Direktabzug soll man kontrollieren, ob das Schlößchen Griff hat, auch wenn man vorsichtig versucht, es mit einem Schraubenzieher oder ähnlichem anzuheben

möglichst weit nach oben gedrückt, und der Eingriff zwischen Schlagbolzen und Abzugsstollen wird minimal.

Bei Waffen, deren Abzugsmechanismen keinen Druckpunkt haben und deren Sicherung nicht auf den Schlagbolzen wirkt, ist es sehr wichtig, so zu prüfen. Ein solches Beispiel ist u. a. der schwedische Stutzen Husqvarna Modell 1640; andere sind ältere Modelle von BRNO und eine Reihe von Gewehren aus den fünfziger und sechziger Jahren, die aus Militärsystemen gefertigt sind.

Fehlt der Druckpunkt, muß der Eingriff zwischen dem Abzugsstollen und dem Schlagbolzen sehr gering sein, damit der Abzug nicht zu hart und zäh wird. Es gibt keine Probleme, dies zu korrigieren. Dagegen ist es äußerst problematisch, die Waffe aus Sicherheitsgesichtspunkten zuverlässig zu verändern. Wenn der Abzug ohne Rücksicht auf das normale Spiel des Verschlusses in der Hülse und den kleinen natürlichen Spielraum zwischen der Steuerhülse und dem Schlagbolzen justiert wird, kann es manchmal schon ausreichen, den Daumen unter den Schlagbolzen zu setzen und ein bißchen schräg nach oben zu drücken, um einen Schuß auszulösen. Die Folgen können verhee-

rend sein. Wenn die Waffe eine richtig justierte Flügelsicherung hat, die den Schlagbolzen blockiert, ist dies kein Problem. Hat die Waffe aber nur eine gewöhnliche Abzugssicherung, so ist es lebensgefährlich. Üblicherweise prüft man die Zuverlässigkeit einer Waffe, indem man das Magazin mit so vielen leeren Hülsen lädt, wie es faßt. Danach schließt man den Mechanismus einige Male kräftig. Der Schlagbolzen darf nicht überspringen. Danach belastet man den Schlagbolzen so, wie ich es bereits beschrieben habe; man kann aber auch vorsichtig mit einem schmalen Schraubenzieher,

Die beste Sicherung ist die Flügelsicherung. Links in ungesicherter Lage. Die Sicherung schließt den Schlagbolzen und das Schlößchen effektiv. Nachteilig ist, daß die Montage hoch sein muß, falls die Waffe mit Zielfernrohr versehen werden soll

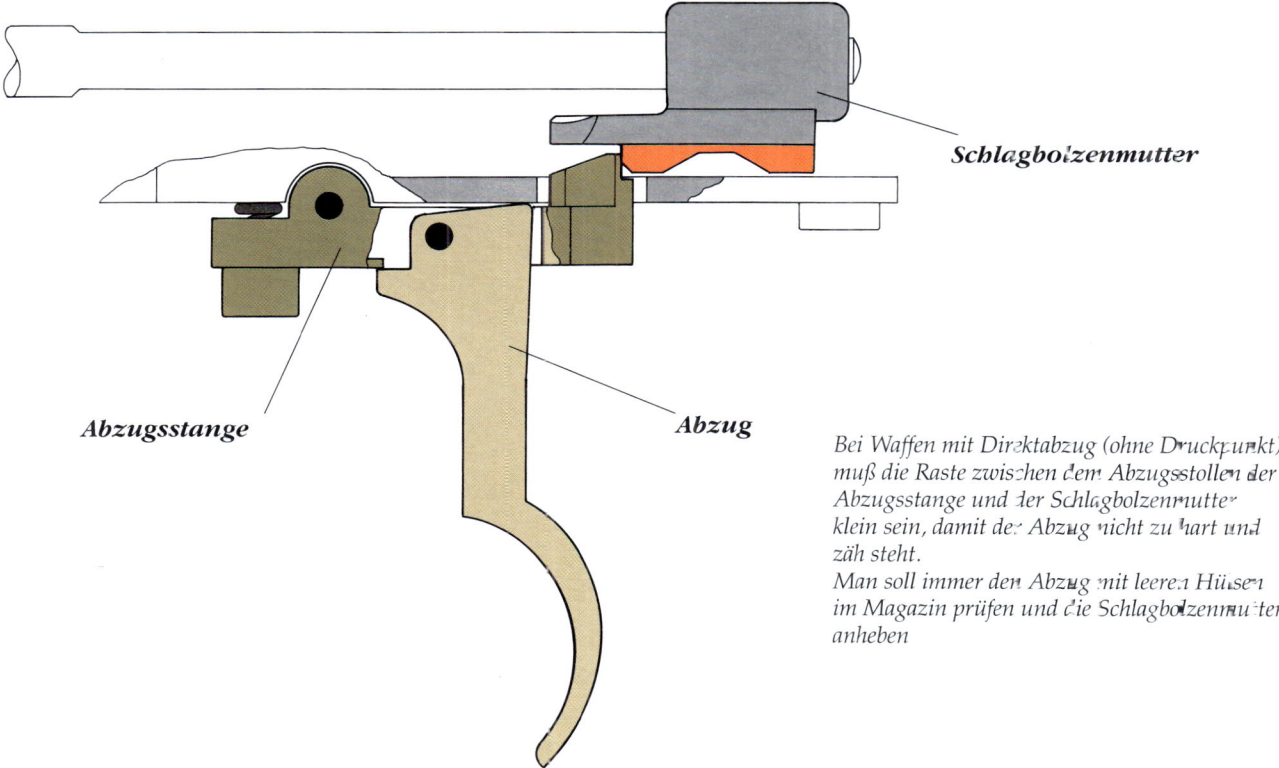

Schlagbolzenmutter

Abzugsstange

Abzug

*Bei Waffen mit Direktabzug (ohne Druckpunkt)
muß die Raste zwischen dem Abzugsstollen der
Abzugsstange und der Schlagbolzenmutter
klein sein, damit der Abzug nicht zu hart und
zäh steht.
Man soll immer den Abzug mit leeren Hülsen
im Magazin prüfen und die Schlagbolzenmutter
anheben*

den man unter den Schlagbolzen steckt, hebeln. Es darf noch immer nichts passieren. Falls doch, Finger von der Waffe.

Jetzt überprüfe man die Sicherung. Man spannt den Schlagstift, indem man den Mechanismus öffnet und schließt. Es sollen immer noch leere Hülsen im Magazin sein. Danach sichert man die Waffe und belastet

*Ältere Büchse mit Abzugssicherung vom Typ
Greener im Schafthals. Sie wird benutzt, wenn
ein Zielfernrohr auf der Waffe montiert ist. Bei
hoher Montage kann man aber auch eine
gewöhnliche Flügelsicherung verwenden*

den Abzug kräftig. Wenn nichts passiert, entsichert man die Waffe und macht eine Blindabfeuerung. Wenn der Abzug jetzt lockerer ist als gewöhnlich, ist der Eingriff zu klein. Die Waffe ist nicht zuverlässig und muß geprüft werden. Solche Kontrollen soll man immer einige Male wiederholen, um sicherzugehen.

Bei Waffen mit Flügelsicherung muß man nur kontrollieren, ob die Waffe wirklich zu sichern ist, wenn sie gespannt ist, und ob der Schlagbolzen sich ein wenig nach hinten bewegt, wenn man ihn sichert. Wenn die Funktion normal ist, wird der Abzug frei und ist ganz nach hinten ziehbar. Wenn man ihn losläßt, soll er problemlos und korrekt in seine normale Lage zurückkehren.

Auf jeden Fall muß der Abzugsmechanismus darauf geprüft werden, ob die Waffe abgefeuert werden kann, wenn man den Abzug nach vorne drückt. Diese verhängnisvolle Fehlerquelle hängt mit dem Unterbeschlag zusammen. Wenn es nämlich zwischen dem Unterbeschlag und der vorderen Seite des Abzugs Spielraum gibt, können tatsächlich einige Waffen unbeabsichtigt abgefeuert werden. Voraussetzung ist, daß der Spielraum im Verhältnis zum Eingriff zwischen dem Schlagbolzen und dem Abzugsstollen der Abzugsstange groß genug ist.

Die Wahrscheinlichkeit, daß solche Eigenarten auftauchen, ist am größten bei Jagdgewehren, die aus älterer Fabrikation stammen. Hier kann auch nicht garantiert werden, daß der Unterbeschlag und die Verschlußhülse immer von derselben Waffe stammen. Besonders wichtig sind ständige Kontrollen bei Gewehren, die nur eine Abzugssicherung haben, vor allem bei solchen Sicherungen, die nur direkt gegen die Hinterseite des Abzugs wirken, wie z. B. eine sogenannte Greener-Sicherung.

Ich kann hier nicht detailliert beschreiben, warum viele ältere Waffen diese Fehler aufweisen. Man soll aber auf jeden Fall die Waffe spannen und den Abzug so hart wie möglich nach vorne drücken. Weder bei der gesicherten noch bei der entsicherten Waffe darf Spiel nach vorne aus der Ruhelage des Abzugs spürbar sein. Besonders wichtig ist dieses bei Gewehren, die weder einen Druckpunkt noch eine korrekt funktionierende Flügelsicherung haben.

Leider gibt es eine Menge amateurmäßiger Konstruktionen und Umbauten zu Seiten- oder Schafthalssicherungen bei älteren Waffen, um ein Zielfernrohr mit niedriger Montage aufzusetzen.

Diese Waffen gehören zu der absolut größten Risikogruppe, die immer genau untersucht werden soll, da die Sicherungen in den meisten Fällen nur notdürftig den eigentlichen Abzug blockieren. Wieder sind Gewehre ohne Druckpunkt die gefährlichsten. Die Eingriffstiefe zwischen dem Abzugsstollen bei der Abzugstange und dem Schlagbolzen muß ja klein sein, damit der Abzug nicht zu hart wird. Es handelt sich nur um einige Zehntelmillimeter, und die Flächen, die gegeneinander gleiten sollen, müssen selbstverständlich in perfektem Winkel zueinander stehen und ein gutes Oberflächenfinish aufweisen.

Dieses nur mit Hilfe eines Wetzsteines zustande zu bringen, erfordert profunde Sachkenntnis. Wenn man dann das radiale Spiel des Verschlusses hat, es jedoch nicht berücksichtigt, ist man bald auf gefährlichen Wegen. Hinzu kommt, daß es einer gewissen Fachkenntnis und handwerklicher Fähigkeiten bedarf, um eine abzugsblockierende Sicherung von Spielraum und mechanischen Toleranzen völlig zu befreien. Wenn der Abzug noch, wie wenig es auch sein mag, zurückgepreßt werden kann, wenn die Waffe gesichert ist, verändert sich natürlich der Eingriff für den Schlagbolzen und wird noch kleiner als vorher.

Das größte Problem bei vielen älteren Gewehren ist, daß die Sicherungsfunktion am Anfang vielleicht annehmbar war, daß aber jemandem bei späterer Gele-

genheit der Abzug zu hart erschien. Wenn dann der Abzug verstellt wurde, ohne die vorhandenen mechanischen Spielräume zu berücksichtigen und ohne zu kontrollieren, ob die Sicherung den Abzug noch in annehmbarer Weise blockiert, kann die Waffe gefährlich werden.

Dies ist nicht ungewöhnlich, und all die mysteriösen Waffen, die es bei Jägern gibt, sind fast immer solche, deren Abzüge von jemandem justiert wurden, der sich der Wirkung der vorgenommenen Veränderungen überhaupt nicht bewußt war.

Leider ist mancher Jäger schon zufrieden, wenn nur der Abzug weich genug ist. Das bereitet aber, wie schon erwähnt, nicht die größte Schwierigkeit.

Separate Abzugssysteme

Die meisten modernen Repetierbüchsen, d. h. von den sechziger Jahren und aufwärts, sind in der Regel mit einem separaten Abzugssystem versehen. Separat bedeutet, daß Abzugsstange, Abzug und Sicherung zu einer Einheit, Abzugshaus, zusammengebaut sind, das an die Verschlußhülse montiert wird. Es gibt verschie-

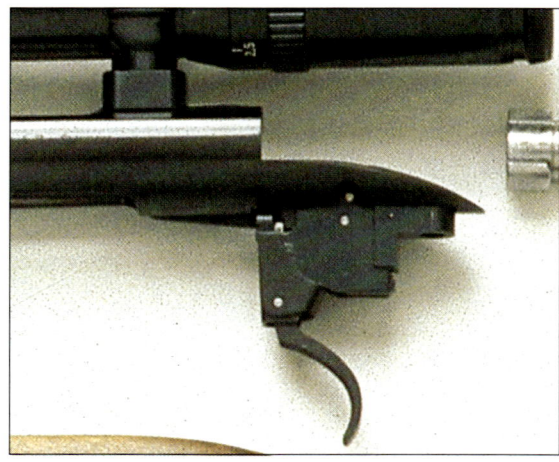

Abzugssystem der HVA 1900. Ganz oben links am Abzugshaus kann man den oberen Teil des Sicherungsarms sehen. Das lange Blech an der Unterseite des Kastens schließt den Verschluß, wenn die Waffe gesichert wird

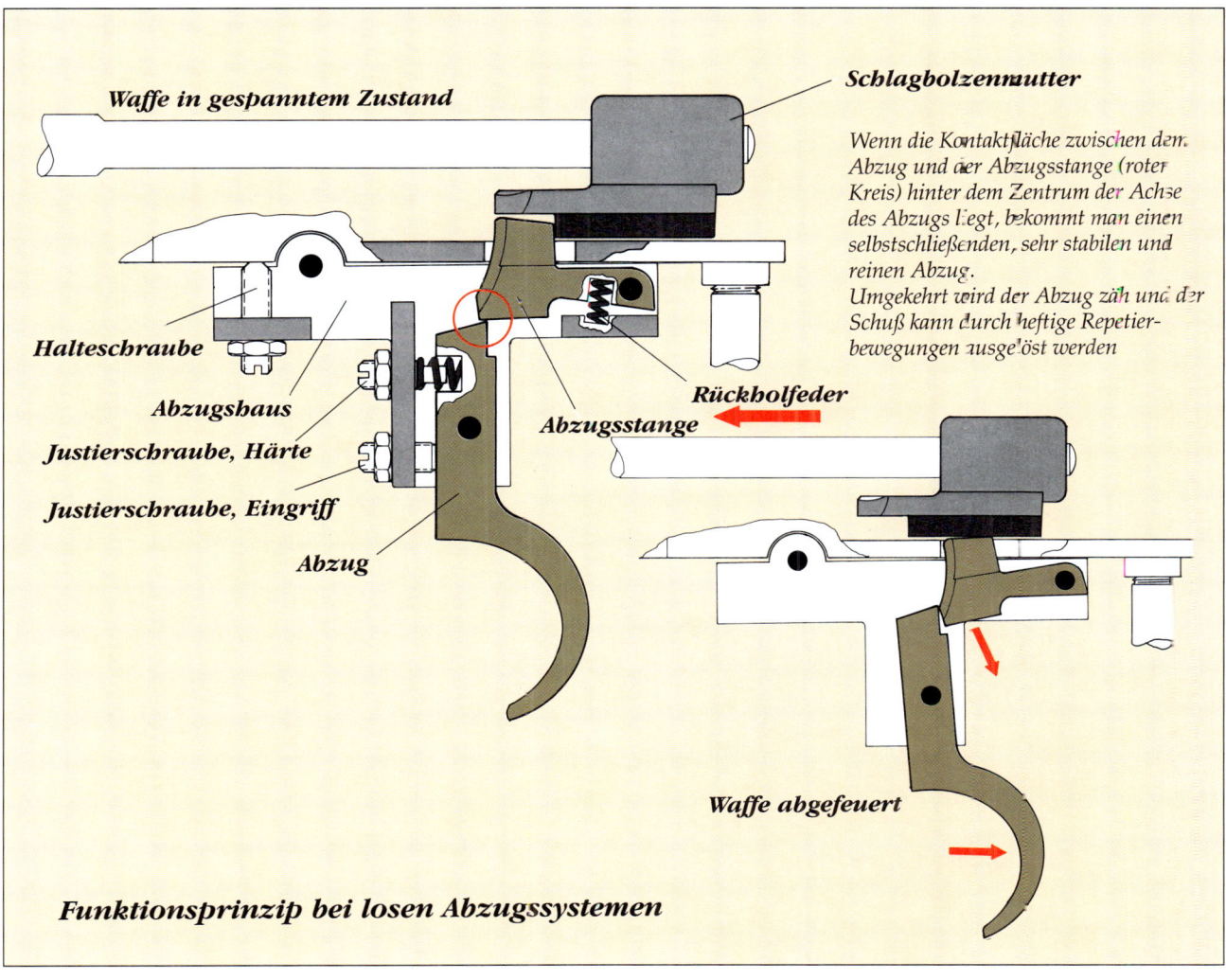

Waffe in gespanntem Zustand

Schlagbolzenmutter

Wenn die Kontaktfläche zwischen dem Abzug und der Abzugsstange (roter Kreis) hinter dem Zentrum der Achse des Abzugs liegt, bekommt man einen selbstschließenden, sehr stabilen und reinen Abzug.
Umgekehrt wird der Abzug zäh und der Schuß kann durch heftige Repetier- bewegungen ausgelöst werden

Halteschraube

Abzugshaus

Justierschraube, Härte

Justierschraube, Eingriff

Abzug

Rückholfeder

Abzugsstange

Waffe abgefeuert

Funktionsprinzip bei losen Abzugssystemen

dene Konstruktionen. Das Hauptprinzip ist, daß man die Abhängigkeit von perfekt justierten Einhakflächen zwischen Abzugstange und Schlagbolzen vermeiden will.

Das Funktionsprinzip für diese Abzugsysteme gleicht im allgemeinen einer Falle. Wenn der Mechanismus gespannt wird, wird der Schlagbolzen von einem ziemlich großen Absatz, der auf der L-förmigen Abzugsstange sitzt, aufgefangen. Sie ihrerseits ist hinten auf einer Achse aufgehängt, die quer durch das Abzugshaus verläuft. Wenn der vordere Teil der Abzugsstange nicht auf irgendeine Weise aufgefangen

wird, wird sie von der Kraft der Schlagfeder weggedrückt, und der Schlagstift wird frei.

Setzt man den Abzug als Stütze für die vordere Kante der Abzugsstange ein, kann sie vom Schlagstift nicht weggepreßt werden, und wir haben einen Abzugsmechanismus. Das Funktionsprinzip wird auf den Abbildungen gezeigt.

Ein Spielraum zwischen Verschluß und Hülse ist für die Qualität des Abzugs nicht von Bedeutung. Man merkt auch keinen Unterschied in Härte oder Widerstandsfähigkeit des Abzugs, ob das Magazin nun Patronen enthält oder nicht. Die Abzugsstange wird nur heruntergepreßt, bis sie gegen den Abzug trifft. Wie hart oder zäh der Abzug dann wird, ist abhängig vom Eingriff zwischen Abzug und Abzugsstange. Das Prinzip ist ähnlich dem, wie der Hahn in einer Flinte aufgefangen wird.

Der Vorteil bei dieser Konstruktion ist, daß die Härte und Zähigkeit des Abzugs einfach justiert werden kann, indem man eine justierbare Feder hinter dem Abzug anbringt und durch Justierung der Berührungsfläche zwischen Abzug und Abzugsstange mit ein paar Stellschrauben fixiert.

Abhängig von Konstruktion und technischer Ausführung bei solchen Abzugsmechanismen gibt es große Unterschiede zwischen verschiedenen Fabrikaten. Bei der einen Waffe hat man das Gefühl, als ob man

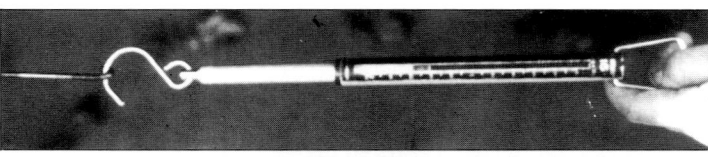

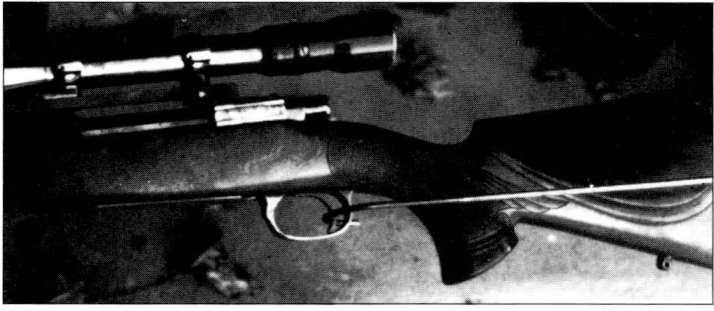

Der Abzug wird am besten mit einer Federwaage und einer Verlängerungsstange, die man an den Abzug hakt, geprüft. Man beobachtet die Skala der Waage und zieht langsam, bis der Abzug sich löst

einen Glasstab bricht, bei der anderen wiederum ist es so, als ob man mit dem Finger gegen ein Stück Schaumgummi drückt. Sie sind ganz einfach schwammig, und es ist deswegen sehr unbehaglich und schwierig, mit ihnen zu schießen.

Der Abzug bei einer Büchse soll kurz und trocken sein, d. h., man soll beim Abzug keine Bewegung merken, wenn man ihn belastet. Erst wenn die Belastung

eine gewisse Stufe erreicht hat, also den eingestellten Abzugswiderstand, soll der Schuß trocken brechen, ohne daß man gemerkt hat, daß der Abzug sich nach hinten bewegt hat.

Dies ist leider in den meisten Fällen nur ein Wunschtraum; es sollte aber das Ziel sein, und bei gewissen Waffen und Abzugsmechanismen ist es auch möglich, diesen Traum zu verwirklichen. Der Abzugswiderstand, auf den der Abzug kurz und trocken eingestellt werden soll, müßte bei einer Jagdwaffe 10–20 N betragen. Es gibt keinen ersichtlichen Grund, den Abzug leichter als 10 N (ca. 1 kg) einzustellen, es sei denn, die Waffe wird ausschließlich für stillsitzendes Präzisionsschießen (z. B. Benchrest) benutzt. Wenn es jemandem schwerfällt, mit einem kurzen und trockenen Zweikiloabzug gut zu schießen, so besteht sein Bedarf nicht in einem leichteren Abzug, sondern er sollte einige hundert Übungsschüsse abgeben, um seine Technik zu verbessern.

Das Problem mit separaten Abzugssystemen ist in der Regel nicht, sie weich genug einzustellen. In vielen Fällen werden sie umgekehrt zu weich. Tatsache ist, daß sie bei schnellen Repetiervorgängen überspringen können, was jagdlich ärgerlich und unter dem Gesichtspunkt der Sicherheit betrachtet eine Gefahr für die Umgebung sein kann. Nein, das große Problem ist, sie kurz und trocken zu bekommen. Wenn man die Kraft bei der Gegendruckfeder des Abzugs verringert, muß man den Eingriff vergrößern, damit nicht das oben Erwähnte passiert. In solchen Fällen wird der Abzug zwar weich, kann aber doch sehr ungewohnt werden. Wenn man andererseits die Kraft in der Gegendruckfeder vergrößert und den Eingriff vermindert, kann man in einigen Fällen in Konflikt mit der Sicherungsfunktion kommen, da es technisch schwierig ist, eine Abzugssicherung zu konstruieren, die keinen Spielraum hat.

Eine weitere Unannehmlichkeit gibt es mit zu kleinen Eingriffsflächen. Durch die heftige Belastung, die bei schnellem Repetieren entsteht, können sie beschädigt werden. Der oberflächliche Druck an den Flächen kann so groß werden, daß die Kanten zersplittern und der Abzug überspringt.

Man will erreichen, daß Ausgewogenheit zwischen Eingriff und Gegendruckfeder des Abzuges entsteht, damit die Waffe einerseits ohne besondere Rücksichtnahme repetiert, andererseits aber der Abzug außerordentlich hart belastet werden kann, wenn die Waffe gesichert ist, ohne daß die Abzugshärte sich verändert, sobald man wieder entsichert und leer abschlägt.

Leider ist dies in allen Fällen nicht einfach zu erreichen. Deswegen empfehle ich, daß man auch, wenn die Waffe mit einem verstellbaren Abzug versehen ist, es tunlichst vermeiden soll, selbst an diesen Waffenteilen zu manipulieren. Das ist eine Arbeit für einen befähigten Waffentechniker, der im voraus weiß, welche Folgen verschiedene Manipulationen an Abzugsmechanismen haben können.

Sicherung von separaten Abzugssystemen

Ich habe nebenbei etwas über die Sicherungsfunktionen erwähnt. Gewisse Abzugssysteme haben eine Sicherung, die nur direkt gegen den Abzug arbeitet und die Möglichkeit, ihn nach hinten zu bewegen, blockiert. Andere blockieren den Schlagstift, direkt oder indirekt. Direkt wirkende Blockierung des Schlagbolzens ist natürlich das beste. Bei einigen Fabrikaten findet man das auch. Es kommt aber auch vor, daß man das ursprüngliche Abzugssystem durch ein neues, das diese Funktion hat, ersetzt. Dann sitzt die Sicherung in der Regel in der Steuerhülse. Sie hebt den Schlagbolzen mit angebundenem Schlagstift hinauf und blokkiert ihn. Das Funktionsprinzip gleicht im großen und ganzen dem einer Flügelsicherung, ist aber in einer anderen Weise montiert.

Einige Abzugsmechanismen haben eine ähnliche Konstruktion im Abzugshaus eingebaut. Dabei wird mit Hilfe eines Exzenters ganz einfach der vordere Teil der Abzugsstange ein kleines Stück aufgehoben. Durch eine geeignete Ausformung der Berührungsflächen zwischen Abzugsstange und Schlagbolzen wird der Schlagstift einige halbe Millimeter zurückgepreßt. In beiden Fällen wird der Abzug frei, genau so, als wenn eine Waffe mit Flügelsicherung gesichert wird. Der Nachteil eines Sicherungssystems, das gegen die Abzugsstange wirkt, ist, daß die Waffe sehr gefährlich werden kann, wenn die Sicherung nicht absolut korrekt justiert ist.

Wenn die Abzugsstange vom Exzenter gar nicht aufgehoben wird, so ist die Waffe immer noch gegen Schläge und Stöße unempfindlich. Wenn man aus irgendeinem Grund den Abzug berührt, aus Versehen oder bewußt, können unerwartete Dinge passieren. Gibt es einen Spielraum zwischen Abzugsstange und

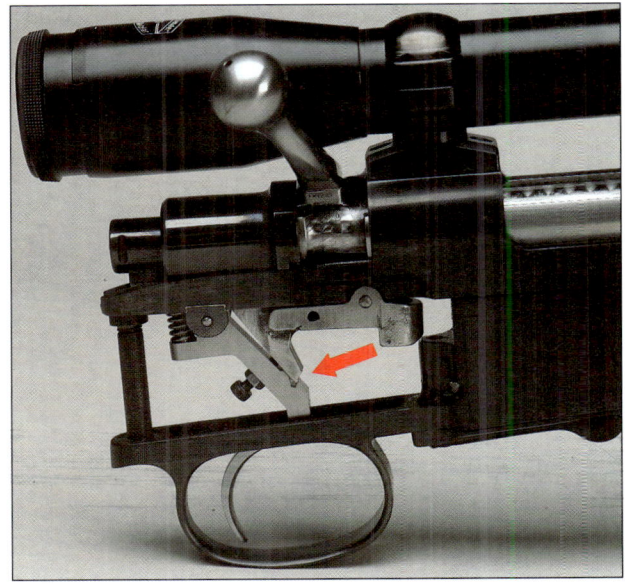

Die Abzugsstange wird in den Abzug eingehakt (Pfeil). Der Eingriff wird mit der kleinen Schraube auf der Hinterseite justiert. Die Härte wird dadurch verändert, daß die Rückholfeder hinter der Abzugsaufhängung mehr oder weniger belastet wird. Das System ist einfach, aber sehr sicher und genau

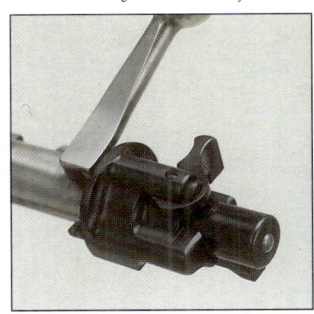

Abzugssysteme wie auf dem Bild oben erfordern eine separate Sicherung. Diese Sicherungsanordnungen funktionieren grundsätzlich wie eine Flügelsicherung, sie blockieren und halten den Schlagbolzen zurück. Hiermit kann eine eventuelle Zielfernrohrmontage niedrig gestaltet werden

Sicherung, fällt die Abzugsstange ein kleines Stück herunter, wird aber von der Sicherung blockiert. Die Waffe kann natürlich nicht auslösen, da der Eingriff zwischen Abzugsstange und Schlagbolzen bei diesem Typ von Abzugsmechanismus groß ist.

Die Gefahr liegt darin, daß die Raste des Abzugs nicht mehr unter die Abzugsstange kommt, wenn man den Abzug losgelassen hat. Die Waffe sieht aus, als ob sie gesichert wurde, d. h., der Abzug ist ganz frei, wenn

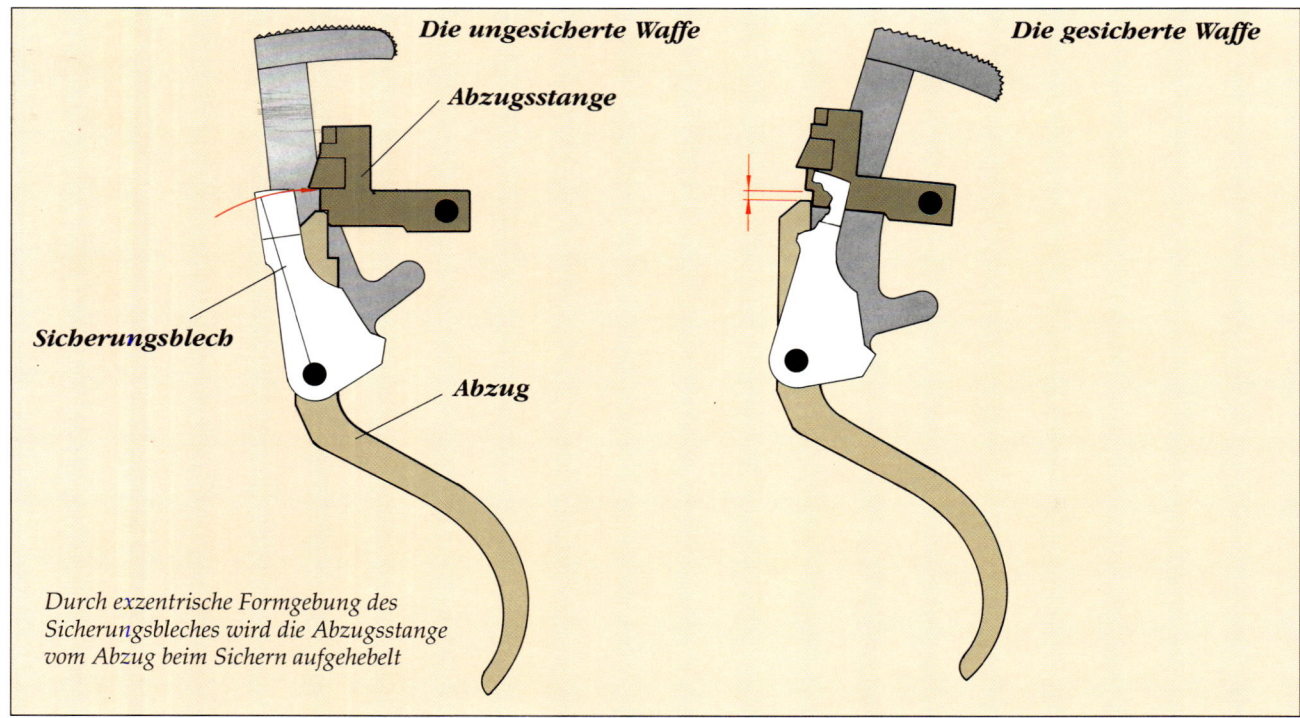

Die ungesicherte Waffe — **Die gesicherte Waffe**

Abzugsstange

Sicherungsblech

Abzug

Durch exzentrische Formgebung des Sicherungsbleches wird die Abzugsstange vom Abzug beim Sichern aufgehebelt

man ihn zieht. Der Schuß wird aber dann abgefeuert, wenn man die Waffe entsichert. Man soll zwar immer den Lauf in eine ungefährliche Richtung halten, wenn man eine Waffe entsichert. Wenn man aber Pech hat, kann in einer unerwarteten Situation alles passieren.

Eine Waffe mit Abzugsstangenblockierung soll immer kontrolliert werden, wenn die Waffe unbekannt ist oder man eine solche Waffe kaufen will. Es gibt eine Reihe von Fällen, wo solche Fehler bei neuen, übrigens hochqualitativen Waffen entdeckt wurden. In Schweden gab es sogar Personenschäden.

Ein anderer Grund, daß Waffen die oben beschriebenen Fehler haben können, ist rein menschlicher Natur. Man braucht eine gewisse Kraft, um mit Hilfe der Sicherungstaste einen Exzenter oder ein Ladessystem zu drehen, so daß man die Kraft von der Schlagfeder überwinden und den Schlagstift zurückpressen kann. Es braucht ja nur so zu sein, daß der Besitzer der Waffe meinte, die Sicherung sei zu schwergängig, und deswegen die Waffe zur Einstellung wegschickt. Wenn dann der Fachmann entdeckt, daß der Exzenter die Ursache ist, aber seine Funktion nicht versteht, dann können ernsthafte Fehler entstehen.

Es ist nicht ungewöhnlich, daß „schwere Sicherun-

gen" dadurch justiert wurden, daß die Kurven, die die Abzugsstange aufheben sollen, abgefeilt wurden. Keiner merkt etwas, solange der Abzug nicht berührt wird, wenn die Waffe gesichert ist. Es ist einfach zu prüfen, ob die Funktionen richtig sind. Man soll die Waffe spannen und sichern, gleichzeitig soll man auf den Schlagbolzen achtgeben. Er soll sich ein wenig nach hinten bewegen, sonst ist etwas nicht in Ordnung. Danach zieht man den Abzug einige Male und entsichert. Die Waffe soll dann gespannt bleiben, bis man sie selbst abfeuern will. Mit noch gespannter Waffe prüft man danach, ob nichts passiert, falls sich die Sicherungstaste in eine Zwischenlage stellen sollte. Grundsätzlich soll eine richtig gebaute und eingestellte Sicherung nicht in einer anderen Lage als in gesicherter oder entsicherter Position stehen können. Darauf kann man sich aber nicht verlassen. Man prüfe daher wie folgt: Man zieht die Sicherungstaste langsam ein wenig von entsicherter zu gesicherter Stellung und läßt dann los. Man soll den ganzen Weg prüfen. Bleibt sie in einer Zwischenposition stehen, zieht man den Abzug einige Male und entsichert. Der Schlagbolzen muß gespannt bleiben, sonst hat man eine gefährliche Waffe in der Hand, die schnellstens der Reparatur bedarf.

Der Schaft

Dem Schaft der Büchse wird leider oft nicht dieselbe Aufmerksamkeit zuteil wie dem einer Flinte. Teilweise ist das darin begründet, daß er die Schußeigenschaften der Waffe oder die Treffgenauigkeit des Schützen nicht so entscheidend beeinflußt. Büchsen sind auf jeden Fall mit einer Zieleinrichtung versehen, wodurch sich der Wunsch des Jägers nach einem persönlich angepaßten Schaft verringert. Unter einigermaßen ruhigen Bedingungen hat man Zeit, Körperstellung und Anschlag so aufeinander abzustimmen, daß man auch mit einem weniger gut passenden Schaft einen wohlgerichteten Schuß abgeben kann.

Natürlich gibt es für den Jäger genug Anlaß, sein Augenmerk auf die Machart eines Büchsenschaftes zu legen, wenn er zwischen mehreren Alternativen wählen kann. Das Schießen wird ja nicht gerade schlechter, weil der Schaft angenehm liegt. Auch nicht, wenn die Backe hoch genug ist, um bei einer Waffe mit Zielfernrohr einen guten Anschlag zu ermöglichen. Persönlich bin ich der Meinung, daß ein Büchsenschaft genauso angepaßt werden sollte wie bei einer Flinte, wenn man gute Erfolge erzielen und bedarfsweise schnell zum Schuß kommen will.

Außer der äußeren Erscheinung, die bei Standardwaffen vorgegeben ist, gibt es eine Reihe von Details, die man vor dem Kauf einer Waffe genau kontrollieren sollte. Dies ist unabhängig davon, ob das Gewehr neu oder gebraucht ist, da die Faktoren, die hier beschrieben werden, tatsächlich sowohl den Gebrauchswert als auch die Schußeigenschaften der Waffe beeinflussen.

Die Bettung

Eine der wichtigsten Einzelheiten beim Büchsenschaft ist, wie das System, d. h. Lauf, Verschlußhülse und Unterbeschlag, gebettet oder im Schaftholz eingepaßt sind. Eine schlecht ausgeführte Arbeit beeinflußt die Haltbarkeit des Schaftes direkt oder auf längere Sicht.

Aber auch die Schußeigenschaften der Waffe und die Verläßlichkeit, die Büchse Jahr für Jahr bei jedem Wetter unverändert einzuschießen, hängt erheblich von einer passenden Bettung ab.

Der Arbeitsprozeß bei der Herstellung eines Stutzenschaftes ist nicht besonders kompliziert. Es sind nur wenige Flächen, die eine perfekte Passung erfordern, damit die Waffe tadellos funktioniert. Andererseits kann eine unzulängliche Arbeit an den entscheidenden Stellen den Gebrauchswert der Waffe erheblich mindern.

Äußere Zeichen für innere Beschädigungen

Genau wie bei der Flinte sind kleine Risse auf der Oberseite des Schafthalses ein Symptom dafür, daß etwas nicht in Ordnung ist. Das ist das erste, wonach man sehen soll. Gibt es eine Andeutung zur Sprungbildung unmittelbar hinter dem Kastenende? Wenn das der Fall ist, kann es drei Ursachen geben: Die erste ist, daß Kreuz- und Kastenschraube, die die Waffe zusammenhalten sollen, nicht fest genug angezogen waren. Der zweite ist, daß der Rückstoßstollen des Schaftes keinen Kontakt mit dem der Verschlußhülse hat, weil der Schaft nicht richtig eingepaßt wurde. Die letzte Ursache kann die sein, daß der Schaft zu eng am Systemende eingepaßt ist. Es ist sehr leicht, den Schaft einer Büchse abzunehmen. Es dauert also höchstens einige Minuten, um die relevante Ursache festzustellen.

Die vergleichsweise häufigste Ursache für Risse im Schafthals ist eine lose Schraubverbindung. Die Folge ist, daß das System sich ein wenig in der Längsrichtung bewegen kann. Wenn ein Schuß abgefeuert wird, wird das System natürlich nach hinten gegen den Rückstoßstollen gepreßt, aber danach vom Rückstoß nach vorne geworfen. Wenn die Schrauben längere Zeit nicht nachgezogen wurden, verschafft sich das System mehr und mehr Platz. Das umgebende Material ist ja nun einmal Holz, das ungeachtet der Qualität früher oder

Der linke Pfeil weist auf den Riß, der entlang der Fischhaut läuft. Der rechte Pfeil läßt erkennen, daß der Schaft auch innen gespalten ist. Bei dieser Waffe saßen wohl die Kreuz- und die Kastenschrauben ganz lose

später plattgedrückt werden kann. Zuletzt wird der Rückstoßstollen zerstört, gespalten oder vom übrigen Schaft losgeschlagen. Dann kann er natürlich nicht mehr die Rückstoßkräfte des Systems abfangen, die nunmehr nach hinten übertragen werden. Jetzt trägt die hintere Schraube die Belastung allein. Die Schraube geht ja quer durch den vorderen Teil des Schafthalses und übernimmt zuletzt die Funktion eines Keils. Daß dies für die Waffe nicht gut ist, ist leicht einzusehen. Die ersten sichtbaren Zeichen sind kleine Risse, zuerst auf der Oberseite des Schafthalses, aber auch hinter dem Abzugsbügel.

Zum Glück passiert es selten, daß ein Schaft durch diesen Fehler völlig aufgespalten wird. Die Rückwand

des Magazins und der hintere Teil des Abzugsbügels verhindern dies. Eine äußerst unangenehme Nebenerscheinung dieses Fehlers ist, daß die Schußleistung der Waffe miserabel ist, jedenfalls deutlich schlechter als in normalem Zustand.

Der Rückstoßstollen

Die Passung zwischen dem Rückstoßstollen des Schaftes und dem der Verschlußhülse ist einer der wenigen wirklich wichtigen Punkte bei der Herstellung eines Büchsenschaftes. Trotzdem ist es erstaunlich, wie viele industriell und auch handwerklich gefertigte Schäf-

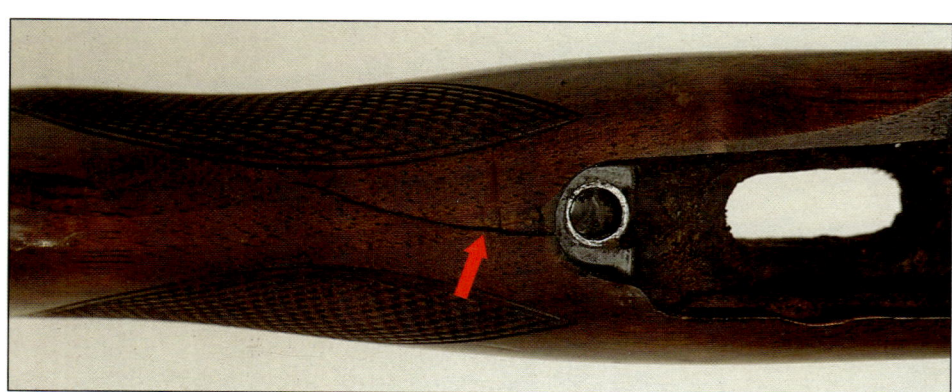

Der Riß (Pfeil) ist ein Zeichen, das man ernst nehmen muß. Die Waffe ist dieselbe wie auf Seite 89

te es gibt, die in diesem Punkt gravierende Fehler aufweisen.

Die Wirkung ist auf die Dauer genau dieselbe wie bei losen Schrauben, aber in umgekehrter Reihenfolge. Wenn die Schrauben hart angezogen sind, wirkt die Reibungskraft beim Schießen zwischen Holz und Metallteilen dem System entgegen, wodurch es langsam, aber sicher „zurückgehämmert" wird. Wenn man Glück hat, bekommt der Rückstoßstollen des Kastens mit dem Schaft Kontakt, bevor die Kreuzschraube vor ihrem Loch den Schaft zu spalten beginnt.

Ein weiterer Unsicherheitsfaktor ist, daß Holz in Verbindung mit Feuchtigkeit quillt oder bei Trockenheit schrumpft. Auch wenn die Schrauben richtig angezogen sind und das System effektiv halten, ändern sich die Verhältnisse sofort, wenn der Schaft nur etwas schrumpft, so daß sich die Reibung zwischen System und Schaft verringert. Häufiges Schießen unter solchen Verhältnissen verursacht bald eine axiale Lockerung, wenn nicht der Rückstoßstollen mithilft, das System auf seinem richtigen Platz zu halten.

Ein unsachgemäß eingepaßter Rückstoßstollen muß nicht bedeuten, daß der Kontakt zwischen Schaft und System völlig fehlt. Ein sehr häufiger Fehler ist, daß der Rückstoßstollen des Kastens nur an einer Seite des Schaftes anliegt. Ein solcher Defekt verursacht selten Schaftbeschädigungen, beeinflußt aber statt dessen die Schußleistung der Waffe negativ, was jedoch kaum von jemandem bemerkt wird. Für den allerdings, der die Schußleistung seiner Büchse genau kennt, wird es leicht frustrierend sein. Das Indiz hierfür sind in der Regel einzelne oder mehrere seitliche Ausreißer in einer Schußserie. Ich will aber gleich hervorheben, daß Schüsse, die seitlich ausreißen, genau so oft ihren Grund in der mangelnden Schießfertigkeit des Schützen haben. Das beste bei Büchsenschäften ist, daß Risse am Schafthals und am gespaltenen oder deformierten Rückstoßstollen ohne größere Probleme repariert werden können.

Risse, die durch lose Schrauben verursacht wurden, ohne daß der Rückstoßstollen deformiert wurde, können mit einem dünnflüssigen Leim behandelt werden. Danach kann man den Schaft mit Schaftbolzen verstärken, einer gerade durch den Rückstoßstollen, einer hinter dem Magazin und einer gleich hinter der Kreuzschraube durch den Schafthals. Nach meiner Meinung ist es das beste, durchgehende Löcher von 6–8 mm Durchmesser zu bohren, wonach man runde mit Zweikomponentenleim bestrichene Holzpflöcke hineinschlägt. Das ist eine alte wohlerprobte Methode. Der Vorteil ist, daß die Holzstifte im gleichen Verhältnis wie der übrige Schaft schrumpfen oder anschwellen, außerdem rosten sie nicht und brauchen nicht nachgespannt werden.

Ein schwer beschädigter oder deformierter Rückstoßstollen kann erfolgreich durch sogenannte Plastikbettung repariert werden. Das bedeutet, daß man einen Teil vom Rückstoßstollen wegnimmt und durch glasfaserarmierten Kunststoff oder Kunstharz ersetzt. Danach legt man das System in den Schaft und fixiert es in richtiger Lage im Verhältnis zum Unterbeschlag. Der Vorteil ist, daß man einen sehr kräftigen Rück-

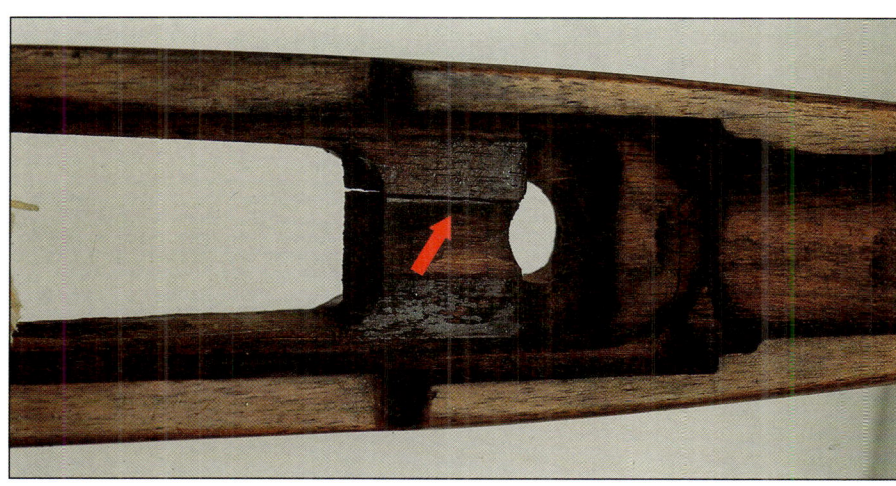

Die Ursache des Risses im Schafthals war der gespaltene Rückstoßabsatz. Auf dem Bild ist nicht sichtbar, daß das Stück oberhalb des Risses auch ganz lose war

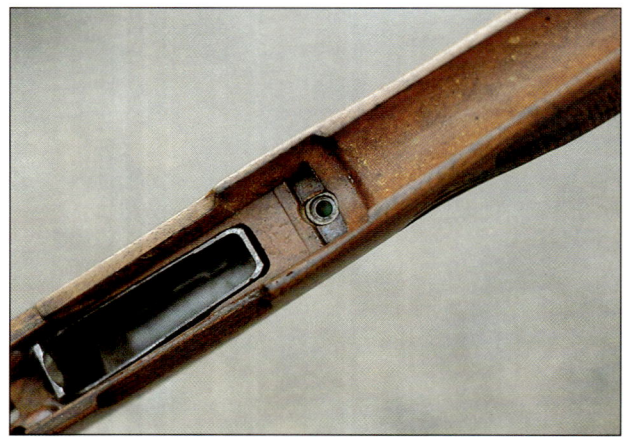

Kunststoffbettung des Rückstoßabsatzes oder des ganzen Systems ist eine gute Methode, einen defekten Schaft zu reparieren, bzw. dient allgemein der Verstärkung bei Waffen mit kräftigen Kalibern

stoßstollen bekommt mit hundertprozentiger Passung zwischen Schaft und Kasten. Kunststoffbettung von Rückstoßabsätzen und auch von ganzen Systemen sind üblich, um die Festigkeit des Schaftes zu erhöhen und die Schußeigenschaften der Waffe zu verbessern.

Vorsichtshalber möchte ich daran erinnern, daß es notwendig ist, alle Metallteile mit einem Trennmittel zu beschichten, bevor man das System im Kunststoffbett anbringt. Versäumnisse dieser Art werden sich an dem Tag, an dem man die Waffe zerlegen will, selbstverständlich rächen. Dann sitzt das System unweigerlich fest!

Präzisionsprobleme

Außer den erwähnten Schaftfehlern, die oft die Präzision der Waffe beeinflussen, gibt es einige Dinge, die auf eine korrekte Schußleistung negativen Einfluß haben können, sich aber nicht an äußeren Symptomen erkennen lassen.

Ein ziemlich ärgerlicher Fehler, der eine Kombination aus fehlerhafter Bettung des Systems und der Holzqualität des Schaftes sein kann, ist, daß sich die Treffpunktlage in senkrechter Richtung ändert. Oft wird das Zielfernrohr verantwortlich gemacht, wenn die

Waffe plötzlich die Schüsse einige Zentimeter zu hoch oder zu tief setzt, ohne daß man das Zielfernrohr verstellt hat. Die Streuung kann völlig normal sein ohne eine Tendenz zu Ausreißern oder wärmebedingtem Klettern. Dann braucht ein Schaftfehler nicht in Betracht gezogen zu werden. Die Ursache für Treffpunktlageveränderungen kann ganz einfach darin liegen, daß das System nicht ganz eben im Schaft liegt. Es kann unter dem Rückstoßstollen oder unter dem Kastenende im Holz zu tief eingeschnitten sein.

Wenn die Schrauben angezogen werden, wird sich das System unmerklich krümmen. Auch wenn es sich für viele unglaublich anhört, bekommt man mit einer gewöhnlichen Schraube, die mit voller Kraft angezogen wird, eine unerhörte Kraftwirkung. Die Krümmung des Systems ist natürlich davon abhängig, wie stabil und steif es ist. Ältere Waffen pflegen aber nicht besonders viel auszuhalten. Wenn der Schaft bei einem älteren System sehr unzulänglich gefertigt ist, können sogar Repetierprobleme entstehen.

Wenn die Waffe mit einem Zielfernrohr versehen ist, wird dieses sich natürlich genausoviel wie das System krümmen. Solange der Kasten in seiner Lage bleibt, merkt der Schütze nichts. Was aber passiert, wenn der Schaft wegen äußerer Verhältnisse schrumpft oder sich verzieht? Ja, der Kasten richtet sich vielleicht ein bißchen auf und das Zielfernrohr mit ihm, und die Treffpunktlageveränderung ist unumgänglich. Dies scheint bei einigen Waffen, deren Schaftholz aufgrund seiner Struktur gegen Feuchtigkeit und Trockenheit empfindlich ist, eine Sommer/Winter-Krankheit zu sein. Das Problem liegt in der Unmöglichkeit vorherzu-

Bei älteren Militärsystemen gibt es oft eine Aussparung in der Seitenwand des Kastens, damit die Patronen schnell in das Magazin hineinzudrücken sind, falls man einen Ladestreifen oder -rahmen benutzt. Die Aussparung schwächt die Hülse bei Biegebelastungen

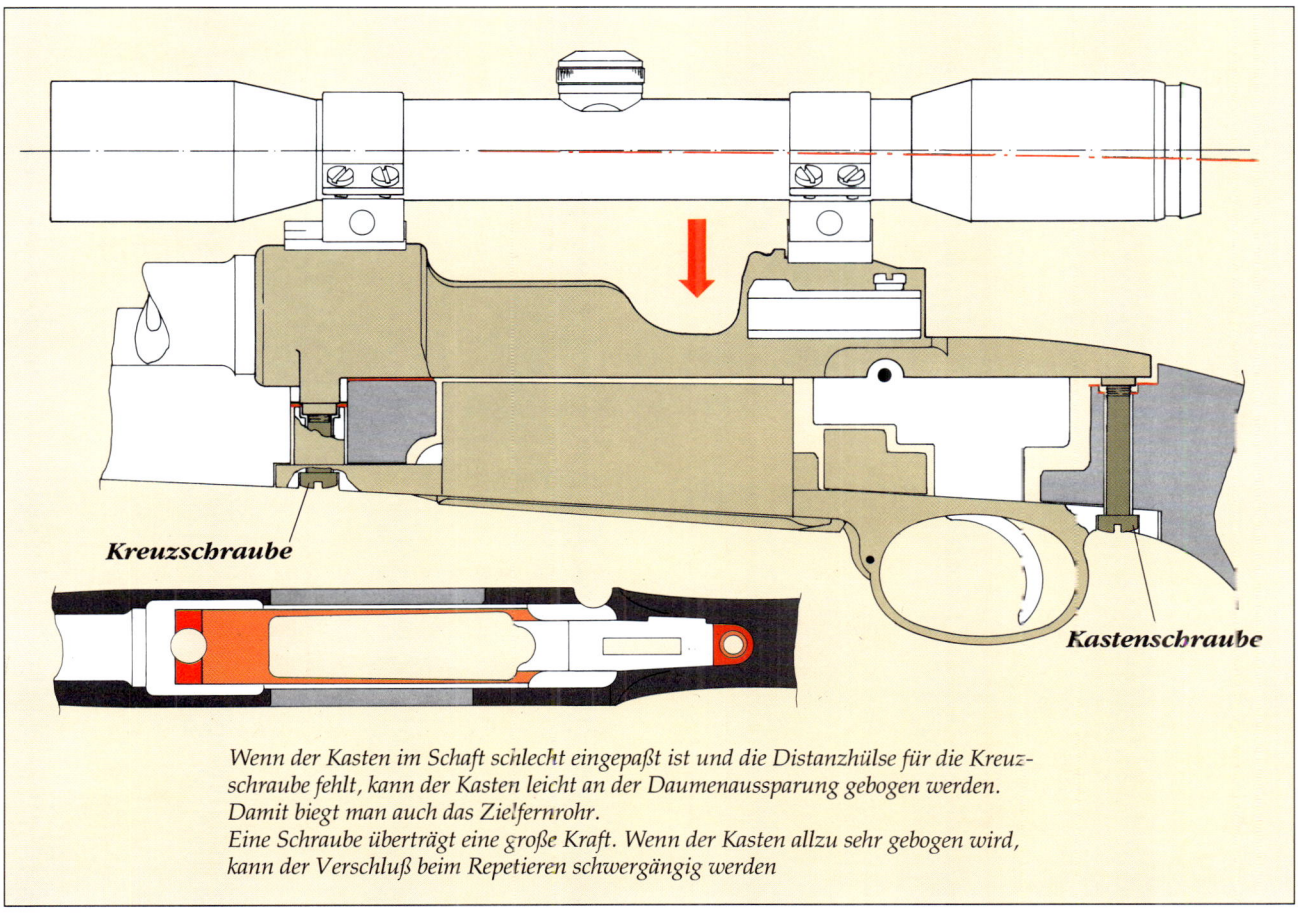

Kreuzschraube

Kastenschraube

Wenn der Kasten im Schaft schlecht eingepaßt ist und die Distanzhülse für die Kreuz-
schraube fehlt, kann der Kasten leicht an der Daumenaussparung gebogen werden.
Damit biegt man auch das Zielfernrohr.
Eine Schraube überträgt eine große Kraft. Wenn der Kasten allzu sehr gebogen wird,
kann der Verschluß beim Repetieren schwergängig werden

bestimmen, wann, wo und wie dies eintrifft. Die Abweichungen scheinen nicht groß zu sein, aber sehr ärgerlich für den, der von der Präzision und dem Einschießen seiner Waffe abhängig ist und sie auch voll ausnutzen will.

Wenn diese Tendenz bei einer Waffe auftritt und wenn alles andere erfolglos kontrolliert wurde, kann ich nur empfehlen, daß man das ganze System in Kunststoff bettet. Wenn das auch nicht hilft, ist es vermutlich höchste Zeit, die Waffe endgültig auszumustern.

Wärmeeinfluß auf freiliegende Läufe

Neben dem Abzug ist wohl das meist diskutierte Phänomen, daß der Lauf gegen den Vorderschaft anliegt, wenn es sich um Schußleistung einer Repetierbüchse handelt. Erzielt man stets große Streukreise, so liegt es selten daran, daß zwischen Lauf und Vorderschaft nur geringfügiger Spielraum ist.

Es gibt keinen Beweis, daß Waffen die besten Streukreise schießen, wenn sie freiliegende Läufe haben. Wenn man die Verhältnisse untersuchen will, muß man es einfach mal ausprobieren. Das bedeutet auch, daß man zwischen Lauf und Vorderschaft variablen Druck ausübt und nach jeder Veränderung probeschießt. Das ist natürlich nicht einfach. Lange, schmale und sehr dünne Läufe in weichen Systemen fordern geradezu eine solche Schäftung, bei der der Lauf gegen den vorderen Teil des Vorderschaftes mit einem Druck von einigen Hektogramm anliegt. Ich kann nur auf die meisten alten Militärwaffen verweisen. Da ist keine Rede von freiliegenden Läufen. Außerdem gibt es oft Stahlbänder rings um Lauf und Vorderschaft, um beide zusammenzuhalten, und diese Waffen haben in der Regel eine extrem gute Präzision.

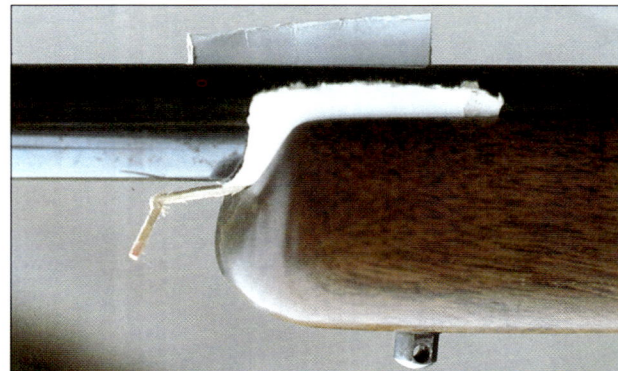

*Ein Stück Pappe und ein Holzsplitter sind zwischen Schaft und
Lauf bei einer 6,5-mm-Büchse festgekeilt*

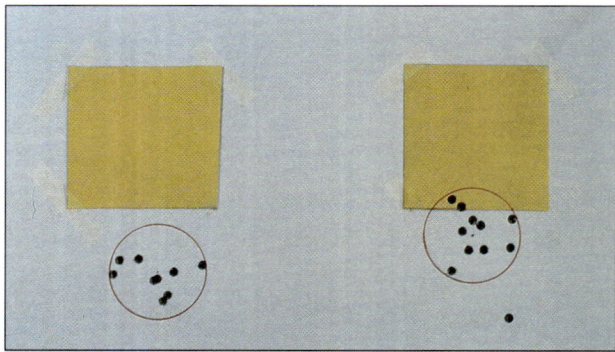

*Das linke Schußbild ist mit ganz freiliegendem Lauf geschossen.
Rechts sieht man das Resultat der Maßnahme, wie im Bild oben
gezeigt.*
*Abgesehen von einem unkontrollierten Schuß (dem dritten) hat
das Schußbild einen normalen Durchmesser. Rechts sitzt es
etwa 4 cm höher, weil der Lauf gezwungenermaßen mit dem
Holzsplitter unter Spannung gesetzt wurde. Alle Schüsse
wurden schnell hintereinander abgegeben, ohne daß der Lauf
abkühlen konnte*

Die Probleme mit dem Laufbett werden meist dadurch verursacht, daß die Schäfte aus zu schnell ge-
trocknetem Holz von nicht allzu hoher Qualität gefertigt und die Läufe nicht sorgfältig genug im Vorderschaft eingepaßt werden. Freiliegende Läufe als einen
Fortschritt anzupreisen, geschieht eigentlich nur sei-
tens der Waffenhersteller, mit dem Ziel, die kostenin-
tensive Handarbeit, die erforderlich ist, um den Lauf
korrekt einzubetten, zu umgehen und billiges Holz
für die Schäfte benutzen zu können. Das bringt mit
sich, daß der Lauf selten ganz symmetrisch gegen den
vorderen Teil des Vorderschafts anliegt und daß sich

der Schaft, wenn er nicht richtig gepflegt ist, bei Luft-
feuchtigkeitsänderung verzieht oder gar quillt, wenn
er der Feuchtigkeit ausgesetzt wird.

Ob etwas mit Lauf oder Vorderschaft nicht in Ordnung ist, zeigt sich beim Warmschießen der Waffe. Es
ist natürlich, daß die Treffpunktlage etwas gegenüber
der Treffpunktlage bei kalter Waffe hinaufklettert. Die
Veränderungen können aber nur aufwärts und/oder
seitlich auftreten, nie abwärts. Das hat verschiedene
Ursachen.

Wenn der Lauf warm wird, erweitert er sich. Wenn
er schon im kalten Zustand zu hart am Schaft oder an
einem Punkt im Boden der Laufrinne oder an einer
von den Seiten anliegt, biegt er sich langsam in der
entgegengesetzten Richtung. Das bedeutet, daß die
Treffer aufwärts klettern werden, wenn er unten anliegt. Wenn er gegen den Schaft auf der linken Seite
anliegt, wandern die Treffer nach rechts, und umgekehrt. Wenn die Waffe wieder kalt wird, geht natürlich der Lauf wieder zur ursprünglichen Lage zurück.

Die Kraft, die gebraucht wird, um die Treffer nur
einige ärgerliche Zentimeter zu versetzen, ist nicht groß.
Bei einem Lauf mit einem Durchmesser von 17 mm an
der Mündung genügt es, mit einer Belastung von
10–20 N unmittelbar vor dem Vorderschaft, die Treffpunktlage auf hundert Meter um über 5 cm zu versetzen. Auch wenn die meisten wissen, daß man den
Lauf nicht direkt auflegen soll, können doch Probleme
beim Treffpunktlageschießen entstehen, wenn der Lauf
so freiliegt, daß man einen Zettel zwischen Lauf und
Vorderschaft hindurchziehen kann. Mit dem Wunsch,
die Waffe beim Probeschießen besonders fest zu halten, hängen sich viele Schützen auf die Waffe, nicht
nur sehr stark, sondern auch mit variierender Kraft. Es
ist kein Problem, wenn man am Anschußtisch sitzt,
den Vorderschaft einer Standardbüchse mit der Hand
so zu biegen, daß er in Kontakt mit dem Lauf kommt.
Natürlich wird der Lauf sich auch ein wenig biegen,
wenn man zu kräftig anfaßt. Ein Spiel von einigen
Zehntelmillimetern zwischen Lauf und Vorderschaft
ist keine Garantie dafür, daß nichts passiert, auch wenn
man die Hand zwischen dem Vorderschaft und der
Unterlage hat. Der Fehler ist, daß viele den Schaft direkt gegen den Anschußtisch lehnen und dann hart
gegen den Schafthals von oben drücken, anstatt die
Waffe fest einzuziehen. Dieses kann ausreichen, um
nie den Streukreis zu bekommen, den man eigentlich
bekommen könnte.

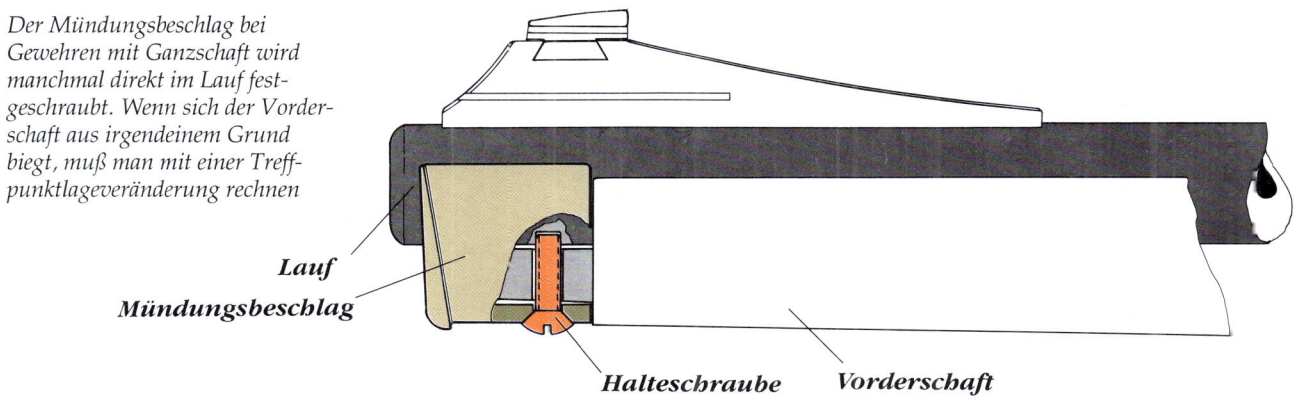

Lauf

Mündungsbeschlag

Halteschraube   **Vorderschaft**

Darauf angesprochen, unter welchen Umständen eine Jagdwaffe hantiert wird, muß ich doch manchmal freiliegende Läufe empfehlen. Dann sollen sie aber richtig freiliegen, so daß nichts passiert, wenn der Schaft quillt oder wenn man auf der Waffe unter Belastung hart aufliegt. Holz ist ein lebendes Material, und man muß damit rechnen, daß, wenn Qualität und Ablagerung nur Standardgüte haben, der Vorderschaft in irgendeine Richtung wandert und den Lauf gegen eine Richtung preßt, auch wenn die Waffe nur an der Wand hängt.

Waffen mit Ganzschaft stellen ein spezielles Problem dar. Es kann sehr schwierig sein, mit ihnen gute Streukreise zu erzielen, besonders wenn der Schaft aus einem Stück gemacht ist. Ganzgeschäftete Stutzen sollen leicht und führig sein, was automatisch bedeutet, daß Lauf und Vorderschaft klein dimensioniert werden. Damit sind sie allerdings gegen äußere Einflüsse empfindlicher.

Der lange und meist sehr dünne Vorderschaft verzieht sich sehr leicht bei wechselnder Feuchtigkeit. Da das Mündungsblech am Lauf befestigt ist, folgt der Lauf unwillkürlich nach und die Treffpunktlage wandert mit. Dasselbe passiert, wenn man mit der Waffe aufgelegt schießt oder wenn die Holzqualität zu schlecht ist.

Rein praktisch hat man bei der Jagd selten größere Probleme deshalb, weil der Schaft am Lauf anliegt. Die Gelegenheiten, den Lauf glühend heiß zu schießen, sind selten, und die Abweichungen, die besprochen wurden, fallen kaum ins Gewicht, wenn es sich um Wild ab Rehstärke und größer handelt.

Eine gute Idee ist, die Waffe, die nach dem Einschießen kalt wurde, wieder warmzuschießen. Danach hat man nur die beiden Treffbilder zu vergleichen. Man sieht dann, in welche Richtung die Ausdehnung geht, und kann erforderliche Maßnahmen treffen. Man soll bedenken, daß der Wärmeflimmer (Mirage) über einem heißen Lauf leicht Scheinbilder von der Lage zwischen Visierung und Haltepunkt gibt. Man bekommt dieselben Brechungsfehler wie bei einer Luftspiegelung, und ein Zielfehler ist schnell gemacht.

Ein anderes Phänomen entsteht, wenn Lauf und Vorderschaft hart aneinander anliegen. Wenn die Waffe mit einem Hochschuß von einigen Zentimetern eingeschossen ist, kann der ganze Hochschuß verschwinden, wenn der Vorderschaft sich wegen Feuchtigkeit oder Trockenheit nach unten biegen sollte. Die Waffe kann also bei der berechneten Fleckschußentfernung viel zu tief schießen.

Das umgekehrte Verhältnis hat bei der Jagd weniger Bedeutung. Wenn der Schaft sich nach oben biegen sollte, bekommt die Waffe einen größeren Hochschuß, und sie hat Fleckschuß auf einer größeren Entfernung, als man geglaubt hat. Bei kürzeren Entfernungen, wo der Hochschuß am größten ist, können also die Schüsse den Rücken des Wildes treffen oder oben vorbeigehen. Vom jagdlichen Gesichtspunkt betrachtet, ist dies tatsächlich günstiger als zu tiefe Schüsse.

Man sollte deshalb das Verhältnis Lauf und Vorderschaft zu verschiedenen Jahreszeiten überprüfen. Wenn der Vorderschaft wandert, wie er will – ja, dann nehme auch ich die Raspel und lege den Lauf frei.

Praktisches Jagdschießen

Gewisse Menschen scheinen ihre Schießfertigkeit mit der Muttermilch bekommen zu haben. Andere müssen viel Mühe aufbringen, um bei der normalen Jagdausübung einen angemessenen Standard zu erreichen.

Es sieht so einfach aus, wenn routinierte Schützen agieren. Keine unnötige Bewegung, viel Zeit, und alles läuft so natürlich ab. Ungeübte Schützen oder gar Anfänger erleben oft unangenehme Überraschungen, schon beim Übungsschießen. Besonders mit der Flinte merken sie, wie anstrengend es ist und daß es u. U. auch schmerzhaft sein kann. Schießergebnisse sind aber beeinflußbar, und das reine physische Unbehagen kann eliminiert werden.

Schießen ist zum großen Teil eine psychische Herausforderung, da Koordinierungsvermögen, Motorik und Wille von enormer Bedeutung für erfolgreiches Schießen sind. Man kann aber davon ausgehen, daß alle, auch die tüchtigsten Schützen, irgendwann hiermit Probleme hatten. Dessen sollte man sich immer bewußt sein und sich selbst keinem Leistungsdruck unterwerfen, auch auf die Gefahr hin, daß Ergebnisverbesserungen sich nicht so schnell zeigen, wie man es sich wünscht.

Natürlich kann man den Begriff „Schießen lernen" unterschiedlich bewerten. Im allgemeinen handelt es sich darum, zu lernen, wie die Waffe geladen und abgefeuert wird und wie man mit einer Waffe zielt. Dieser Auffassung sind wohl die meisten, auch die, die in Wirklichkeit noch keinen Schuß abgefeuert haben.

Schießfähigkeit ist aber vor allem das Vermögen, das zu treffen, worauf man zielt. Sie fordert aber noch andere Fertigkeiten, aber auch hier gibt es natürlich beträchtliche Differenzen unter praktizierenden Jägern und Schützen. Welche Stufe ein Jäger erreicht, hängt zum Teil davon ab, wie groß sein Ehrgeiz und seine Bedürfnisse sind. Persönliche Veranlagung und Geschicklichkeit beeinflussen das Ergebnis der Übungen.

Es ist nicht so schwer, mit einer Büchse auf ein ruhendes Ziel zu schießen. Der Schütze sieht die ganze Zeit das Absehen oder Visier auf dem Ziel und kann deswegen fortdauernd den Haltepunkt mit bewußten Bewegungen korrigieren. In der Regel hat man für einen Kugelschuß ziemlich viel Zeit. Auch wenn die Abzugstechnik nicht besonders gut ist, kann trotzdem fast jeder mit ein bißchen Übung und etwas Handhabungskenntnis, wie eine Büchse abgefeuert wird, sein Wild in einer waidgerechten Weise treffen, falls die Entfernung nicht zu groß ist.

*Jagdpraktisches Schießen vollzieht sich
jenseits jeglicher Routine und bietet
immer wieder Überraschungen*

Flüchtiges Schießen mit der Flinte ist bedeutend schwieriger. Ein gewöhnlicher einfacher Seitenschuß auf einen vorbeistreichenden Vogel erfordert auf einer geschätzten Entfernung unter Berücksichtigung der Geschwindigkeit des Vogels zu entscheiden, welches Vorhaltemaß nötig ist, um treffen zu können. Genau wie beim Schießen mit der Büchse ist es unser Gesichtssinn, der diese Information an unsere Muskeln weiterleitet. Das Problem ist nur, daß es in sehr kurzer Zeit geschehen muß und daß die Flinte keine eigentlichen Visiereinrichtungen hat.

Eine Möglichkeit, wie beim Büchsenschießen beurteilen zu können, wie richtig oder falsch der Haltepunkt ist, und aufgrund ausreichender Zeit mehrere Korrekturen vorzunehmen, gibt es nicht.

Eine gewöhnliche Stockente fliegt ohne weiteres mit einer Geschwindigkeit von 15–20 m/s, was auf einer Entfernung von 30 m ein theoretisches Vorhalten von 3–4 m bedeutet. Der wirksamste Teil der Schrotgarbe ist im besten Fall 75–80 cm. Das gibt eine Marge für seitliche Zielfehler von 35–40 cm.

Es ist selbstverständlich, daß es fast unmöglich ist, bewußt zu versuchen, das Vorhalten zu veranschlagen, da man weder die Geschwindigkeit noch die Entfernung mit genügender Genauigkeit bestimmen kann. Während der praktischen Jagd ist es außerdem so, daß das Wild selten genau rechtwinklig vorbeistreicht, was die Gleichung noch mehr kompliziert.

Auf Wild am Boden kann man natürlich mit Hilfe von Daumenregeln einigermaßen gut schießen, wenn das Wild sich nicht extrem schnell bewegt. Ein Gegenschuß wird auf die Vorderläufe des Hasen gerichtet, bei Seitenschüssen hält man eine Hasenlänge vor usw. Auf dem Skeet-Stand kann man auf diese Weise ein gewisses Trefferpotential erlangen, da Geschwindigkeit und Flugrichtung der Tontaube immer konstant sind.

Jetzt sollten wir aber waidgerechtes Schießen behandeln, und da sind die Voraussetzungen völlig anders und außerdem für den Schützen unbekannt, bis er das Wild entdeckt. Der Schuß muß oftmals ohne nachzudenken abgegeben werden, was ein reflexmäßiges Schießen erfordert.

Jagd mit Flinten

Natürliches Lernen

Reflexmäßiges Schießen mit hoher Trefferquote ist etwas, was man sich nicht ohne Übung aneignen kann, auch nicht durch Schaftanpassung oder dadurch, daß man die Flinte mit irgendeiner Form von Visiereinrichtung versieht. Es erfordert ein Lernen, das im Grunde allem anderen motorischen Verhalten im Leben ähnlich ist. Etwas anderes zu glauben ist nicht richtig. Wer lernen will, effektiv zu schießen, muß verstehen, wie unsere Sinne und Muskeln sich das motorische Verhalten aneignen, und sein Training danach ausrichten.

Effektives Lernen bedarf der Motivation. Ein kleines Beispiel vom Lernen, wie aufgrund von Motivation Motorik entwickelt wird, kann das folgende sein:

Jemand zieht in ein Haus, in dem eine der Türen niedriger ist als die anderen. Außerdem ist er selbst größer als diese Tür und muß oft durch sie hindurch. Anfangs ist er sich der Tatsache bewußt und bückt sich natürlich beim Durchgang. Früher oder später verliert er seine Konzentration und schlägt mit dem Kopf gegen den Türrahmen. Wahrscheinlich wird sich dieses einige Male wiederholen. Zuletzt aber passiert er die Tür unbehindert, ohne daran zu denken, daß sie so niedrig ist, unabhängig davon, in welchem Gemüts- oder Streßzustand er sich befindet. Was ist da passiert? Die Sinneswahrnehmung, d. h. der Schmerz, gibt eine starke Motivation, sich zu ducken, wenn die Tür passiert werden soll. Dies geschieht irgendwann völlig unbewußt. Sicherlich kann der Leser selbst eine Menge solcher Beispiele finden. Es ist direkt auf das Übungsschießen übertragbar, um effektiv schießen zu lernen.

Das Bedürfnis nach Feedback

Damit wir uns ein motorisches oder automatisches Verhalten aneignen können, ist es erforderlich, daß unsere Muskeln vom Gehirn eine Information bekommen, ob sie richtig oder falsch gehandelt haben. Wenn es sich um Flintenschießen handelt, gibt natürlich der Gesichts-

Der Vogel ist getroffen, der Schuß sitzt aber links hoch. Das Resultat ist entsprechend. Jetzt gilt es, mit dem zweiten Schuß genau zu sein

sinn diese Meldung. Wenn man als unroutinierter Schütze z. B. Tontauben gegen einen völlig offenen Himmel schießt, gibt es nichts, das darauf hinweist, welchen Fehler man gemacht hat, wenn man vorbeischießt. Lag der Schuß hinten oder vorne, zu hoch oder zu tief? Wer keine eingeübte Motorik hat, kann dies nie mit Sicherheit entscheiden. Das einzige, was man tun kann, ist zu experimentieren. Man versucht mehr oder weniger mitzuschwingen, richtet tiefer oder höher, bis man trifft. Dann bekommt man ein „Feedback", d. h. eine Bestätigung, welches Ergebnis die Muskelarbeit geliefert hat.

Jedoch ist es mit einigen einzelnen Treffern nicht getan, um eine sichere Motorik zu bekommen. Man braucht eine ganze Menge davon, damit Sinne und Muskeln automatisch korrekt zusammenwirken, aber dann auch nur in genau dieser beschriebenen Situation.

Wenn man statt des offenen Himmels einen Hintergrund gehabt hätte, an dem man unmittelbar das Resultat seiner Aktion hätte sehen können, wäre die Lernsituation bei entsprechender Motivation eine andere.

Unabhängig davon, ob man es wünscht oder nicht, registriert man mit dem Gesichtssinn, was im Augen-

Eine gewöhnliche Plastiktüte auf einem Sandwall als Ziel gibt alle Informationen, die man braucht. Man sieht sofort, wo der Schuß liegt

Flüchtiges Schießen gegen einen leeren Hintergrund gibt kein „Feedback". Ein Wasserspiegel ergibt sofort „Feedback"

blick der Schußabgabe passiert. Außerdem wird das visuelle Ergebnis sehr bewußt. Wenn man sieht, daß der Schuß hinter die Taube ging, so versteht man sofort, daß man das Vorhaltemaß vergrößern muß, um zu treffen.

Jagdpraxis bedeutet allerdings, daß kein Schuß dem anderen gleicht. Das heißt, daß man seine Muskeln darauf vorbereiten muß, in den verschiedensten Situationen richtig zu agieren, also Erfahrungen zu sammeln.

In der Praxis läuft die Umsetzung gesammelter Erfahrung etwa folgendermaßen ab: Besitzt man ein gewisses erlerntes motorisches Verhalten irgendeiner Art, so erscheinen in einer ähnlichen Situation die Erinnerungsbilder vergleichbarer Situationen, und der Körper versucht automatisch, die Verhaltensweisen anzuwenden, die der neuen Situation am meisten gerecht werden. Hat man z. B. gelernt, verhältnismäßig schnelle Ziele sicher zu treffen, so registriert man automatisch, daß man bei einem langsameren Ziel das Vorhalten vermindern muß.

Hat man sich erst einmal ein bestimmtes Repertoire von Verhaltensweisen angeeignet , wird das Lerntempo schneller, da das Beispielmaterial in den Erinne-

rungsbildern zuletzt eine fast unbegrenzte Menge von Kombinationen ergibt. Aber es ist zunächst erforderlich, über die erste Schwelle des Lernens hinwegzukommen.

Schießübungen für die Jagd müssen also aus Trainingsformen bestehen, die zunächst eine sichere Kontrolle über die Waffe vermitteln, so daß man einigermaßen automatisch den Schuß dort anbringen kann, wo man will. Danach wird die Übung damit fortgesetzt, auf variierend schnelle und langsame Ziele zu schießen, und das unter Verhältnissen, die dazu zwingen, instinktiv anstatt bewußt zu agieren. Ziel aller Übungen sollte es sein, daß man versucht, seine Schießfertigkeit so zu steigern, daß man immer sein „Feedback" bekommt.

Man soll sich auf seine Intuition verlassen

Um etwas schnell zu lernen, zu dessen Gelingen motorisches Verhalten erforderlich ist, braucht man Übung und Motivation. Grundsätzlich sollte eigentlich der Wunsch, erfolgreich zu jagen, ein ausreichender Grund für den Jäger sein, fleißig zu trainieren. Komischerweise ist hiervon nicht viel zu merken, vielleicht deshalb nicht, weil die Schießkunst für viele eine so empfindliche, persönliche Sache ist. Als Jäger soll man ja ein guter Schütze sein, um das Wild nicht unnötigerweise krankzuschießen. Das ist der äußere ethische Teil. Dann gibt es da noch ein unausgesprochenes Prestige unter den Jägern. Keiner will „Schlumpschütze" genannt werden oder den Ruf haben, für das Wild ungefährlich zu sein. Oft sind aber Notwendigkeit und Wunsch weit von der Wirklichkeit entfernt, wenn es ums Schießen geht.

Das Problem ist, daß der schlecht trainierte Schütze, der einen öffentlichen Schießstand aufsucht, gezwungen ist, seine mangelnde Geschicklichkeit öffentlich zu zeigen. Es ist natürlich unbehaglich, eine Tontaube nach der anderen vorbeizuschießen, besonders wenn alle wissen, daß man Jäger ist, der nach Möglichkeit auch auf Wild schießt und eigentlich akzeptabel schießen können müßte. Es fällt natürlich erheblich leichter, das Schießtraining sein zu lassen und sich statt dessen einzureden, daß man beim Schießen auf Wild vorsichtig ist, d. h. versucht, urteilsfähig zu sein und nur in den richtigen Situationen zu schießen. Außerdem ist es leicht, Fehlschüsse auf der Jagd durch eine lebhafte Beschreibung vom extremen Schwierigkeitsgrad des Schusses, den äußeren Umständen usw. zu entschuldigen, vorausgesetzt, daß man auf dem Stand alleine war.

Bei Treibjagden und anderen Gesellschaftsjagden stehen die Schützen oft so, daß sie einander sehen, und dann ist die Situation eine andere. Aber auch hier gibt es eine ganze Reihe von guten Ausreden, die man gebrauchen kann, um schlechte Schüsse zu begründen. Es können Schaftprobleme sein, man ist an seine Kleidung nicht gewöhnt oder hat nicht die richtige Waffe gewählt, weil man nicht informiert wurde, wie die Jagd betrieben werden sollte usw.

Wegen eines verbreiteten, übertriebenen Glaubens beispielsweise an die Bedeutung des Schaftes für das Trefferergebnis fällt es tatsächlich nicht schwer, andere zu überzeugen, daß das schlechte Schießen nur rein zufällig und keineswegs normal ist.

Leider beeinflußt dies das Selbstvertrauen des Schützen enorm. Das verdrängte Wissen, daß man kein besonders guter Schütze ist, kombiniert mit einer Abneigung, öffentliche Schießstände zu besuchen, und dem dringenden Wunsch, perfekt zu sein, kann sich auf das Selbstvertrauen verheerend auswirken. Nach meinen Erfahrungen sind es genau diese Jäger, die am starrköpfigsten sind, wenn es darum geht, den Schaft sehr genau persönlich anpassen zu lassen. Sie pflegen auch alles über Chokebohrungen, Munitionsqualitäten und Schrotstärken zu wissen und beschäftigen sich viel damit. Das Problem, ein besserer Schrotschütze zu werden, ist also psychischer Natur. Wenn man sich selbst überwindet und seine eigene Schwäche erkennt, ist viel gewonnen. Tatsache ist, daß alle guten Schützen einmal schlecht und außerdem Anfänger waren. Das sollte man nicht vergessen. Außerdem geht keiner zu einem Schießstand, um mit dem Finger auf die zu zeigen, die nicht gut schießen können. Eher ist es so, daß tüchtige Schützen gerne ihre Kenntnisse weitergeben. Das einzige, was man machen muß, ist, zu sagen: „Ich kann dies oder jenes nicht so gut. Wollen Sie mir bitte sagen, welche Fehler ich mache?"

Wenn man allerdings lieber die Haltung einnimmt, daß etwas bei der Waffe fehlerhaft ist und nicht bei sich selbst, dann ist es problematisch. Ein geübter Schütze sieht sowieso sofort, ob man Fortgeschrittener oder Anfänger ist. Deswegen ist es am besten, vom persönlichen Prestige abzusehen und lieber um Hilfe zu bitten. Ich versichere, daß man gut betreut wird und außerdem getröstet, wenn es am Anfang nicht allzu gut geht. Man soll lernen, die Fehlschüsse zu vergessen und statt dessen das Gefühl und das visuelle Bild, das der Treffer hinterlassen hat, zu verinnerlichen. Man verlasse sich auf seinen Instinkt. Er ist der erfolgreichste Lehrer, wenn man nur nicht versucht, sich mit be-

Wenn alle zusehen, ist es noch unangenehmer, einen günstig streichenden Vogel zu fehlen

wußten Maßnahmen zu blockieren. Man soll also sich selbst und anderen nicht einreden, daß man ein besserer Schütze ist, als man eigentlich ist.

Nehmen wir zum Beispiel die ersten Versuche eines Kindes, radzufahren. Es kann ja nichts von den Theorien über Gleichgewicht und Gyrostabilisierung wissen, auch nicht, wie es den Körper in die Kurven legen muß, um das Gleichgewicht nicht zu verlieren.

Wenn das Fahrrad zu groß sein sollte, ist das kein Problem. Das Kind wird diesen Nachteil nicht erkennen und kein Problem zu überwinden haben. Vielleicht braucht es ein wenig mehr Zeit zum Lernen. Das Kind hat aber keine Vorstellung davon, was normal ist, sondern trainiert unverdrossen weiter, bis es ihm gelingt, das durchzuführen, was es sich vorgenommen hat.

Die Motivation ist natürlich sehr groß, wenn die Kameraden schon radfahren können und ganz flott dem, der die Kunst nicht beherrscht, davonfahren. Der Mangel des Kindes an negativem Prestigedenken bewirkt, daß es schnell lernt. Das Ansehen liegt nicht nur darin, daß man erwiesenermaßen etwas kann und man verliert es nicht dadurch, daß man seine Unfähigkeit während des Lernstadiums zeigen muß. Mit einer solchen Einstellung verringert man die Lernzeit sicherlich bedeutend. Auch wenn das Gewehr nicht genau wie ein Handschuh paßt.

Der Maßschaft

Vielleicht habe ich den Eindruck erweckt, daß die Anpassung des Schaftes einer Flinte für das Schießergebnis völlig bedeutungslos ist. So ist es natürlich nicht, man muß aber verstehen, wie der Schaft das Ergebnis des Schützen in unterschiedlichen Situationen beeinflußt.

Abhängig davon, daß die Schaftmaße in hohem Grad von Technik, Stil und Körperkonstitution eines erfahrenen Schützen beeinflußt werden, kann man keine schnellen Fortschritte mit kleinen Schaftjustierungen erzielen, wenn man nicht schon über eine gute Anschlags- und Abzugstechnik verfügt.

Das ist natürlich für ungeübte Schützen ein Dilemma. Wenn man blind glaubt, daß die Schaftmaße fehlerhaft sind, ist es schwer, seine eigenen Fehler zu erkennen und zu korrigieren. Man landet in einem Teufelskreis und versucht mit allen Mitteln, „die richtige Waffe" zu finden, oder unternimmt eine unnötige

Personen kleinerer Statur haben es anfangs oft schwer. Meistens sind sie darauf angewiesen, Waffen für „Ausgewachsene" zu benutzen. Soll ihr Interesse anhalten, sind Gewehre erforderlich, die dem Schützen einigermaßen passen

Schaftveränderung nach der anderen, ohne etwas zu erreichen. Außerdem ist es schwierig, um nicht zu sagen unmöglich, Flüchtigschießen rein theoretisch zu erlernen. Es geht ja darum, sich ein motorisches und reflexmäßiges Agieren anzueignen, und das muß eingeübt werden. Was man sich theoretisch aneignen kann, ist höchstens das Verständnis für verschiedene Zusammenhänge zwischen visuellen Eindrücken und Bewegungsmustern, und welche Methoden gut sein können, um so schnell wie möglich seine Ergebnisse zu verbessern.

Die meisten beginnen mit dem Schießen ohne größere Vorbereitungen und mit einer ganz persönlichen Erwartung. Natürlich hat man gehört oder gelesen, daß die Schaftmaße für das Gelingen sehr wichtig sind, wie auch Mitschwingen und Vorhalten.

Es ist nun einmal so, daß viele geübte Schützen nur vage Vorstellungen haben, wie die Schaftmaße die Treffpunktlage und damit die Schießergebnisse beeinflussen. Folglich kann man nicht verlangen, daß der Anfänger oder wenig routinierte Schütze verstehen oder beurteilen kann, wie der Schaft aussehen sollte, der ihm liegt.

Schaftanpassung ist keine Naturwissenschaft, und anfangs muß man sich damit abfinden, daß eine Wechselwirkung zwischen Schießtraining und Schaftjustierungen erforderlich ist, bis der Schütze sicher ist, daß er die Waffe nach seinen physischen Voraussetzungen richtig führt. Deswegen gibt es keinen Grund, von Anfang an alles zu komplizieren. Für die meisten Schützen ist alles Theoretisieren über die Zündverzugszeit, schnelle oder langsame Patronen usw. ohne eigentlichen Wert, und es streßt, über so etwas nachzudenken. Ich wage auch zu behaupten, daß die Chokebohrung für einen Anfänger unerheblich ist. Wenn man nicht weiß, was der Unterschied zwischen Zylinderbohrung und Vollchoke aus schießtechnischem Gesichtspunkt bedeutet und darüber nicht aufgeklärt wird, leidet man nicht besonders darunter.

Es gibt vier wichtige Dinge, an die man als Anfänger denken soll:
– Die Waffe soll bei normalem Anschlag ungehindert zur Schulter gleiten.
– Es darf beim Schießen nicht allzu weh tun, damit der Schütze nicht flintenscheu wird.
– Der Schütze muß psychisch offen sein und sich bei dem, was er tut, stark engagieren.

– Wohin der Schuß trifft, muß im Schußaugenblick sichtbar sein, auch wenn der Schütze am Ziel vorbeischießt.

Die Schaftlänge

Wenn wir diese Punkte in angegebener Reihenfolge behandeln, kommen wir zuerst zur Schaftlänge, die vielleicht korrigiert werden muß.

Was ist denn eine richtige Schaftlänge? Für normalgewachsene Männer beträgt die vorherrschende Standardlänge ca. 365 mm vom Abzug (bei Waffen mit zwei Abzügen vom vorderen) zur Mitte der Schaftkappe.

Übung macht den Meister. Der Lehrer muß einen Blick für die Fähigkeiten seines Schülers haben

Nicht alle Menschen sind gleicher Statur, und außerdem müssen spezielle Bedingungen bei Frauen und Jugendlichen berücksichtigt werden. Das schwierigste Schaftproblem ist aber eine fehlerhafte Anschlagtechnik. Um also anfangs einigermaßen richtige Schaftmaße zu bekommen, muß man sich auf die erfahrungsgemäße Norm verlassen.

In der Tabelle findet man Angaben über die ungefähre Schaftlänge. Die Armlänge soll von der Achselhöhle zu den ausgestreckten Fingerspitzen gemessen werden, wenn man den Arm gerade ausgestreckt hält.

Armlänge	Schaftlänge
cm	mm
72	350
73	355
74	360
75	365
76	370
77	375
78	380
79	385
80	390

Eventuell können die Maße ± 0,5 cm variieren, abhängig von der Körperkonstitution. Waffen mit englischem Schaft können ein paar Zentimeter länger sein, als die Tabelle angibt.

Wenn der Schaft die richtige Länge hat, bleibt die Mündung während der ganzen Anschlagsbewegung am Ziel

Natürlich dürfen die Maße in dieser Tabelle nicht zu penibel benutzt werden, da Unterschiede im Körpergewicht und andere physische Ungleichheiten einen gewissen Einfluß haben. Bei einer Armlänge zwischen 75–80 cm kann man von der Tabelle ablesen, daß ein Standardschaft einige Zentimeter verlängert werden muß. Das wird bewerkstelligt, indem man ihn mit einigen Pappscheiben hinten verlängert, bis er paßt, und die Scheiben mit Klebeband befestigt.

Wenn der Schaft gekürzt werden soll, muß man vorsichtiger vorgehen. Nimmt man zuviel weg, entstehen Kosten, um den Irrtum zu korrigieren. Zudem wird das Aussehen des Schaftes beeinträchtigt, da die Fuge, auch nach einer sehr gut gemachten Arbeit, immer erkennbar bleibt.

Bei einer Armlänge kürzer als 70 cm muß man damit beginnen, den Schaft auf eine Länge von ca. 350–355 mm zu kürzen. Die Stärke der Schaftkappe soll bei der Messung mit einbezogen werden. Wenn man eine Armlänge von 70 cm oder mehr hat, sollte man den Schaft etwa gut 1/2 cm länger machen, als die Tabelle zeigt.

Nach der Kürzung kann man die Kanten mit einer Feile ein bißchen abrunden. Wenn man schließlich weiß, welche Schaftlänge man haben will, und die Schaftkappe montiert werden soll, muß der Schaft ja wieder um die Stärke der Schaftkappe gekürzt werden. Dann verschwinden automatisch die abgerundeten Kanten, und der Schaft wird wieder schön. Bei der Prüfung der Länge kann es vorteilhaft sein, die Schnittfläche mit Klebeband zu schützen. Einerseits splittert der Schaft dann nicht, andererseits vermeidet man, daß zuviel Feuchtigkeit in die Holzfaser eindringt.

Ein zu langer Schaft schlägt, und es wird dem Schützen immer schwerfallen, gut anzuschlagen. Wenn der Schaft zu kurz ist, ist es einfacher, ihn zu handhaben, aber für einen ungeübten Schützen anstrengend, immer daran denken zu müssen, den Schaft fest einzuziehen.

Kleine Differenzen bei der Schaftlänge können dadurch kompensiert werden, daß die Laufhand näher oder weiter vom Abzugsbügel versetzt wird. Das ist auch eine brauchbare Methode, wenn man mit einer Leihwaffe schießt. Wenn der Schaft zu kurz ist, schiebt man die Hand nach vorne, wenn er zu lang ist, nimmt man den Griff um den Vorderschaft länger nach hinten, bis der Anschlag natürlich wird.

Man muß sich in diesem Zusammenhang darüber im klaren sein, daß die Veränderung des Schaftmaßes bei einer Flinte bedeutet, daß sich die Treffpunktlage, besonders wenn es sich um die Schaftlänge handelt, sowohl in der Höhe als auch seitlich verändern kann.

Sobald die Schaftlänge grob justiert ist, ist es Zeit, die Anschlagstechnik zu kontrollieren. Das wichtigste ist eine gute Ausgangsstellung. Anstatt zu versuchen, dieses mit vielen Worten zu beschreiben, verweise ich auf Bildmaterial und Bildtexte.

Wenn die Waffe schlägt

Es kann weh tun, mit einer Flinte zu schießen. Der Rückstoß liegt in der Größenordnung eines großkalibrigen Stutzen, und deshalb kommt es darauf an, die Waffe wirklich festzuhalten.

Es soll nicht weh tun zu schießen, weil man dann flintenscheu wird; auch wenn man selbst meint, daß es nicht so gefährlich sei, reagieren doch die Sinne unbewußt mit Abwehr.

Es sind hauptsächlich die Schulter, der Oberarm und der Wangenknochen, die „mißhandelt" werden. Außerdem erhält der Mittelfinger vom Abzugsbügel eine Tracht Prügel, wenn man die Waffe nicht richtig einzieht.

Die Schulter schützt man am einfachsten dadurch, indem man die Schießjacke oder das Hemd innen mit Neoprengummi polstert. Es ist dasselbe Material, das

Der Rückstoß einer Flinte kann lästig sein. Wenn man falsch anschlägt, tut es beim Schuß weh

Der Schaft fest gegen die Schulter und das Jochbein gegen den Schaftrücken gerückt. Das sind Voraussetzungen für ein schmerzloses Schießen

die Windsurfer in ihren Anzügen haben. Man braucht Geschick, eventuell auch ein wenig Hilfe, um das Stück so zu schneiden, daß es die gefährdeten Körperteile schützt, ohne das Bewegungsvermögen zu behindern. Mit Klettenbändern oder ähnlichem wird es befestigt.

Der Wangenknochen wird geschützt, indem man darauf achtet, daß die Waffe, bevor man abfeuert, richtigen Kontakt mit ihm hat. Den Mittelfinger zu schützen ist einfacher. Ein Stück gewöhnliches Pflaster, Wundtape, Isolierband oder ähnliches hilft als vorbeugender Schutz. Man soll nicht warten, bis der Finger schon blutig geschlagen ist.

Der Kummer mit dem Rückstoß der Waffe pflegt von selbst zu verschwinden, wenn man genug Schießtraining hat. Ich will aber doch noch einige Zeilen über dieses Thema schreiben. Frauen haben nicht dieselbe Muskulatur der Schulterpartie wie Männer. Außerdem liegt das Schlüsselbein bei ihnen oft mehr oberflächlich und ungeschützt, und sie haben auch eine mehr oder weniger umfangreiche Brust, die hinderlich sein kann.

Eine gepolsterte Schießweste, mit einem Stück Neoprengummi an der Schulterpartie verstärkt, schützt gegen Rückstoß beim intensiven Übungsschießen

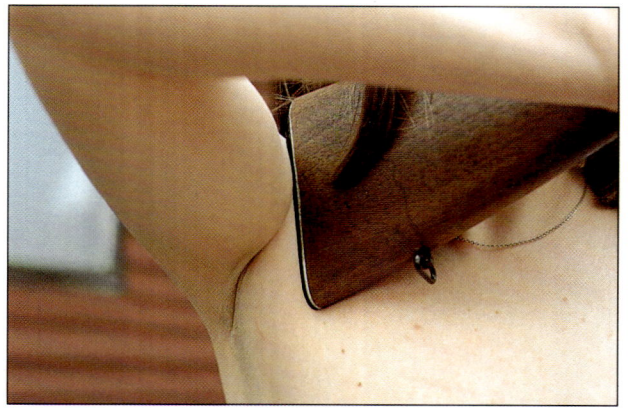

Bei nachlässigen Anschlägen oder wenn der Schaft nicht paßt, landet oft die Schaftnase auf dem oberen Teil der Brust. Das kann der Grund dafür sein, daß viele Frauen, wenn sie bei den ersten Versuchen einen kräftigen Schlag bekommen, nicht mehr schießen wollen

Es ist völlig klar, daß der obere Teil einer Frauenbrust der ungeeignetste Körperteil ist, den Rückstoß einer Flinte aufzunehmen. Leider ist es genau die Stelle, wo der untere Teil der Schaftkappe bei einem feh-

lerhaften Anschlag landet. Ein paar tüchtige Schläge an dieser Stelle können der begeisterten weiblichen Jägerin das Interesse fürs Übungsschießen restlos verleiden, besonders während der warmen Jahreszeit, wenn sie luftiger gekleidet ist.

Frauen, die ungeübte Schützen oder reine Anfänger sind und mit dem Rückstoß Schwierigkeiten haben, rate ich: Meiden Sie einen BH mit großen Metallschnallen an den Achselbändern; es lohnt sich, eine gepolsterte Schießweste anzuschaffen, die über dem Oberkörper eng anliegt und die Brust über den Brustkasten verteilt. Sie erfüllt zwei Funktionen. Teils vermindert sie das Risiko, unnötige Rückschläge zu bekommen, teils erleichtert sie den Anschlag, wenn die Brust im Verhältnis zum Körperbau und der Armlänge groß sein sollte. Eine weiche Gummischaftkappe ist vorteilhaft. Übrigens ist eine Schießweste mit einem Stück Neoprengummi innerhalb der Schulterpartie auch für Männer außerordentlich sinnvoll.

Leider ist es oft so, daß Frauen und Jugendliche am Anfang mit Waffen schießen müssen, die erwachsenen Männern gehören. Die Schäfte sind dann in der Regel zu lang, was sehr negativ ist, nicht zuletzt, wenn es darum geht, den Rückstoß schmerzlos aufzunehmen und den Anschlag zu erleichtern.

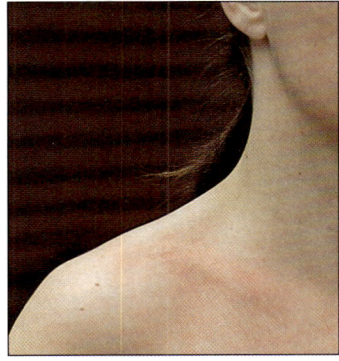 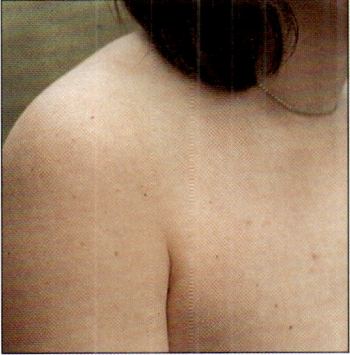

Da der Körperbau der Frauen sich von dem der Männer unterscheidet, empfiehlt sich Schutzkleidung beim Schießen. Natürlich gibt es zudem erhebliche Unterschiede im Körperbau verschiedener Frauen. Das linke Bild zeigt ein ausgeprägteres Schlüsselbein und eine empfindlichere Schulter als das rechte

 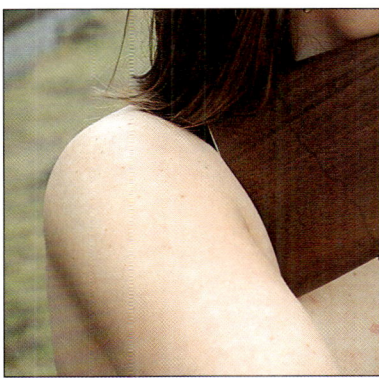

Unterschiede im Körperbau bewirken, daß der Kontakt zwischen dem Schaft und dem Körper auch bei gleichem Anschlag verschieden wird. Beide Schützen halten den Ellenbogen zu tief. Es ist aber deutlich zu sehen, daß der Schütze auf dem linken Bild den Rückstoß bedeutend mehr fühlen wird als der Schütze auf dem rechten Bild. Die Motivation, seinen Anschlag zu verbessern, wird natürlich größer, wenn Schießen mit Schmerzen verbunden ist

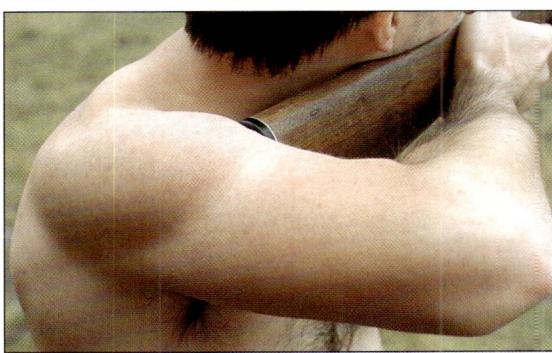 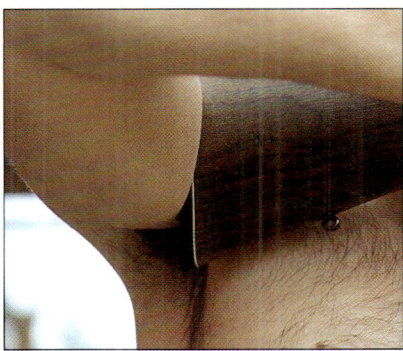

Auch Männer können kräftig vom Schaft geschlagen werden, wenn der Anschlag fehlerhaft ist oder der Schaft schlecht paßt. Meistens wird der Rückstoß außerhalb der Schultermuskulatur aufgenommen. Zwischen Bizeps und den Muskeln liegt der Knochen, und dort fühlt man den Rückstoß stark

Ein rücksichtsvoller Gatte, Verlobter oder Vater läßt eine seiner Flinten kürzen und besorgt ein paar längere Schrauben zur Schaftkappe, so daß das abgesägte Stück wieder montiert werden kann, wenn er selbst mit der Waffe schießen will. Es ist möglich, eine solche Anordnung ansehnlich zu gestalten, und die Waffe kann für mehrere Personen mit variierender Länge ohne größere Kosten angepaßt werden.

Um die richtigen, passenden Schaftmaße zu ermitteln, muß man schießen. Außerdem muß man wissen, daß die Möglichkeiten, den Schaft bei einer Standardwaffe zu verändern, begrenzt sind, wenn man nicht bereit ist, umfassende Eingriffe vorzunehmen oder sogar einen neuen Schaft anfertigen zu lassen.

Meiner Meinung nach lohnt es sich für gewöhnliche Jäger nicht, zu viel zu unternehmen, um Schäfte zu verändern. Wer kein tüchtiger Schütze ist, wird auch durch einen Maßschaft nicht besser. Man halte sich vor Augen, daß ein guter Schütze ohne weiteres mehr als 90 Trefferprozente mit einem fehlerhaften Schaft schießen kann – vielleicht mit einer gewissen Schwierigkeit; es sind aber die Treffer, die zählen.

Schießen auf stehende und feste Ziele

Ich habe erwähnt, wie falsch es ist, die Wechselwirkung zwischen verbesserter Schießfertigkeit und der Möglichkeit einer schnellen Resultatsverbesserung von einer Schaftänderung zu erwarten.

Man kann zwar behaupten, daß es falsch sei, mit einem falsch angepaßten Schaft schießen zu lernen. Hat man aber schießen gelernt, möchte ich wissen, warum es falsch sein sollte? Es gibt Menschen, die ohne weiteres auf einem einrädrigen Rad herumtrampeln und gleichzeitig mit fünf Bällen jonglieren können. Daß solche Menschen dann Schwierigkeiten haben sollten, ein gewöhnliches Fahrrad zu benutzen, glaube ich nicht.

Dies läßt sich auf Flinten übertragen. Wenn man gelernt hat, mit einem schlecht passenden Schaft einigermaßen gut zu schießen, hat man wahrscheinlich

Das Kreideblech gibt sofort Antwort. Die Staubwolke wird vom Wind verweht, im Schuß sieht man aber genau, wo die Garbe liegt

keine größeren Probleme, die Ergebnisse zu verbessern, wenn man eine Waffe findet, die perfekt paßt.

Unabhängig davon, ob man ein Anfänger oder ein geübter Schütze ist, der kontrollieren will, wie der Schaft bei einer neu angeschafften Waffe paßt, bietet das Schießen auf feste Ziele Anlaß für eine Reihe verschiedener Feststellungen:

Wenn eine große Schießmetallplatte in der Größe von 1,5 m × 1,5 m zur Verfügung steht, ist dies ein unschätzbares Hilfsmittel. Ein paar papierbespannte Paletten erfüllen den gleichen Zweck. Die Schieß- oder Kreideplatte hat den Vorteil, daß man sofort im Schuß sieht, wo man im Verhältnis zum Haltepunkt trifft. Ich meine, daß eine helle Plastikfarbe mit ein wenig gewöhnlichem Motorenöl gemischt besser ist als Kreideschlamm. Plastikfarbe und Motorenöl trocknen nicht sofort, und man braucht nicht unaufhörlich neue Farbe aufzutragen. Es reicht, die Farbe auszuglätten, so daß die Spuren der Schrotkörner verschwinden.

Der Vorteil von Kreide und Wasser besteht darin, daß es für den Schützen einfacher ist, die Treffer zu sehen, da eine kräftige Staubwolke entsteht, wenn die Schrotkörner in die trockene Kreide treffen.

Man soll viel Zeit aufbringen, auf stehende Ziele zu schießen, weil es völlig sinnlos ist zu versuchen, bewegte Ziele zu treffen, wenn man noch Schwierigkeiten hat, etwas Stehendes zu treffen. Das Problem ist aber, den Schützen hierfür zu engagieren und psychisch zu öffnen.

Für einen geübten und guten Schützen, der eine Waffe prüfen will, ist dies kein Problem. Für den ungeübten Schützen aber kann es etwas schwieriger sein, besonders wenn er meint, daß er bereits schießen kann. Man will sich selbst und anderen zeigen, daß man mitten ins Zentrum der Schießplatte treffen kann. Wenn man dann viel Zeit hat, und das hat man natürlich, da die Platte ja da steht, wo sie steht, versucht der Schütze oft seinen Anschlag zu korrigieren und genau zu zielen. Die Ergebnisse, die man auf diese Weise bekommt, haben keinen größeren Wert. Auch nicht, wenn der Schuß gerade mitten auf dem Zielpunkt treffen sollte.

Wenn man gegen ein bewegliches Ziel oder ganz allgemein einen schnellen Schuß schießen muß, gelten andere Voraussetzungen. Anschlag, Zielen und Abfeuern müssen in einer einzigen Sequenz geschehen. Wenn man zuerst seinen Anschlag korrigieren muß, um dann bewußt zu zielen und, wenn man damit zufrieden ist, versucht, in Ruhe abzuziehen, dann braucht

Eine gute Übung für die praktische Jagd bekommt man durch Improvisation. Tontauben, die kurz über eine Wasseroberfläche geworfen werden, geben „Feedback" im Schuß

man zuviel Zeit. Dieses sieht man am deutlichsten, wenn ungeübte Schützen in einem zu frühen Stadium beginnen, Seitenschüsse auf Tontauben zu trainieren.

Die Verweildauer, die eine Tontaube innerhalb der Schußweite hat, ist ziemlich lang, und der Schütze teilt oft den Schuß in Sektoren auf. Zuerst schlägt er an, danach beginnt er ein Stück vor der Taube zu zielen, wie er es gelernt hat, stoppt aber häufig die Bewegung im Schuß und schießt natürlich vorbei. Die einzige angemessene Erklärung hierfür ist, daß die Motorik noch nicht völlig entwickelt ist, die das ziemlich komplexe Muster eines flüchtigen Schusses fordert.

Wenn der Schuß sehr schnell abgefeuert werden muß, versteht es sich von selbst, daß der Schütze manchmal nicht die Zeit hat, alle diese Dinge richtig zu machen. Dann verliert er die Kontrolle darüber, wo der Schuß trifft. Er hat außerdem keine Möglichkeit nachzusehen, wo der Schuß lag, und auch nicht, welche Fehler er gemacht hat.

Jeder der drei verschiedenen Momente, Anschlag, Zielen und Abfeuern, fordern richtigerweise eigenes Training und Methodik. Praktisch müssen sie aber, wie ich schon erwähnte, in einer einzigen Sequenz ablaufen. Das ist die Schwelle, die man zuerst überwinden muß, um eine angemessene Chance zu haben, später mit dem flüchtigen Schießen gut zurechtzukommen.

Um sich die Motorik, die erforderlich ist, rationell aneignen zu können, müssen die oben beschriebenen Fertigkeiten so zusammen geübt werden, daß der Schütze stets sieht, wo er trifft. Es darf während des Bewegungsablaufes keine Zeit geben für bewußte Korrekturen.

Die Anordnungen, die erforderlich sind, um die Trefferlage sichtbar zu machen, können ein Sandwall, ein schneebedeckter Steilhang oder ein ruhiger Wasserspiegel sein, wenn man nicht feste Anordnungen wie eine vorher beschriebene Anschußwand hat. Eigentlich kann man seine Phantasie spielen lassen, wichtig ist nur, daß man leicht sehen kann, wo die Schrotgarbe trifft, und daß die Sicherheitsanforderungen, was Kugelfang und Abpraller betrifft, erfüllt sind. Achtung!

Schnee oder Sand geben klar Aufschluß, wohin man schießt. Man soll Ziele wählen, die im Anschlag und Schuß leicht zu sehen sind. Wenn man auf eine Scheibe schießt, ist es leichter zu sehen, wo die Treffer in senkrechter Ebene liegen

Dies ist besonders wichtig, wenn man mit Stahlschrot schießt. Dann darf das Zielgebiet nicht aus hartem Material bestehen. Das Abprallrisiko ist bedeutend, wenn man gegen Blech, steinigen Boden und ähnlich harte Flächen oder Gegenstände schießt.

Die Ziele können sehr verschieden sein: Tontauben oder größere Gegenstände, die man direkt auf den Boden stellt, eine Plastiktüte an einer Holzstange, eine etwa tellergroße Blechscheibe. Letztere wird am Ende einer Spiralfeder festgeschweißt. Ein großer Nagel am anderen Ende der Feder wird in den Boden hineingeschlagen. Auf einer Schießplatte wischt man nur die Farbe weg, wo man einen Zielpunkt haben will.

Was nützen all diese Sachen? Für einen verhältnismäßig guten Schützen, der seit langem nicht mehr geschossen hat, kann es sehr nützlich sein, sich durch schnelle Schüsse gegen feste Ziele ein bißchen „einzuschießen", und zwar sowohl, wenn man eine neue Waf-

fe prüfen oder die Auswirkung einer Schaftjustierung kontrollieren will, als auch, um die Motorik zu üben. Wenn man solche zurückfedernden Fallziele, die ich oben erwähnt habe, benutzt, kann man das Schießen recht stimulierend gestalten. Man stellt sie auf verschiedene Entfernungen 4–5 m auseinander und außerdem verschieden hoch im Verhältnis zueinander. Danach versucht man so schnell wie möglich beide Ziele zu

*Duellschießen gegen
markierte Ziele erhöhen die
Schnelligkeit, stellen aber
auch große Forderungen an
Anschlagsgenauigkeit,
Zielen und Abdrücken*

Duellgestell zu stellen, so daß ein Mithelfer die Ziele (Metallscheiben) mittels einer Leine aufheben oder wenden kann. Wenn man die Vorführzeit variiert, mitunter nur um einige Zehntelsekunden, manchmal ein bißchen länger, wird es wirklich schwierig zu treffen, wenn man die Waffe nicht gut beherrscht.

Ein hohes Tempo beim Schießen zwingt automatisch zur Konzentration und verhindert bewußte Korrekturen und Zielversuche.

Wenn man auf einmal erkennt, wo die Schüsse liegen, nachdem man vorbeigeschossen hat, fällt einem sofort wieder ein, was man machen muß, um zu treffen. Z. B. kann der Schaft verändert werden, wenn man weiß, daß die Fehlerschüsse systematisch auf demselben Platz sitzen.

In der Praxis geben nur schnell hintereinander abgegebene Schüsse auf feste Ziele die Antwort, ob man die Waffe richtig handhabt und ob der Schaft so paßt, wie er soll. Beim Tontaubenschießen soll man schnelles Agieren unterlassen. Auch wenn man bewußt versucht, auf Kommando zu schießen, wenn die Flinte im Anschlag liegt, ist es sehr schwer, ein bestimmtes Zielmoment zu vermeiden. Außerdem muß man fühlen, wohin der Schuß ging, wenn man vorbeigeschossen hat.

treffen, ohne die Waffe zu stoppen, während man von einem Ziel zum anderen schwingt. Ich versichere, daß es nicht so leicht ist, wie man glaubt, wenn es in einem beschleunigten Tempo geschehen soll. Vielleicht hat man die Möglichkeit, trefferanzeigende Ziele in ein

Wenn man von einem anderen Schützen „gehetzt" wird, agiert man instinktiv.
Es bleibt keine Zeit für bewußte Korrekturen

Für ungeübte Schützen oder reine Anfänger ist ein drillmäßiges Schnellschießen auf feste Ziele eine absolute Notwendigkeit, wenn ihre Technik sich erst entwickeln soll. Natürlich ist es sehr schwierig, ein solches Training allein zu betreiben, unabhängig davon, ob ein tüchtiger Instrukteur vorhanden ist, der hilft. Der Schütze versteht vielleicht, was der Schießlehrer sagt, es gibt aber zahlreiche psychische Sperren, die vom Streß verursacht sind, den der Schüler selbst verschuldet oder durch das Agieren des Lehrers aufbaut. Der Streß äußert sich gewöhnlich dadurch, daß die betreffende Person eine gerade und steife Körperhaltung, einen hohen Puls und Konzentrationsschwierigkeiten bekommt.

Natürlich verschlimmert sich dies, wenn Zuschauer in der Nähe sind; und es spielt keine Rolle, ob es sich gleichfalls um Anfänger handelt, die darauf warten, mit dem Schießen an die Reihe zu kommen. In einer solchen Situation ist das einzige, was der Ausbilder machen kann, den Anschlag durch Anschlagübungen zu korrigieren, ohne zu schießen. Die Technik, einen schnellen Anschlag auszuführen, die Mündung gegen das Ziel zu richten und zum rechten Zeitpunkt abzudrücken, kann man nicht theoretisch lernen. Das muß der Schütze praktizieren. Er muß sofort Rückmeldung bekommen, wo der Schuß traf. Erst dann bekommt er allmählich das Gefühl, es richtig zu machen. Das Lernen wird dann völlig von seinen eigenen Sinnen gesteuert, und gewonnene Erfahrungen werden Erkenntnis.

Eigentlich ist es nicht besonders schwierig, die Streßsymptome zu bewältigen und den Schützen wirklich zu fordern. Das probateste Mittel ist, zwei Schützen gleichzeitig auf Kommando auf dasselbe Ziel schießen zu lassen. Mancher fragt sich vielleicht, warum? Die Antwort ist einfach. Das Wettkampfmoment, d. h. der Wille, dem anderen Schützen zuvorzukommen, treibt automatisch das Tempo hoch. Dann muß man sich auf die Aufgabe konzentrieren und vergißt die Umgebung. Selbstverständlich kommen dann eine Menge schlechter Anschläge und Schüsse vor. Ebenso eine große Zahl von Fehlschüssen wie auch Qualen, wenn die Waffe mit dem Schaft weit hinaus gegen den Oberarm abgefeuert wird. Es macht aber Spaß, wenn es einem erst gelingt, zu schießen und zu treffen. Auch diese Art zu schießen bringt Streß hervor. Der ist aber positiv, da das freigemachte Adrenalin dem Schützen zu schnellerer, reflexmäßiger Aktivität verhilft.

Es ist in dieser Situation wichtig, daß die Schützen, ohne nachzusehen, die Trefferlage intuitiv erfassen. Abgesehen vom eigenen Willen registriert das Gehirn durch visuellen Eindruck das Ergebnis der körperlichen Arbeit, d. h. wo der Schuß getroffen hat. Wenn man solche Übungen lange genug fortsetzt, werden Informationen in Fleisch und Blut übergehen, die zuletzt die Muskeln zum richtigen Verhalten steuern. Das motorische Agieren wird instinktiv gesteuert, nicht bewußt.

Man muß es also schaffen, viele Maßnahmen gleichzeitig ablaufen zu lassen, um einen wohlgezielten Schrotschuß schießen zu können. Eigentlich ist es mit dem Autofahren sehr ähnlich. Da muß man ja manchmal in schneller Folge sowohl auskuppeln, schalten, bremsen, Blinker anschalten. Hierüber denkt man nicht nach, wenn man ein geübter Autofahrer ist. Es ist genau das gleiche mit dem Schießen: Die Augen registrieren das Ziel, man schlägt an und zielt – alles in einem Bewegungsablauf und zwar dann, wenn die Augen sagen, daß die Mündung richtig liegt – und der Schuß fällt, ohne daß man eigentlich bewußt am Verlauf teilgenommen hat.

Dies alles kann man also mit so einfachen Mitteln erzielen, wie z. B. mit Hilfe einer alten auf einem Sandhaufen liegenden Plastiktüte. Wichtig ist nur, daß man zu zweit schießt und versucht, zuerst zu treffen. Natürlich kann man sich fragen, wie man wirklich sehen

kann, wer zuerst getroffen hat. Man sieht es selbst, wenn man ein wenig spät ist oder falsch zielt. Sind beide Schützen gleich tüchtig, kann man keinen Unterschied zwischen den beiden sehen.

Wenn man im Umgang mit der Waffe schon ein bißchen vertraut ist, kann man der Schwierigkeitsgrad des Trainings dadurch erhöhen, daß man zu zweit auf Tontauben schießt, die als gerade Ziele von hinter geworfen werden.

Das Wettkampfmoment taucht auf einmal auf, und ich kann fast versprechen, daß es kaum jemanden gibt, der so höflich ist, daß er mit dem Schuß solange wartet, bis er meint, daß alles richtig ist. Es ist gerade der Wille, der erste zu sein, der der Schießübung einen natürlichen und gesteigerten Antrieb verleiht und dem Motoriktraining förderlich ist. Auch wenn die Wurfmaschine von der einfachsten Sorte ist und die Tauben für einen einigermaßen gut geübten Schützen lächerlich langsam gehen, so zwingen die Schützen einander, schneller und schneller zu agieren. Auch leichte Ziele fordern auf diese Weise immer größere Fertigkeit. Wenn man allein auf zu einfache Tauben schießt,

Vorbeigeschossen? Duellschießen erfordert großen Einsatz und macht Spaß. Außerdem ist es einfach zu arrangieren

*Man soll möglichst unter realistischen Ver-
hältnissen trainieren. Denn oft jagt man bei
Schnee und Kälte*

*Mit einer einfachen Tontaubenwurfmaschine kann
das Schießen unendlich variiert werden. Die Taube
kann aus jeder beliebigen Richtung kommen, genau
wie das Wild auf der Jagd*

ist es schwer, die Motivation aufrechtzuerhalten. Das
Risiko ist, daß man beginnt, zu umständlich zu zielen,
mit dem falschen Ehrgeiz, so viele wie möglich zu treffen. Das ist selbstverständlich das Endziel, wenn man
jagt; man hat dann aber keine Kontrolle darüber, wie
die einzelnen Schußsituationen sich gestalten. Auf der
Jagd können die Schwierigkeitsgrade zwischen den
Extremen variieren, und man soll sich natürlich darin
üben, auch mit den schwierigsten Schüssen fertig zu
werden.

Es ist auf der Jagd sehr häufig so, daß scheinbar
leichte Ziele zu den sogenannten „unerklärlichen" Fehlschüssen führen. Wenn es ein wenig an Motorik fehlt
und man lange zusieht, wie ein Vogel heranfliegt, ist
es nicht so leicht, ein bewußtes Agieren zu vermeiden.
Oft schlägt man zu früh an und beginnt, das Vorhaltemaß zu schätzen. Vielleicht versucht man sogar zu
kalkulieren – „eine Vogellänge vorhalten, nein, zwei
sind doch erforderlich". Oft geht die Waffe jedoch nur
mit, ohne wirklich weit genug vorzuhalten.

Noch schlimmer wird es natürlich, wenn man mit
der Mündung ein bißchen zu weit nach vorne geht
und dann das Vorhalten dadurch vermindert, indem
man seine Bewegung bremst, so daß der Vogel die
Mündung einholen kann. Wenn man dann versucht
zu schießen, weil man glaubt, daß der Vogel sich auf
dem richtigen Platz befindet, schießt man fast immer
grob vorbei.

Wer in reflexmäßigem Schießen gut geübt ist, wenn
auch nur auf feste Ziele, hat auch Selbstvertrauen genug, um zu warten, bis der Vogel sich in guter Schuß-

entfernung befindet, um dann ohne weiteres anzuschlagen und mit einem kurzen Schwung zu schießen. Dies geschieht mit der Zuversicht, daß die Sinne das Vorhaben im wesentlichen lenken werden.

Viele haben sicher auch bemerkt, daß man die besten Schüsse in Situationen abgegeben hat, in denen man vom Wild überrascht wurde und keine Zeit hatte, überhaupt an etwas anderes zu denken als anzuschlagen und zu schießen, während das Wild noch in Schußweite war.

Flüchtigschießen ersten Grades

Während die Schießübung auf feste Ziele schnelles Agieren mit der Waffe erfordert, soll es ruhig zugehen, wenn man beginnt, auf bewegliche Ziele zu schießen.

Der Schütze, der sich durch Schnellschießen auf feste Ziele einen einigermaßen entschlossenen Anschlag angeeignet hat, mit gutem Kontakt zwischen Wangenknochen und Schaftrücken, und der mit seiner Waffe

Es ist auch in offenem Gelände leicht, Fehler zu machen

Schräge Gegenschüsse zwingen den Schützen, mit dem Körper zu richten. Der Kontakt zwischen Schaftrücken und Wange entsteht automatisch

Es gibt keine Möglichkeit, anders zu agieren, als sich in Taille, Hüften und Knien zu bewegen, wenn die Mündung auf die Taube gerichtet bleiben soll.

Eine andere wichtige Einzelheit ist, daß die schrägen Gegenschüsse den Schützen hindern, den Kopf vom Schaftrücken zu nehmen. Eher wird er härter gegen ihn gepreßt, je näher und scheinbar höher sich die

Der Schütze braucht beim Flüchtigschießen Zeit. Dann macht er es auch richtig

auch höhenmäßig einigermaßen gut schießt, kann zuversichtlich mit dem Flüchtigschießen beginnen.

Jetzt muß man dem Schützen ein bißchen Zeit geben, damit er sein Koordinationsvermögen beim Anschlag in Ordnung bringt, d. h. im Anschlag die Mündung in die Bahn der Taube lenken, an der Taube vorbeischwingen und, wenn die Mündung das Ziel überholt hat, schießen. Zuerst soll man schräge, nicht allzu hoch fliegende Ziele beschießen. Der Schütze wird, im Gegensatz zu Schüssen von hinten, nicht gestreßt, wenn sich das Ziel eine Zeitlang nähert, anstatt sich zu enfernen.

Nach meiner Ansicht ist aber das wichtigste, daß das Anheben der Waffe bereits vonstatten geht, wenn man beginnt, der Taube zu folgen. Das hat zur Folge, daß der Oberkörper sich sowohl nach hinten als auch zur Seite bewegen muß. Der Schütze lernt also, unabhängig davon, ob er will oder nicht, den Körper und nicht die Arme zu benutzen, wenn er in Anschlag geht.

Taube über dem Kopf des Schützen befindet. Zudem bekommt man automatisch das richtige Gefühl, was Schwingen ist und wie man es körperlich empfinden soll.

Wenn die Taube die Wurfmaschine 30–40 m von dem Schützen entfernt verläßt, braucht man die Flinte nicht viel zu bewegen, damit die Mündung während der ersten 10–15 m ihrer Bahn auf dem Ziel bleibt. Je näher sie kommt, desto schneller muß aber der Schütze agieren, damit er nicht zurückbleibt. Die Bewegung vom Anschlag zum Schuß wird dann ein natürlicher Schwung, der mit dem ganzen Körper ausgeführt wird. Das ist, wie ich schon erwähnt habe, die einzige Möglichkeit, der Taube folgen zu können, wenn man die Flinte gegen die Schulter im Anschlag hat.

Man soll mit verhältnismäßig langsamen Tauben beginnen. Auch wenn der Schütze sicher ist, ein stehendes Ziel zu treffen, ohne seinen Anschlag zu korrigieren, fehlen andere Elemente in der Technik, sobald das Ziel sich bewegt.

Wenn man den Schwierigkeitsgrad des Schießens erhöhen oder das Schießen variieren will, um die Motivation aufrechtzuhalten, braucht man sich nur der Wurfmaschine zu nähern oder sich mehr unter die Bahn der Taube zu stellen. Wenn man nahe genug an der Maschine steht, hat man nicht viel Zeit, und es wird schwieriger zu treffen. Eine andere nützliche Übung, die leicht mit Hilfe einer einfachen Wurfmaschine betrieben werden kann, ist, die Tauben aus einer Deckung zu werfen. Es kann ein Plankenzaun, eine Fichtenhecke oder natürliche Vegetation sein. Der Schütze soll nahe an dem Schutz stehen und keine Möglichkeit haben, die Taube im voraus zu sehen. Abhängig davon, wie weit er von der Deckung entfernt steht und wie hoch sie fliegt und ob er mit dem Rücken oder dem Gesicht gegen sie steht, kann man den Schwierigkeitsgrad des Schießens reichlich variieren. Außerdem kann man ein Schießtraining erzielen, das mit Verhältnissen übereinstimmt, die während der Jagd entstehen, was in diesem Zusammenhang nicht unwesentlich ist.

Tontauben tauchen über der Baumkrone auf, wenn man es am wenigsten erwartet hat. Das entspricht aber einer jagdlichen Situation. Eine einfache Handschleuder und ein wenig Phantasie führen zu variantenreichen Übungen

Reflex- und Balanceübungen

Für normale Jäger mag es wenig motivierend sein, allzuviel Zeit auf Skeet- oder Trapschießen zu verwenden. Selbstverständlich sind jedoch alle Formen des Schießens für einen aktiven Jäger nützlich. Darüber darf man aber nicht vergessen, wie sich das jagdliche Schießen in der Praxis gestaltet und welcher Bedarf an besonderer Motorik dabei erforderlich sein kann. Auf einem Schießstand sind die Standplätze in der Regel sehr bequem. Ebene und feine Betonplatten oder abgeflachter Rasen bewirken, daß man ein bißchen verwöhnt wird. Es ist ein großer Unterschied, auf festem,

Ein leicht aufgepumpter Autoschlauch als Unterlage stellt Anforderungen an die Balance des Schützen. Es ist so, als ob man in einem Boot oder auf einer schwankenden Plattform steht

flachem Boden stehend, Tontauben zu schießen, oder auf einer schwankenden Plattform in einem Schilfdickicht zu stehen, um Enten zu erlegen, die da auftauchen, wo es ihnen paßt. Das ist für den Jäger ein Problem. Oft gibt es keine Möglichkeiten, perfekt zu stehen und Platz für einen richtigen Anschlag und Schwung zu haben. Natürlich kann das alles auf besseren Treibjagden sehr wohl arrangiert sein. Die Praxis stellt meist hohe Anforderungen.

Eine sehr gute Balanceübung ist es, von einem Autoschlauch zu schießen, der weich aufgepumpt ist und auf dem ein Stück Sperrholz oder eine Hartfaserplatte liegt. Man schießt auf Tontauben, die in unterschiedlichem Rhythmus geworfen werden. Es ist nicht so leicht, wie man glaubt. Schon einfache Tauben können Probleme bereiten, besonders aber Dubletten.

Diese Situation gleicht der, als stünde man in einem Boot oder auf schwankendem Boden, was für eine Entenjagd keine ungewöhnliche Situation ist. Mit ein bißchen Phantasie kann man verschiedene reale Situationen simulieren und sich etwas Erfahrung vor Beginn der Jagdsaison aneignen. Auf einem Schlauch stehend zu schießen zwingt den Schützen, auf ganz andere Art und Weise zu agieren als auf festem Boden. Oberkörper und Beine müssen völlig gegensätzliche Bewegungen ausführen, sonst fällt man von der Unterlage. Man lernt , in den Knien sehr biegsam zu sein und die Füße gut unter Kontrolle zu haben, d. h. mit beiden Beinen fest auf der Unterlage zu stehen. Dadurch verhindert man, daß man beim Schuß auf vorbeistreichende Ziele umfällt, was leicht passieren kann, wenn man mit dem Körper zu steif und aufrecht steht. Wenn man auf einer so instabilen Unterlage wie einem Autoschlauch steht, muß man die Drehung tief in die Knie verlagern und aufpassen, daß man den Schwerpunkt des Oberkörpers, der sich außerhalb der Füße befindet, stets unter Kontrolle hat. Auch wenn man die physiologischen Vorgänge nicht völlig versteht, geben solche Übungen eine gute Geschicklichkeit und das Gefühl, den Körper richtig einzusetzen. Die Hauptsache ist, man bleibt auf dem Schlauch und lernt, aus dieser Position zu treffen.

Es ist in diesem Zusammenhang wichtig, einige Sicherheitsfragen hervorzuheben. Wenn man mit diesen Übungen beschäftigt ist, so ist das keine Spielerei. Man soll dafür sorgen, daß Wurfmaschine und Zuschauer so stehen, daß nichts passieren kann, wenn der Schütze von seinem etwas schwankenden Schuß-

Eine Handschleuder reicht aus, um Probleme hervorzurufen, wenn die Unterlage nicht fest ist. Diesmal ist der Schütze sicherlich froh, daß er nicht in einem Boot steht

platz herunterstolpern und einen fahrlässigen Schuß abgeben sollte. Deswegen trainiere man zuerst mit ungeladener Waffe. Danach schießt man auf stehende Ziele mit ein bißchen Tempo. Wenn man weiß, wieviel der Körper gedehnt werden kann, ohne das Gleichgewicht zu verlieren, wird es Zeit, auf bewegliche Ziele zu schießen. Man soll mit einfachen Tauben beginnen. Selbstverständlich ist es die Schießfähigkeit des Schützen, die den Schwierigkeitsgrad bestimmt. Man braucht keine aufwendige Wurfmaschine, um auch Eliteschützen an die Grenzen ihres Könnens zu bringen. Wenn man zwei Wurfmaschinen hat, kann man avancierte, jagdliche Situationen ohne weiteres simulieren und ein ebenso effektives Training bekommen. Wie weit man gehen will, wird nur von der eigenen Phantasie begrenzt, und man braucht auch keine größere, äußere Anordnung.

Sehr interessant ist es, welche Ergebnisse man bekommt, wenn man während einer Trainingsstunde probiert, miteinander die Waffen zu tauschen. Also ungefähr wie bei Pferderennen, bei denen man Pferde zugeteilt bekommt, deren Eigenarten man nicht kennt. Der Vorteil, wenn es sich um Jagdwaffen handelt, ist

offenbar. Es kann ja passieren, daß man sich eine Waffe leihen muß, wenn die eigene defekt ist, oder man bekommt eine Jagdgelegenheit, hat aber kein Gewehr dabei. Dann ist es vorteilhaft, wenn man sich ein bißchen Anpassungsfähigkeit angeeignet hat.

Die Forderungen an Wettkampfschützen und Jäger unterscheiden sich wesentlich, da man als Jäger ja nicht während längerer Zeit ein hohes und gleich gutes Ergebnis bringen muß.

Der Wettkampfschütze, der vielleicht 100 Schüsse pro Tag schießen muß, kann sich keine unnötigen Störungen leisten, da jeder Treffer sehr bedeutungsvoll ist. Dabei gibt die eigene Waffe Sicherheit. Der Jäger hat immer die Möglichkeit auszuspannen, und die Attitüde zwischen den Teilnehmern an einer Jagd ist völlig anders als zwischen Schützen in einem Wettschießen. Jäger pflegen außerdem mehrere Gewehre, oft von ganz verschiedener Beschaffenheit, zu haben, sie trainieren aber in der Regel nur mit der Waffe, von der sie meinen, daß sie mit ihr am besten schießen. Soll das Training wirklich nützlich sein, soll man regelmäßig mit allen Waffen schießen.

Es ist gar nicht ungewöhnlich, daß Jäger während

des ganzen Sommers mit ihrer Flinte eifrig üben und danach den größten Teil des Herbstes mit einem Drilling oder einer kombinierten Waffe jagen, mit der sie außer auf der Jagd keinen einzigen Schuß abgegeben haben.

Ich kann nicht beurteilen, wie es in anderen Ländern ist, in denen kombinierte Gewehre gebräuchlicher sind als in Schweden. Hierzulande sagen Jäger, es sei mit solchen Waffen schwierig, gut mit Schrot zu schießen. Wenn man dann fragt, wieviel der Betreffende mit seiner Waffe geschossen hat, bekommt man oft die Antwort: „Ich habe sie probegeschossen, meine aber, daß es schade ist, sie zu sehr abzunutzen!"

Ein anderes Argument ist, daß die Waffe ein Zielfernrohr hat, was das Trainingsschießen erschwert. Dann hat man natürlich noch mehr Veranlassung, damit zu üben. Wenn man mit einer Waffe auf der Jagd nicht gut schießt, soll man sie definitiv dafür nicht einsetzen, sondern sie verkaufen. Man braucht natürlich nicht Skeet oder Trap mit einem Gewehr mit Zielfernrohr zu schießen. Die Methoden aber, die ich oben erwähnt habe – Schießen auf feste Ziele im Beisein eines Kameraden – bewirken schon viel und sind leicht zu arrangieren.

Was sind die richtigen Schaftmaße?

Im Hauptteil dieses Kapitels habe ich vermieden, Einzelheiten hinsichtlich persönlicher Anpassung von Schäften zu behandeln. Der Grund ist, daß die Aufmerksamkeit vordringlich anderen Dingen gilt. Es ist falsch, sich mit etwas zu belasten, das nur Erfolg hat, wenn man schon einen gewissen Leistungsgrad erreicht hat. Ein anderes, allgemein verbreitetes Problem ist, daß viele Schützen, auch wenn sie korrekte Anweisungen über notwendige Justierungen bekommen haben, es strikt ablehnen, mit Raspel und Hobel den feinen, schönen Schaft zu bearbeiten. Wenn man diese Einstellung hat, verläßt man sich wahrscheinlich nicht auf seinen Schießlehrer oder man ist sich im Innersten seiner eigenen Schießkünste völlig unsicher. Natürlich sinkt auch der Wiederverkaufswert einer teuren Waffe beträchtlich, wenn der Schaft angeleimt, verlängert oder anderen durchgreifenden Veränderungen ausgesetzt wurde. Dies ist immer ein Problem. Ein engagierter Instrukteur oder Ausbilder hat seine Ideen, wie der Schaft „des Schülers" aussehen soll, damit die heiß ersehnten Treffer kommen. Hand aufs Herz! Es ist mindestens so wichtig für den Schießlehrer, Erfolg zu ha-

Um treffen zu können, heißt es, die Körperbewegungen zu koordinieren und die Füße fest auf der Unterlage zu haben

ben, wie für den Schüler. Alle Menschen versuchen Mißerfolge möglichst auf etwas oder jemanden zu schieben, um nicht selbst dafür herhalten zu müssen. Eine hohe Moral ist beim Instrukteur erforderlich, damit er nicht im Eifer des Erfolgsdrucks Schaftjustierungen empfiehlt, die nur im Augenblick und nicht auf Dauer helfen.

Ich will hier nicht klagen, aber nicht nur mir, sondern vielen anderen Schaftmachern standen die Haare zu Berge, wenn sie den mitgebrachten Zettel des Kunden mit den neuen Schaftmaßen studierten. Ich versichere, daß es mehr als einmal geschehen ist, daß man Zweifel hatte, ob die richtige Person mit der Waffe gekommen war. Ich behaupte nach wie vor, daß man während der Übungsphase einen Schüler dazu bringen kann, mit fast jeder Waffe zu treffen, wenn er nur willig genug ist. Bewährte Erfahrungen bezüglich Länge, Schränkung, Senkung und Pitch des Schaftes sollten jedoch nicht aufgegeben werden.

Der Anfänger weiß nicht, was richtig oder falsch ist. Man kann ihn aber dazu bringen, mit fast jeder Waffe zu treffen. Ob das aber immer richtig ist, steht auf einem anderen Blatt

Der erfahrene und geübte Schütze weiß, wie sein Gewehr geschäftet sein soll

Der einzige Anhaltspunkt, nach dem man vorgehen kann, wenn man einen Schaft justieren oder herstellen soll, ist die Lage der Schüsse im Verhältnis zum Zielpunkt. Die persönlichen Wünsche hinsichtlich Hoch- oder Fleckschuß variieren stark. Sehr routinierte Schützen können sehr differenzierte Wünsche haben, auch wenn sie ihre Flinte zu genau demselben Schießen benutzen wollen. Einige wollen, daß der Schuß wohl zentriert über dem Haltepunkt sitzen soll, andere wollen, daß die untere Kante der Schrotgarbe den Haltepunkt genau tangiert. Das bedeutet einen Unterschied von etwa 35 cm. Dazwischen gibt es natürlich die gesamte Skala.

Häufiges Schießen begünstigt die Entwicklung eines eigenen Stils und eigener Technik. Wenn man nach eigener Auffassung gute Schießerfolge hat, spielt es keine Rolle, was Schaftmacher oder Schießlehrer meinen. Der nicht völlig routinierte Schütze reagiert oft so, daß er zu hoch schießt. Das ist eine Sache, die sehr leicht einzustellen ist und die Aussehen oder Wiederverkaufswert der Waffe nur unwesentlich verändert.

Wenn aber der Hochschuß nicht mehr als ca. 20 cm beträgt, gibt es keinen Grund, voreilige Einstellungen vorzunehmen, bevor man nicht genau weiß, ob man perfekten Wangenkontakt mit dem Schaftrücken hat. Anfänger haben die üble Gewohnheit, den Kopf anzuheben. Entweder weil sie sich von der Umgebung gestört fühlen oder weil sie mit dem Auge nicht über die Schienen kommen. Das Resultat sind Hochschüsse. Das kann sich aber ändern, wenn die Anschläge besser werden.

Um die Schaftanpassung einfacher zu machen, gibt es sogenannte Gelenkgewehre, die einen Schaft ha-

ben, bei dem alle wesentlichen Maße eingestellt werden können. Auf die Gefahr hin, daß ich mir engagierte Schießlehrer zum Feinde mache, muß ich davor warnen, die Maße, die man bei einer solchen Waffe ermittelt hat, ohne weiteres auf einen anderen Waffentyp zu übertragen, besonders wenn der Schütze nicht sehr routiniert ist. Auch wenn der Schüler seinem Lehrer großes Vertrauen entgegenbringt, ist es fast unmöglich, das Verhalten zu simulieren, das der Schütze in einer angespannten Jagdsituation haben wird, sobald er auf eigene Faust agiert.

Bei schlechtem Wangenkontakt schießt man meistens hoch. Wenn man die Höhe der Schüsse kontrollieren will, soll man den Kolben erhöhen

Schwierigkeiten, mit einem Maßschaft zu schießen

Wenn ein routinierter und guter Schütze sich dafür interessiert, seine Schaftmaße feststellen zu lassen, tut er es kaum, weil er mit seinen Schießergebnissen zufrieden ist. Wenn er früher sehr gut geschossen hat, kann man davon ausgehen, daß er ein Stück seines Selbstvertrauens verloren hat. Vor einem Schießlehrer oder anderen Zuschauern entsteht dann leicht Leistungsdruck und die Angst, seinen guten Ruf als Schütze zu verlieren. Auch ein im Grunde guter Schütze wird dann zu zielen anfangen und andere Korrekturen vornehmen, die normalerweise unterbleiben würden.

Unvermeidbar gibt es beim Schießen, genau wie bei anderen individuellen Sportarten, Menschen, die darunter fürchterlich leiden, sie könnten einen Mißerfolg verbuchen. Es kann zur Hysterie werden, und dann sind alle Mittel recht, um eine zufällige Schwäche zu verbergen. An welchem Punkt Menschen prestigeempfindlich sind, kann man nie wissen. Ist es aber das Schießen, kann es schwierig sein, sie zur Ehrlichkeit gegen sich selbst und den Ausbilder, der versucht, behilflich zu sein, zu bewegen.

Natürlich kann eine Übung mit einer sogenannten Maßflinte oberflächlich gesehen das Selbstvertrauen bei einem routinierten Schützen, der sich in einem Formtief befindet, wiederherstellen. Das Risiko ist aber, daß dies nur so lange funktioniert, wie er sich der Maßnahme, die am Schaft gemacht wurde, bewußt ist und er noch den Rat seines Schießlehrers in den Ohren hat.

Wenn der Schütze nur ein zufälliges Tief hatte und nach einer Zeit zu sich selbst und seinem eigenen Schießen zurückfindet, kann er plötzlich anfangen, mit seiner, nach allen Regeln der Kunst neu angepaßten Waffe vorbeizuschießen.

Es gibt wenige Jäger und Schützen, die einsehen, daß man nicht das ganze Leben auf demselben Niveau bleiben kann. In der Sportwelt hat man das akzeptiert. Es gibt viele Sportler, die auch während intensiver Trainingsperioden keine guten Ergebnisse erreichen. Deswegen beginnen sie aber nicht, mit der Ausrüstung oder mit erprobter Technik zu experimentieren. Eher versuchen sie von ihrer Sportausübung auszuspannen, bis sie wieder Spaß macht. Dasselbe gilt für das Schießen. Wenn sich die Ergebnisse verschlechtern, soll

Richtig zu treffen, erfordert mehr als einen gut passenden Schaft. Man muß auch improvisieren können

man ein paar Wochen etwas anderes tun, anstatt verbissen weiterzumachen.

In diesem Zusammenhang ist es angebracht, auf die Schwierigkeiten hinzuweisen, die auftreten, wenn die Maße der Maßflinte auf eine Waffe mit anderer Beschaffenheit übertragen werden sollen. Wenn die Waffentypen sehr unähnlich sind, ist es im Prinzip nur die Länge und die Schränkung, die mit Sicherheit festgestellt werden können. Im übrigen ist es nicht ohne weiteres möglich, die Maße von einer schweren Bockwaffe auf eine dünne und elastisch gebaute Querflinte oder umgekehrt zu übertragen.

Wenn die Ausführung der Probewaffe, z. B. beim Schienenbild, nicht mit der der eigenen Waffe übereinstimmt, kann im Gehirn ein Chaos entstehen, wenn die Schafthöhe eingestellt werden soll.

Der geübte Schütze kann natürlich treffen, auch wenn er die Schiene anders sieht als beim Schießen mit der Maßwaffe. Was passiert aber später, wenn die Höhenmaße auf seine eigene Waffe übertragen werden? Es besteht das Risiko, daß er unbewußt seinen Kopf hebt oder senkt, um die Schiene so zu sehen, wie er es gewohnt ist, und dann stimmt natürlich nichts mehr.

Das Prinzip bei einer Maßwaffe ist, daß sich ihre Maße nur auf eine Waffe genau desselben Typs und Modells übertragen lassen. Deswegen ist Maßnehmen mit einer speziellen Maßwaffe nicht etwas, das man im Waffenladen tun soll. Es fordert einen sehr erfahrenen und einsichtsvollen Schießlehrer oder Schaftmacher, der waffentechnische Unterschiede zu erkennen vermag und außerdem ein so guter Psychologe ist, daß er sehen kann, ob sich der Schütze beim Handhaben des Gewehrs regelgerecht verhält. Sonst stiftet man nur noch mehr Verwirrung.

Ein mittelmäßiger und kaum trainierter Schütze kann sein Selbstvertrauen verlieren, wenn er nach einer scheinbar perfekten Schaftanpassung mehr als zuvor vorbeischießt. Dann beginnt ein Karussell von der einen Änderung zur anderen, ohne daß Verbesserungen sichtbar werden.

Wir sprachen von den richtigen Schaftmaßen. Was ist das? Tatsache ist, daß ich die Antwort erst geben kann, wenn ich den Schützen gesehen habe, wenn er ohne mentale Sperren schießt und wohin er dann die Schüsse setzt.

Ich habe von der Schaftlänge und vom Hochschuß gesprochen. Hierzu möchte ich noch ergänzen, wie wichtig die Schafthöhe ist. Wenn man gute Anschläge

Eliteschützen haben immer einen persönlichen Stil. Eine Schaftjustierung kann erst dann richtig genutzt werden. Man muß die Entschlossenheit in den Körperbewegungen sehen können

ausführt, sind Schaftrücken und Mündung die eigentlichen Zielmittel.

Ohne guten Wangenkontakt sind alle Treffer reiner Zufall. Wenn der Wangenknochen nicht fest am Schaftrücken liegt, kann man den Kopf fast nach Belieben bewegen, und man macht es auch. Es ist nämlich sehr schwer, einem beweglichen Ziel mit dem Blick nicht zu folgen. Wenn dann der Anschlag nicht in Ordnung ist und es auch an dem Vermögen, die Waffe mit dem Körper zu steuern, mangelt, kann es leicht passieren, daß die Mündung in eine andere Richtung zeigt als der Blick. Dann kann man einen Fehlschuß fast garantieren.

Dieses ist auch der Grund, weshalb einige Schießlehrer die Schäfte ihrer Schüler zu völlig grotesken Proportionen ausbauen lassen.

In einer Gruppe ist es schwierig, sich zu entspannen und natürlich zu bewegen. Die Schießstellung ist oft viel zu aufrecht stehend, und es ist für den Schüler sehr schwierig, den Kopf nach vorne zu neigen. Die Erklärung kann sein, daß ein hervorgeschobener Kopf, für einen Schrotschuß eine gute Ausgangsstellung, die Körperhaltung ist, die wir mit großer Aggressivität verknüpfen. Das ist es auch, worauf Flüchtigschießen abzielt. Als Schüler in einer Gruppe von Schützen und bei Kenntnis der eigenen Grenzen ist es schwierig, diese Haltung einzunehmen, besonders wenn die Umstehenden jede Aktion kritisch beobachten.

Natürlich ist es viel einfacher, den Schaftrücken nur provisorisch zu bauen, so daß der Schütze, wie gerade er auch mit dem Hals steht, mit dem Kolben Kontakt bekommt, statt ihn, wegen der eben genannten Ursachen, dazu zu bringen, die richtige, aggressive Körperhaltung einzunehmen.

Wille und Aggressivität sind beim erfolgreichen Flüchtigschießen notwendig. Wie markant die Haltung sein muß, ist natürlich eine persönliche Sache

Wenn man die Wange im Schuß nicht am Schaftrücken hat, ist ein Treffer eher zufällig als kontrolliert. Ein Anfänger steht fast immer aufrecht, sogar mit dem Gewicht nach hinten

Es macht nichts, wenn der Schaftrücken viel zu hoch ist, man trifft trotzdem flüchtige Ziele. Rein intuitiv will man das Ziel oberhalb des Laufes sehen, und dann spielt ein Hochschuß bis zu einem halben Meter überhaupt keine Rolle. Der Schütze ist froh, wenn er trifft, und der Schießlehrer ist zufrieden.

Es gibt aber ein kleines Problem, wenn der Schaft zu hoch aufgebaut wurde. Das Auge kommt dann nicht exakt über die Schiene. Nach einer solchen Maßnahme sollte der Schaft deutlich geschränkt werden.

Die Lösung des Problems ist, daß der Schüler die Empfehlung bekommt, den Schaft ein gutes Stück zu kürzen. Dieses ergibt ungefähr dieselbe Wirkung und ist viel einfacher zu bewerkstelligen. Wie ich in der Einleitung sagte, gibt es mit einem zu kurzen Schaft nur kleine Probleme, was bewirkt, daß der Schüler hierin nichts Negatives sieht, jedenfalls nicht am Anfang.

Ein anderes Problem mit einem zu hohen Schaftrükken ist, daß der Pitch der Waffe, d. h. der Winkel der Schaftkappe im Verhältnis zur verlängerten Linie der Schiene, sehr spitz gestaltet werden muß, da sonst nicht die ganze Kappe am Körper anliegt. Das liegt an der Form des Brustkorbes. Wenn man aufrecht steht, ist der Brustmuskel weiter vorn als die Schulter. Mit einer korrekten Körperhaltung beim Anschlag wird das Verhältnis umgekehrt. In normalen Fällen sollte ein Pitch so ausgeformt sein, daß es fast unmöglich ist, die Waffe korrekt anzuschlagen. Ist der Schaft aber kurz genug, funktioniert es trotz des fehlerhaften Pitch. Kann man dann noch behaupten, daß diese Art von Manipulationen an einem Schaft die richtigen Schaftmaße geben? Natürlich nicht. Wenn man beginnt, mit der Waffe auf herkömmliche und ergonometrisch richtige Weise zu agieren, müssen die Proportionen des Schaftes wiederhergestellt werden.

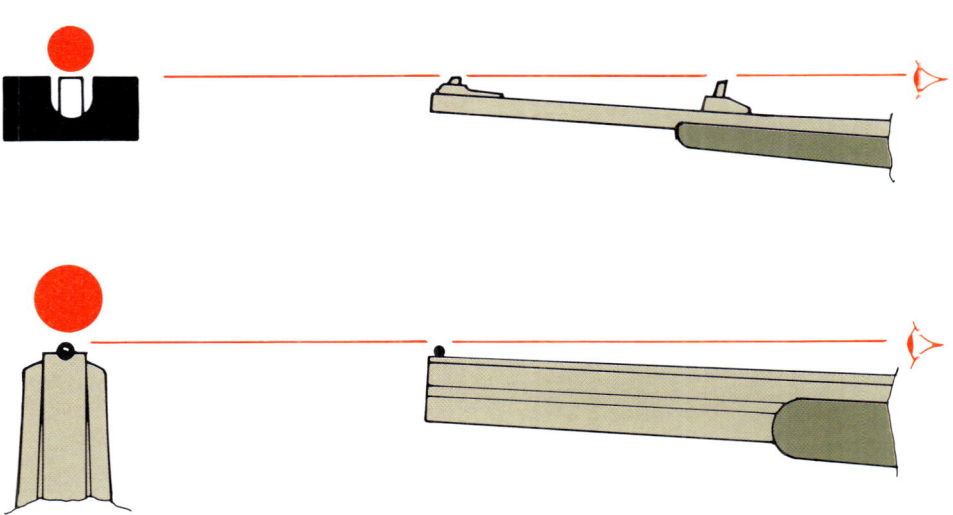

Über Kimme und Korn trifft man richtig, wenn nur die Visiereinrichtungen im richtigen Verhältnis zueinander stehen. Bei Flinten ist der Schaftrücken die Visiereinrichtung. Wenn der Kopf nicht bei jedem Schuß am selben Punkt gehalten wird, kann man die Schüsse nie auf denselben Platz setzen

Die Verlängerungslinie der Schiene

Schaftrücken

A

B

Ferse

Zehe

Damit man die Waffe bequem anschlagen kann, soll der Abstand zwischen dem Abzug und der Ferse des Schaftes (A) gleich groß oder etwas kürzer als der Abstand zwischen dem Abzug und der Zehe des Schaftes (B) sein. Bei einem normalen Schaft ist der Winkel der Schaftkappe im Verhältnis zur Verlängerungslinie der Schiene etwa 90° oder etwas mehr. Wenn der Schaft sehr schräg ist, entstehen Probleme. Wenn mit einem Winkel von 90° geschossen wird, steht die Zehe wie eine Spitze hervor, und es kann sehr schmerzhaft werden, mit der Flinte zu schießen. Wird der Winkel geändert, so daß er kleiner als 90° wird, muß man meistens die Waffe von sich weg heben, damit die Ferse nicht in den Kleidern hängenbleibt.

Das bedeutet andererseits, daß man die Waffe in der Endphase des Anschlags gegen sich ziehen muß, um zwischen Körper und Schaftkappe guten Kontakt zu bekommen.

Ein entsprechendes Phänomen ergibt sich, wenn der Schaft sehr gerade oder so gebaut ist, daß der Schütze aufrecht stehen muß. Dann muß der Pitch negativ, d. h. unter 90° sein, damit die Schaftkappe richtig an der Schulter anliegen kann. Die Waffe wird aber beim Anschlag unangenehm

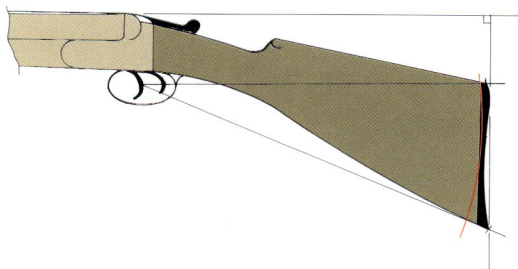

Die Schränkung

Um mit einem Schaft bequem zu schießen, soll er dem Schützen entsprechend geschränkt sein, d. h. seitlich von einer senkrechten Linie gebogen, rechts für einen Rechtsschützen und links für einen Linksschützen, alles von hinten gesehen.

Die Ursache, die eine Schränkung nötig macht, ist, daß Schulter und Auge sich nicht auf einer vertikalen Ebene befinden. Waffen mit fabrikmäßigen Schäften sind selten ausreichend geschränkt. Das pflegt man dadurch zu kompensieren, daß man die Schäfte unnötig krumm fertigt. Die meisten Schützen kompensieren den Mangel an Schränkung dadurch, daß sie sich mehr oder weniger schräg gegen die gedachte Schußrichtung stellen. Das ist aus schießtechnischem Gesichtspunkt nicht günstig, da es schwierig ist, in Taille und Hüften bei schnellen Seitenschüssen mitzu-

schwingen. Weil man in solchen Situationen selten Zeit hat, die Füße umzustellen, erreicht man, daß der Schwung nur mit den Armen vollführt wird, den Körper läßt man still stehen.

Selbstverständlich wird es dann schwierig, einen guten Wangenkontakt mit dem Schaftrücken beizube-

Wenn die Schränkung des Schafts nicht stark genug ist, wird der Anschlag unnatürlich. Oft muß die Schaftkappe gegen den Oberarm im Zwischenraum von Bizeps und Schulter angesetzt werden. Da spürt man den Rückstoß deutlich

Eine einfache Vorrichtung, um Schäfte zu schränken: Die Waffe wird um die Basküle festgespannt und der Schafthals wird mit Heißluft aufgewärmt, gleichzeitig wird er mit Glycerol oder Leinöl bestrichen, bis er weich wird. Mit einer Zwinge wird der Schaft in die gewünschte Richtung gepreßt und muß auskühlen. Die Methode, Holz mit Öl und Wärme zu dämpfen oder zu biegen, ist uralt

halten und zu vermeiden, daß die Schaftkappe über den Oberarm hinausreicht. Natürlich kann man lernen zu treffen, die Schüsse werden aber unsicher und unkontrolliert. Es ist selbstverständlich, daß man eine bedeutend bessere Bewegungsfreiheit nach rechts und links bekommt, wenn man gerade zur Schußrichtung steht.

Ein Schaft kann in der Regel durch Öldämpfung ausreichend geschränkt werden, und es hat keinen Sinn, über Millimeter zu sprechen, sofern man kein Profi im Schießen ist. Generell gesehen kann man einen Schaft bei einer Standardwaffe nicht zuviel schränken. Wenn man einen Schaft nach persönlichen Wünschen fertigen läßt, ist es etwas anderes, aber man sollte berücksichtigen, daß die meisten Schaftrohlinge, die auf dem Markt sind, selten mehr als 65 mm dick sind, so daß es in dieser Hinsicht natürliche Begrenzungen gibt .

Es muß immer daran erinnert werden, daß eine Schränkung des Schaftes die Höhenlage des Schusses beeinflußt. Mit einem wohlgeschränkten Schaft kommt man besser an die Waffe und schießt tiefer. Wenn man den Schaftrücken aufbaut, um in senkrechter Richtung

richtig abzukommen, kann man das umgekehrte Verhältnis bekommen. Veränderungen in der Schaftlänge wirken sowohl auf die Höhen- als auch auf die Seitenlage der Schüsse ein, was bedeutet, daß Justierungen beim Schaft in richtiger Reihenfolge gemacht werden müssen:

– Länge,
– Senkung,
– Schränkung,
– Pitch.

Folgenden Rat möchte ich in diesem Zusammenhang geben: Wenn man normal gewachsen und mittelgroß ist, soll man anfangs einen Standardschaft benutzen und ihn so lassen, wie er ist. Allen anderen sage ich: Justiert zuerst die Länge, aber macht den Schaft nicht zu kurz. Danach soll man viel schießen, bis man absolut sicher ist, daß die Treffpunktlage, die man erhält, nicht auf eigenen Anschlagfehlern beruht. Man soll nicht glauben, daß eine geringfügige Justierung des Schaftes sofort zu besseren Ergebnissen führt. Wenn man mit einem Schaft geschossen hat, braucht es Zeit, bis man seine Haltung verändert, auch wenn die Schäftung nun völlig passend ist.

Dieselbe Waffe, aber verschiedene Schützen. Für den Mann paßt der Schaft, die Treffer sitzen seitlich richtig, aber ein bißchen zu tief. Für die Frau ist der Schaft zu lang. Sie trifft hoch und links

Was passiert, wenn man für den Mann den Schaftrücken einige Zentimeter erhöht?

Soviel wurde der Kolbenrücken erhöht. Er wurde auch ein wenig „dicker", der Schütze erklärte aber, daß er damit richtig über der Schiene zielen könne

Einige schnelle Schüsse auf die Scheibe zeigen, ob der Hochschuß wie gewünscht liegt

Natürlich saßen die Schüsse höher, das zeigt das Ergebnis auf der rechten Scheibe. Die Schüsse sitzen aber auch links. Also dasselbe Resultat wie bei einem zu langen Schaft. Die linke Scheibe zeigt die Treffpunktlage mit dem Originalschaft. Generell kann man also sagen, wenn ein Schaft höher wird, muß er auch mehr geschränkt werden, damit die Schüsse seitlich richtig treffen, ohne daß man der Kopf über den Schaftrücken biegen muß

Abzugstechnik

Wer der Meinung ist, daß die Größe einer Schrotgarbe sowohl grobe Zielfehler als auch schlechtes Abziehen ausgleichen kann, unterliegt einem Irrtum. Mit einer Flinte oder anderen Waffentypen mit derselben äußeren Konstruktion perfekt abzuziehen, will geübt sein.

Es reicht nicht, daß die Waffe perfekt geschäftet ist. Schlechtes Abziehen hat immer einen schlechten Schuß zur Folge

Die Ausführung des Pistolengriffes und des Schafthalses sowie die Plazierung der Abzüge machen bestimmte Techniken erforderlich, besonders wenn die Waffe einen englischen Schaft und doppelte Abzüge hat.

Abgedrückt werden soll immer mit der Fingerspitze, d. h. mit der Mitte des äußersten Teils des Fingers. Da ist die Empfindlichkeit am größten, und man hat die Möglichkeit, den Abzug gerade nach hinten in der Längsrichtung der Waffe zu ziehen. Der Daumen soll nach vorne gestreckt entlang der Oberseite des Schafthalses an der Seite des Abzugshebels liegen, sonst kann es zu schmerzlichen Erfahrungen kommen, wenn man zufällig den Rückstoß mit dem Daumennagel aufnimmt.

Man hört oft, daß geübte Schützen sagen, daß sie die Schüsse „abschneiden". Diese Technik ist absolut nichts für den Anfänger oder ungeübten Schützen. Beim geübten Schützen bewegt sich nur die Fingerspitze bei einer solchen Abfeuerung, beim ungeübten der halbe Körper. Er schneidet die Schüsse nicht ab, er reißt sie ab.

Bei einer guten Schießtechnik legt man schon im Anschlag den Finger mit einer gewissen Kraft gegen den Abzug, d. h. „den Abzug nehmen". Dann ist das Risiko kleiner, daß man unnötige Muskelbewegungen beim eigentlichen Abziehen macht. Wenn man geübter ist, wird der Schuß in der Regel durch eine Bewegung ausgelöst, die der am meisten ähnelt, wenn man versucht, den Schafthals zwischen Daumen und Zeigefinger zu klemmen.

Es ist schwierig, einen Schützen davon zu überzeugen, daß er die Schüsse abreißt und außerdem oft beide Augen dabei schließt. Das Schließen der Augen ist

Es geschieht häufiger, als man glaubt, daß ungeübte Schützen im Schuß die Augen schießen. Schußscheue – bewußt oder unbewußt – ist eine mögliche Ursache

eine frühzeitige Reaktion, mit der der Körper darauf wartet, einen unbehaglichen Schlag vom Schaft zu bekommen. Eine Videokamera kann solche Unarten enthüllen, es gibt aber auch andere Möglichkeiten, dem Schützen den Sachverhalt bewußt zu machen. Der Betreffende soll nur einige Schüsse von hinten auf Tontauben oder einige ruhige Schüsse auf feste Bodenziele schießen, ohne zu wissen, ob die Waffe geladen ist oder nicht.

Wenn man einen Schützen diesem Test aussetzt, ohne daß er darauf vorbereitet ist, pflegt er böse zu werden. Besonders wenn er versucht hat, sich auf das Treffen zu konzentrieren. Die Situation wirkt komisch, wenn die Waffe von den heftigen Bewegungen nach der Seite gezogen wird und der Schütze ein paar stolpernde Schritte macht, um nicht nach vorn zu fallen, weil er versucht, den Rückstoß aufzunehmen, der nicht kam.

Ist dem Schützen dagegen bewußt, daß die Waffe, die er bekommt, ungeladen sein kann, bemüht er sich, sie beim Abdrücken richtig zu halten. Das Ergebnis wird nach ein bißchen Übung besser, wenn er fühlt, was er falsch macht, und selbst beginnen kann, die Sache erfolgreich zu verändern.

Was bedeutet die Kleidung für das Schießergebnis?

Die Kleidung, die man beim Flüchtigschießen benutzt, soll eine gewisse Bewegungsfreiheit bieten.

Man ist sicherlich der Meinung, es sei nichts Bemerkenswertes, sich eine neue Jagdjacke zu kaufen. Das Angebot an Jagdkleidung ist sowohl sehr groß als auch phantasiereich: oft sehr schöne Sachen mit tausend praktischen Einzelheiten, Taschen für Funkgeräte und Patronen und Wärmetaschen, eine Menge von großen und kleinen gewöhnlichen Taschen für Kleinzeug, Butterbrot, Jagdscheinfutteral usw. Oft handelt es sich um kostspielige Produkte aus gutem Material, das sowohl atmungsaktiv ist als auch die Feuchtigkeit abhält. Eine Kleinigkeit nur wird oft übersehen: Wenn man die Jacke anhat, möchte man auch schießen können. Wenn die Jacke plötzlich irgendwo eng sitzt und es an ungewohnten Stellen spannt, schießt man viel schlechter. Vielleicht ist es in einigen Fällen einfach so, daß der Schneider gewechselt werden sollte und nicht der

Schaft. Wie beweglich man sich in einem Kleidungsstück von der richtigen Größe fühlt, beruht auf dem Zuschnitt. Welche Forderungen soll man also an eine Jagdjacke stellen?

Zuerst muß man die Arme anheben können, wenn man mit der Waffe in Anschlag geht, ohne die ganze Jacke zu heben. Dann sollte man sich in allen erdenklichen Körperhaltungen so bewegen können, daß es auf gar keinen Fall am Rücken spannt. Brusttaschen und andere Einzelheiten auf der Anschlagseite gehören nicht auf die Außenseite. Taschenklappen und anderes sollen nicht wie Dackelbehänge hängen. Der Kragen sitzt am besten am Hals und legt sich nicht wie eine große Walze weit über die Schultern. Dies alles hört sich selbstverständlich an, wie sieht es aber in Wirklichkeit aus?

Wir haben einige verschiedene Jacken mit einer alten brauchbaren Jacke verglichen. Dabei entdeckten

Es ist durchaus kein Nachteil, wenn die Jagdkleidung chic ist. Bewegungsfreiheit geht aber vor

Hemden mit elastischem Material in den Seiten sind gut besonders wenn das Hemd aus irgendeinem Grund über dem Rücken ein bißchen „eng" geworden ist

So wie hier sollte Jagd- und Schießkleidung nicht sitzen. Es fällt schwer, schnell zu schwingen

Faserpelz ist ein hervorragendes Material für Jagdkleidung, der Schnitt ist aber manchmal nicht durchdacht. Wenn große Falten an der Schulterpartie entstehen, behindert dies beim Anschlag, und er wird selten von einem zum anderen Schuß gleich gut

wir einige störende Details. Zum Beispiel: Eine außerordentlich wohlgemachte und schöne italienische Jakke von ausgesuchtem Material war taillenkurz. Die Formgebung bewirkte, daß sich ein Hängebauch bildete, der effektiv den Waffenschaft bei nachlässigen Anschlägen festhielt. Wenn man sich nun eine Technik angeeignet hatte, die zwar nötig, aber völlig unnatürlich war, um an den Überhängen vorbeizukommen, stand man mit nacktem Rücken da, wenn die Waffe endlich im Anschlag war.

Warme, schöne Kleidungsstücke aus Fiberpelz, geräuscharm und oft sehr praktisch, sind Produkte, die ursprünglich für körperliche Arbeit gedacht waren. Auch hier ist aber die Phantasie mit den Herstellern durchgegangen. Oft sind die Jacken wie die Haut eines Welpen zugeschnitten, d. h. überall zu groß, außer

da, wo es nötig ist. Dann fragt man sich, ob die Hersteller mehr nachdenken oder Fachleute zu Rate ziehen sollten.

Soll die Waffe schnell geführt werden, will ich keine großen Falten, auch wenn sie weich sind, an Schulterpartie und Oberarmen haben. Im übrigen aber spielt es keine Rolle, wie „jagdmäßig" die Jacke aussieht, wenn sie sowieso nur auf dem Bügel hängt.

Notwendige Bewegungsfreiheit

Es ist merkwürdig, daß kein Jagdbekleidungshersteller die Hemden und Oberbekleidung aus alten Zeiten studiert zu haben scheint. Da zeigt sich, wie nötig es war, daß sie Bewegungsfreiheit bot. Mal mußte man gebeugt gehen, um mit der Sense zu arbeiten, dann wieder Heu mit gestreckten Armen aufheben, ohne daß die Taille entblößt oder der Rücken von Grannen, Spreu und anderen stechenden Kleinigkeiten gequält wurde.

Die Kleidungsstücke waren für Körperarbeit gemacht und einfach zugeschnitten, in geraden Stücken ohne großen Schnickschnack. Wenn man alte Hemden beguckt, findet man im Ärmelloch eine sehr interessante Einzelheit, einen kleinen viereckigen Flicken, der diagonal mit zwei von den Ecken in der Seitennaht

beziehungsweise der Ärmelnaht plaziert wurde. Das Ergebnis ist verblüffend: Beweglichkeit für die Arme, ohne daß es irgendwo spannt. Besonders bei dicken Kleidungsstücken wäre eine solche Einzelheit äußerst effektvoll, zunächst wegen der Beweglichkeit, sodann wegen der Luftzirkulation. Der kleine Flicken könnte aus einem dünnen Stoff bestehen, der feuchtigkeitsdurchlässig ist, wenn der Körper schwitzt.

Wachsjacken sind populäre Kleidungsstücke bei der Jagd, manche Modelle passen aber schlecht, besonders wenn man die Taschen voll Munition hat

Eine Öffnung unter der Achselhöhle gibt größere Bewegungsfreiheit und sorgt für Luftzirkulation

Gewisse Lodenmantelschnitte haben Schlitze unter den Ärmeln, die übrigens denselben Nutzen erbringen. Manchmal ist es aber wünschenswert, daß das Kleidungsstück dicht ist, damit es nicht allzu viel Schnee oder dürre Nadeln hindurchläßt.

Jagdjacken mit bequemen Golffalten im Rücken und großzügig eingesetzten Ärmeln gewährleisten optimale Bewegungsfreiheit

Wachsjacken sind als Oberkleidung bei der Jagd beliebt geworden. Persönlich sehe ich sie mit gemischten Gefühlen. Vielleicht habe ich nicht die richtigen Ausführungen gehabt, oder ich schwitze mehr als andere. Nach schwierigen Ansitzen im Nieselregen bin ich aber am Körper genauso naß, als ob ich ohne Oberbekleidung gegangen wäre. Wenn man dann ein paar Stunden stillstehen muß, wärmt die Wachsjacke nicht viel.

Viele Jäger fühlen sich aus guten Gründen in dieser Jacke äußerst wohl. Hat man aber früher nie eine solche besessen, ist man gut beraten, wenn man sich beim Kauf zunächst die Taschen voll Patronen packt und dann die Jacke mit einigen Probeanschlägen testet. Wenn jetzt Größe oder Zuschnitt der Körperform nicht angepaßt sind, kann sie ordentlich spannen.

Fiberpelzgefütterte, halblange Mäntel sind warm und schön, wenn man lange auf seinem Stand stillstehen muß. Das Problem ist, daß sie oft im Rücken keine Balgfalte haben und daß es schwierig sein kann, sich in ihnen schnell zu bewegen.

Eine andere Sache bei Jagdjacken sind die Schubtaschen. Verglichen mit vielen mehr oder weniger komplizierten sogenannten Schießhandschuhen mit kleinen Hauben und Schlitzen, die nach Bedarf geöffnet werden sollen, sind die Schubtaschen eine gute Alternative. Man soll nur darauf achten, daß sie in der richtigen Höhe sitzen. Wenn sie zu hoch sitzen, bekommt man bald Blutstau in den Armen, und wenn sie zu tief sitzen, muß man gebeugt stehen.

Warum soll man nicht die Jagdjacken und -mäntel, die man auf der Jagd zu tragen pflegt, zum Schießstand mitnehmen? Man zieht das an, was bei kalten und regnerischen Tagen aktuell werden könnte, und schießt darin einige Serien. Natürlich kann es im Frühling oder Sommer warm werden, man hat aber gute Vergleichsmöglichkeiten.

Viele, um nicht zu sagen der größte Teil der Jäger, die Schaftprobleme haben, beheben sie während des Sommerhalbjahres. Wenn der Schaftmacher Pech hat, kommt der Schütze in einem dünnen Pullover und hat sonst nichts oder höchstens eine dünne Jacke an. Weder Wärmeunterwäsche, noch Flanellhemd, Daunenweste, Wollpullover oder Regenmantel. Dann sind die Voraussetzungen für eine richtige, jagdliche Waffenhandhabung nicht vorhanden.

Schießen mit Stahlschrot

In der Umweltdebatte ist die Überlegung, Stahlschrot als Ersatz für Bleischrot zu verschießen, aktuell geworden. Ohne Zweifel werden Jäger, Jagdverbände und Schießstandbetreiber in den 90er Jahren immer häufiger der Forderung begegnen, sich mit Bestimmungen des Umweltschutzes auseinanderzusetzen. Abgesehen von den unter Umständen zu erwartenden umweltgerechten Vorteilen, die ein genereller Übergang zu Stahlschrot eventuell haben könnte, sind zahlreiche technische und sicherheitstechnische Fragen zu beantworten.

Unter streng jagdlichen Gesichtspunkten gibt es kaum Bedenken gegen die Verwendung von Stahlschrot, allerdings unter der Voraussetzung, daß die Schußentfernung höchstens 35 Meter beträgt.

Aus jagdlicher Sicht bereitet Stahlschrot keine größeren Probleme. Die Wirkung ist bei normalen „Schrotschußentfernungen" völlig ausreichend. Viele waffentechnische Fragen sind aber noch unbeantwortet

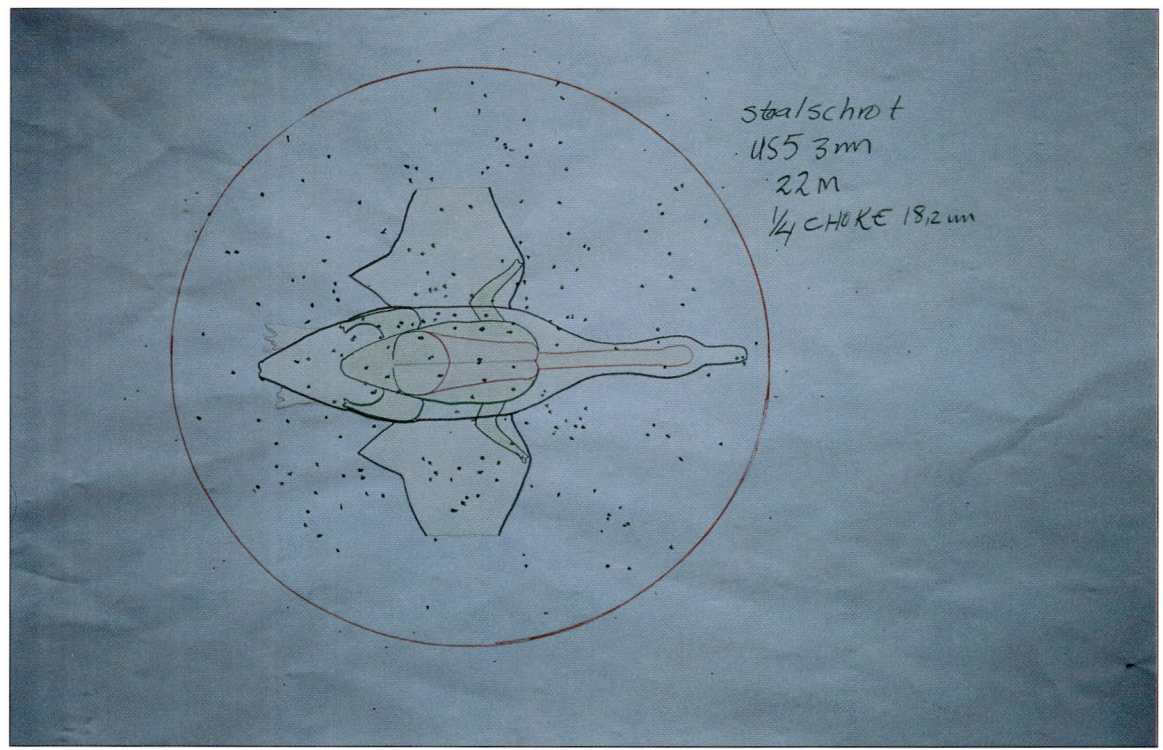

Stahlschrotpatronen lassen auch mit offenen Bohrungen bei normalen Entfernungen dichte Trefferbilder zu. Die Ursache liegt im sehr harten und festen Schrotmaterial, so daß die Schrotkörner nicht deformiert werden

Aus wundballistischer Sicht haben Bleischrote von 3 mm an aufwärts auf normale Schrotschußentfernung mehr als ausreichende Auftreffenergie. Stahlschrote gleichen Durchmessers haben aufgrund ihres geringeren Gewichts auf gleiche Entfernung eine deutlich geringere Auftreffenergie. Von entscheidenden Unterschieden beim Eindringvermögen in den Wildkörper zu sprechen, wäre allerdings übertrieben.

Aus jagdlicher Sicht ist bei Stahlschrotpatronen entscheidend negativ zu beurteilen, daß Stahlschrote, bezogen auf normal gebräuchliche Schußentfernungen (d. h. zwischen 20 und 30 m), auch mit offen gebohrten Läufen extrem dichte Trefferbilder schießen. Die Flinte muß durchschnittlich mindestens eine Stufe offener gechoked sein, um mit ihr die Trefferbilder einer Bleischrotpatrone zu erzielen. Schon eine Flinte mit 1/4 Chokebohrung (verbesserte Zylinderbohrung) schießt mit Stahlschrot so eng, wie ein Lauf mit 1/2- bis 3/4-Choke mit Bleischrot.

Hat die Waffe eine enge Chokebohrung und beabsichtigt man mit ihr nur hin und wieder mit Stahlschrot zu schießen, können nachhaltige Probleme auf-

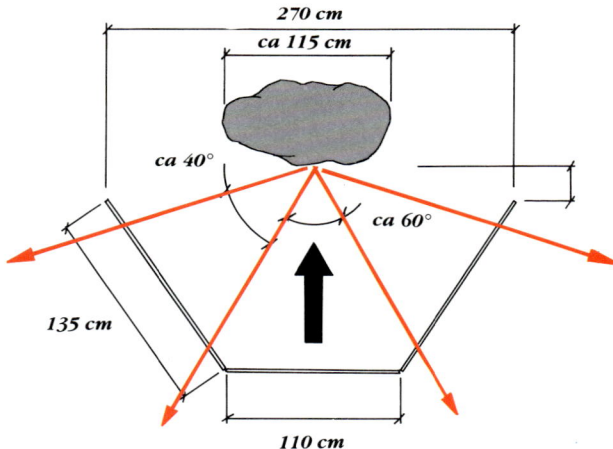

Die Maße der Schrotfalle in der Skizze. Rote Pfeile markieren die Hauptrichtungen der abprallenden Schrote. Der schwarze Pfeil markiert die Schußrichtung

treten. Natürlich kann man den Choke erweitern lassen. Dies ist aber ein Eingriff, der nicht wieder rückgängig zu machen ist. Falls die Läufe jedoch für Wechselchokeeinsätze eingerichtet sind, können diese nach

Mit Stahlschrot auf steinigen Boden zu schießen ergibt immer Abpraller. Hier sieht man deutlich das Resultat zweier schneller Schüsse hintereinander auf eine Entfernung von gut 20 m. Die Funkenbildung ist enorm. Brandgefahr!

So sah es in der Schrotfalle nach vier Schüssen mit Stahlschrot US Nummer 5 aus. Der Pfahl zeigt, wo der Schütze stand. Das Bild wurde von den Steinen auf dem oberen Bild aufgenommen. Die genaue Anordnung kann man der Skizze auf S. 138 entnehmen

Bedarf – sofern die Einsätze für Stahlschrotpatronen geeignet sind – ebenfalls verwendet werden.

Ein anderes Problem beim Schießen mit Stahlschrot entsteht durch Abpraller (Rikoschettenrisiko) beim Schuß auf Wild am Boden, besonders wenn dieser steinig oder gefroren ist. Die Schrotkörner verteilen sich mit hoher Geschwindigkeit in alle Richtungen und fliegen in besonders unglücklichen Fällen sogar nach hinten direkt auf den Schützen zu.

Versuche mit sogenannten Schrotfallen haben dieses bewiesen, wie auf der nebenstehenden Abbildung gezeigt wird. Man stellte fest, daß besonders auf Treibjagden solche Abpraller (Rikoschetten) für die Nachbarschützen ein erhebliches Risiko darstellen.

Der Unterschied im spezifischen Gewicht von Blei und Stahl bewirkt, daß die Anzahl der Schrotkörner in einer Stahlschrotpatrone größer ist als in einer Patrone mit Bleischrot, geht man von gleicher Masse und Schrotstärke aus. Auch bei niedrigen Vorladungsmassen wie z. B. 30 g braucht eine Schrotsäule sehr viel mehr Platz. Außerdem müssen die Zwischenmittelwandungen bei Stahlschrot extrem dick sein, um den Lauf vor Abnutzung zu schützen.
Es bleibt kein Platz für eine druckausgleichende Vorladung wie bei Bleischrot links im Bild. Daher hat eine Stahlschrotpatrone im Verhältnis zur Vorladung einen hohen Gasdruck.
Links Bleischrot mit einem Ladungsgewicht von 32 g. Rechts Stahlschrot mit einem Ladungsgewicht von 30 g

Nach meiner Auffassung ist es für den Schützen höchst gefährlich, auf sehr kurze Entfernungen mit Stahlschrot auf den Erdboden zu schießen, obwohl dies z. B. bei einem Fangschuß unerläßlich ist.

Waffentechnische Probleme mit Stahlschrot

Stahlschrot ist aufgrund seiner Materialeigenschaften weitaus härter als Bleischrot. Dadurch können die Läufe beschädigt werden, es sei denn, man benutzt einen kräftigen Plastik-Schrotbeutel.

In einer Patrone der Hülsenlänge 70 mm mit 24 bis 28 Gramm Stahlschrot geladen, ist kein Platz für ein elastisches Zwischenmittel, wie es in einer bleischrotgeladenen Patrone normalerweise der Fall ist. Selbstverständlich beeinflußt die Gestaltung des Zwischenmittels den Gasdruck im Lauf bei der Beschleunigung der Schrotladung.

Dies stellt für den Munitionshersteller ein weiteres Problem dar, weil die unelastische Stahlschrotladung in Kombination mit einem notwendigerweise sehr stei-

fen Zwischenmittel im Zündungsmoment einen hohen Druckanstieg begünstigt. Eine Kompensation während der Gasdruckentwicklung durch Dämpfungselemente ist kaum möglich.

Die Schrotsäule ist bei Stahlschrot außerdem insgesamt länger, wodurch die Reibungskräfte gegen die Laufwand erheblich größer sind als bei einer herkömmlichen Vorladung aus Bleischrot. Auch wenn der Gasdruck im Patronenlager in zulässigen Grenzen bleibt, wird er im Lauf unmittelbar vor dem Patronenlager deutlich höhere Werte annehmen.

Die neuen C.I.P.-Normen geben, soweit ich weiß, lediglich die durchschnittlich zulässigen Maximalgasdrücke für die gewöhnlichen Stahlschrotpatronen (bezogen auf Schrotwaffen jeder Art) an. Wenn es sich um stahlschrotgeprüfte Waffen (steel proof) handelt, die für sehr effektive Hochleistungspatronen (houte performance) ausgelegt sind, werden Forderungen laut, daß die Gasdruckmessung für Stahlschrotpatronen zumindest an einer weiteren Stelle im Lauf vor dem Patronenlager kontrolliert wird und dort den Wert von 500 bar (piezo) einhalten soll.

Auch wenn das Zwischenmittel aus sehr widerstandsfähigem Material hergestellt wird, besteht immer die Gefahr, daß es von Stahlschroten durchdrungen wird. Die Folge sind Ritze oder ähnliche Beschädigungen, besonders bei Waffen, deren Läufe Minimalmaß haben. In engen Läufen erhöht sich natürlich der Gasdruck, da die Schrotsäule sehr hart ist

Die Ergebnisse von Schießversuchen waren bislang nicht einheitlich, so daß noch keine allgemeingültigen Aussagen gemacht werden können. In einigen Fällen zeigten sich nach einigen hundert Schüssen deutliche Dimensionsveränderungen im Patronenlager sowie im Chokebereich. Andere Flinten überstanden den Test mit mehreren tausend Schüssen, ohne daß ungewöhnliche Veränderungen registriert werden konnten.

Es besteht jedoch das Risiko, daß große Mengen älterer oder schwach dimensionierter moderner Waffen, die mit Bleischrotpatronen zuverlässig schießen, in den kritischen Bereichen deformiert werden und somit ein erhebliches Gefahrenpotential darstellen.

Kombinierte Gewehre mit zusammengelöteten Läufen leiden beim Verschießen von Stahlschrot besonders. In erster Linie sind es die stark gechoketen Läufe, die an der Mündung entweder gedehnt oder aufgebaucht werden. In einem solchen Fall wird der Kugellauf unweigerlich in Mitleidenschaft gezogen, seine Lage verändern. Die Treffpunktlage wird unkalkulierbar und das Einschießergebnis unzuverlässig.

Eine Mündungsdehnung entsteht selten abrupt, sondern bildet sich erst nach einer gewissen Anzahl von Schüssen. Dies dürfte das größte Problem sein. Es sind zwar lediglich wenige Zentimeter des Laufes, die beeinflußt werden, aber es bedeutet, daß eine Verschie-

bung der Mündung des Kugellaufes von nur ein paar zehntel Millimetern die Treffpunktlage bei einer Schußentfernung von hundert Metern um ungefähr einen Meter verändert. Solche starken Abweichungen können, schießt man über Kimme und Korn, nur selten korrigiert werden. Bei Zielfernrohren, besonders mit einer starken Vergrößerung, kann der Verstellbereich überschritten werden.

Ob sich Waffentypen mit sehr schwacher oder gar keiner Chokebohrung anders verhalten, ist noch nicht eindeutig erwiesen. Die Zukunft wird es zeigen, wenn gesicherte Ergebnisse vorliegen.

C.I.P.-Normen für Stahlschrotpatronen

Neu ist die Festlegung der C.I.P. (Internationale Kommission für die Prüfung von Handfeuerwaffen und Munition), zwei Typen von Patronen mit Stahlschrot zu spezifizieren. Teils hat man die Anfangsgeschwindigkeit $V_{2,5}$ begrenzt, teils wurde der Begriff Mündungsimpuls als neue Bezugsgröße eingeführt. Der Mündungsimpuls ist das Produkt aus Masse und Geschwindigkeit, die Einheit wird in Newtonsekunden (Ns) angegeben. Die Masse der Schrotladung wird in Kilogramm angegeben, die dann mit der Geschwindigkeit

Aus der Sicht des Umweltschutzes ist Stahlschrot in seichten Seen und Gewässern unbedenklich. Die besonderen Zwischenmittel sind jedoch beim gegenwärtigen Stand der Waffentechnik unbedingt erforderlich

$V_{2,5}$ der Vorladung multipliziert wird. Weiter darf die Härte der Schrotkörner nach der Vickerschen Prüfmethode nicht größer als 110 HV 1 sein. Die Vorladungen müssen ihre Eigenschaften im Temperaturbereich von −20 bis +50 °C konstant und funktionsfähig beibehalten.

Der erste Normalpatronentyp ist für sämtliche Flinten im Kaliber 12 ohne Rücksicht auf die Stärke der Würgebohrung der einzelnen Läufe verwendbar. Die Gasdrücke sollen sich innerhalb der gleichen Grenzen wie bei gewöhnlichen Bleischrotpatronen bewegen. Der maximal zulässige Gebrauchsgasdruck beträgt $P_{max} = 740$ bar (piezo), und die Schrotstärke ist auf maximal 3,25 mm (USA) begrenzt.

Die andere Hochleistungspatrone darf nur in Waffen benutzt werden, die einer speziellen Stahlschrotprüfung unterzogen wurden. Danach müssen sie mit einer besonderen Prüfmarkierung und dem Namen des Beschußamtes, das die Prüfung vorgenommen hat, gestempelt werden. Der Höchstgasdruck für diesen Patronentyp ist mit $P_{max} = 1040$ bar (piezo) festgelegt. Wenn die Hochleistungspatrone mit Schrotstärken über 4 mm (USA) geladen ist, darf die Chokebohrung der Waffe nicht mehr als 0,5 mm verengt sein.

Generell gilt für beide Patronentypen, daß alle Patronen mit „Steel shot" auf der Hülse markiert und daß die Verpackungen mit dem folgenden Warnungstext versehen sein müssen:

Achtung, Stahlschrot, es wird vor Abprallern beim Schießen gegen harte Flächen gewarnt!

Richtwerte
Stahlschrot Normalpatrone:
Anfangsgeschwindigkeit $V_{2,5}$ = 400 m/s
Mündungsimpuls = 12 Ns
Stahlschrot Hochleistungspatrone:
Anfangsgeschwindigkeit $V_{2,5}$ = 430 m/s
Mündungsimpuls = 13,5 Ns

In der Praxis bedeutet dies, daß die Masse der Vorladung für die Normalpatrone 30 Gramm bei höchster zugelassener Geschwindigkeit nicht übersteigen darf, für die Hochleistungspatrone 32 Gramm. Wenn der Hersteller größere Vorladungsmassen (z. B. 36 Gramm) verwendet, muß die Geschwindigkeit entsprechend reduziert werden und umgekehrt.

Natürliche und gute Biotope für Enten gibt es nicht im Übermaß, und die vorhandenen sind nach wie vor bedroht. Selbstverständlich sind sich die Jäger ihrer Verantwortung bewußt, die Bleischrote sind jedoch auf Dauer nicht das schwerwiegendste Problem

Jagd mit Büchsen

Es ist bedeutend einfacher, mit der Büchse schießen zu lernen als mit der Flinte. Der Unterschied liegt vorwiegend in den Zieleinrichtungen der Büchse, weil man die ganze Zeit sieht, wohin man die Waffe richtet, so daß man bewußte Korrekturen vornehmen kann, bis der Zielpunkt richtig liegt.

In den meisten Fällen werden Kugelschüsse auf stehendes Wild abgegeben, und der Schütze hat in der Regel die Möglichkeit, aufgelegt zu schießen. Das ist vermutlich einer der Gründe, weshalb viele ihre Jägerlaufbahn mit einer Büchse in der Hand beginnen. Die Schüsse können ruhig abgegeben werden, und es sind keine größeren Übungsleistungen erforderlich, um einigermaßen erfolgreich zu jagen.

Obwohl es verhältnismäßig leicht ist, mit Büchsen zu jagen, ist dies kein Grund, Übungsschießen zu unterlassen. Früher oder später erlebt jeder Jäger einmal, daß es nötig ist, krankgeschossenem oder flüchtendem Wild einen schnellen zweiten oder sogar dritten Schuß anzutragen. Dann ist es wichtig, daß man schnell repetieren und schießen gelernt hat. Die Einsicht, daß die eigene Schießfertigkeit und -fähigkeit nicht ausreichend ist, schadet dem Selbstvertrauen und verringert die Jagdfreuden auf höchst unerfreuliche Weise. Außerdem wird meist stärkeres Wild mit Büchsen gejagt. Ich will in diesem Abschnitt nicht versuchen, schießen zu lehren, aber doch einige meiner eigenen Erfahrungen von der Jagd mit Büchsen vermitteln.

Daß gutschießende, technisch vollendete und schöne Jagdwaffen für viele Jäger einen Eigenwert haben, ist ziemlich natürlich. In Jagdsituationen, in denen die eigene Fähigkeit auf die Probe gestellt wird, kann Vertrautheit mit der Waffe gar nicht hoch genug eingeschätzt werden. Vielleicht war dies auch der Grund,

Das Erscheinungsbild einer Jagdwaffe bedeutet dem Jäger sehr viel, obwohl es ohne praktische Bedeutung ist.
Die gezeigte Feuersteinspitze ist ein Meisterwerk, obwohl der Pfeil auch ohne die elegante Ausformung der Scherkel gerade fliegen könnte. Die komplizierte Fertigung hat sicherlich auch Dekorationszwecken gedient

daß man bereits in der Steinzeit so unglaublich viel Arbeit auf die Herstellung reiner Gebrauchsgegenstände wie Pfeilspitzen verwandte. Oft besitzen sie Formen, die das Ergebnis einer bis ins kleinste Detail ausgeführten Arbeit sind, die für ihre praktische Funktion überhaupt keine Bedeutung gehabt haben können. Die Gefühle, die der geschickte „Feuersteinschmied" beim Steinzeitjäger mit seinen eleganten Pfeilspitzen wecken konnte, unterscheiden sich wohl kaum von dem, was viele moderne Jäger fühlen, wenn sie das heutige Angebot an Geschoßkonstruktionen und ballistischen Daten sehen. Ohne Waffen und Munition zum Selbstzweck werden zu lassen, sind sie doch Bestandteil der Jagd. Ihre gute Funktion und Wirkung wie die Forderung nach sachkundigem Umgang sind heute genau-

so wichtig wie in früheren Zeiten, vielleicht sogar wichtiger, da die heutige Jagd für den Ausübenden nicht als etwas Lebenswichtiges verteidigt werden kann. Der große Unterschied ist, daß die früheren Jägerkulturen, mit den heutigen Jagdbüchsen verglichen, äußerst primitive Waffen hatten. Der einzelne Jäger mußte sein Handwerk verstehen, um so nahe an sein Wild zu kommen, daß er mit Pfeil oder Speer einen tödlichen Treffer setzen konnte. Bei der Jagd auf stärkeres und gefährlicheres Wild wie z. B. Bär und Wildschwein, waren außerdem sowohl Mut, Muskelkraft wie auch andere Fähigkeiten erforderlich, um den Tieren mit einem einfachen Speer zu Leibe zu rücken und die Jagd erfolgreich zu beenden. Bei modernen Schußwaffen sind weder Mut noch Muskelkraft nötig, um zu jagen.

*Ist der Unterschied zwischen dem Jäger von heute und dem der Urzeit so groß? Die
Antwort lautet ja und nein. Der Umgang mit der Jagdwaffe ist heute enorm vereinfacht,
dafür ist die Beurteilung der Jagdsituation wesentlich komplizierter*

Wir leben nicht von der Jagd und suchen andere Genüsse in ihr als den Winterbedarf an Lebensmitteln zu decken. Doch geht sie, mit Ausnahme von der Freude an der eigentlichen Jagdausübung, darauf hinaus, nahe genug an das Wild zu kommen, um es schmerzfrei zu töten.

Die Waffen, die wir heute haben, ermöglichen, diesen Teil der Jagd in einer tierschutzgerechten effektiven und „humanen" Weise zu praktizieren, d. h. unter der Voraussetzung, daß wir die volle Kapazität der Waffe ausnutzen. Sonst kann sie dem Wild viel größeres Leiden verursachen als ein schlecht angebrachter Pfeilschuß. Die Reichweite unserer Büchsen, d. h. die Entfernungen, bei denen ein Büchsengeschoß eine tödliche Wirkung hat, ist viel größer als das, was allgemein als waidgerechte Entfernung angesehen wird. Wir haben also gegenüber unseren Vorfahren keine materialbedingten Einschränkungen bei unserer Jagdausübung. Um eine Kugelpatrone abzufeuern, sind, wie gesagt, keine besonderen physischen oder chrakterlichen Eigenschaften erforderlich. Dagegen muß man Urteilsvermögen und Selbstkritik haben, die eigenen Fähigkeiten und Fertigkeiten kennen, um sich innerhalb der ethischen Grenzen zu bewegen, die für den heutigen Jäger gelten. Der Steinzeitjäger brauchte kein besonders guter Schütze zu sein. Die Wirkung seiner schwachen Waffen zwang ihn, sich so nahe an das Wild zu schleichen, daß das Problem, richtig zu

*Zuerst versucht man, sich dem Wild auf angemessene Schußentfernung zu nähern.
Dann muß man sich zu einem wohlgezielten Schuß entscheiden oder gar auf einen
Schuß verzichten*

treffen, kaum noch Bedeutung besaß. Für den modernen Jäger ist das Problem umgekehrt. Was er bei der Schußgelegenheit zu beurteilen hat, ist, ob seine eigene Schießfertigkeit ausreicht, um auf die Entfernung, in der sich das Wild befindet, sicher zu treffen. Die Schußwirkung der Waffe braucht er nicht anzuzweifeln. Aber gerade deswegen kann man sich leicht verleiten lassen, einen Schuß auf gut Glück zu versuchen.

Schußsituationen

Jagliche Situationen werden von verschiedenen Jägern sehr unterschiedlich beurteilt. Das Maß an Erfahrung und Schießfähigkeit variiert ungeheuer zwischen verschiedenen Jägern, und man braucht nicht besonders befähigt zu sein oder lebenslange Erfahrung haben, um an einer Jagd teilzunehmen. Eine Schußchance kann ja, abhängig von Gewohnheiten, für den einen Jäger einfach sein, für den anderen eine völlig unlösbare Aufgabe. Der Schwierigkeitsgrad wird auch vom eigenen Auftreten im Revier beeinflußt und davon, welche Phantasie man besitzt, um sich vorzustellen, was passieren und wie ein Wildkontakt sich gestalten kann.

Bei der Pürsch bekommt der, der in falschem Wind nicht leise genug geht und sich überhaupt unvorsichtig benimmt, selten eine Chance, einen einfachen Schuß abzugeben. Das Wild wird frühzeitig vergrämt, und

Feste Ansitzplätze sorgen für Ruhe und Gelassenheit des Jägers. Ein Hochsitz oder ein Schirm aus Reisig, die gute Auflage ermöglichen, sorgen bei Wildkontakt für streßfreie Jagdsituationen

es ist schwierig, innerhalb vernünftiger Entfernungen zum Schuß zu kommen. Wenn man außerdem mit der Waffe ungeübt und sich dessen bewußt ist, verringern sich die Schußmöglichkeiten drastisch, sogar in wildreichen Revieren. Ein schlechter Schütze muß mit einem extrem geschickten Verhalten als Jäger seine mangelnde Schießfertigkeit kompensieren, um nicht zu gewagte Schüsse abzugeben.

Alternativ bietet sich an, die Jagdart zu wechseln und sich statt dessen auf einen Hochsitz oder einen anderen wohl vorbereiteten Platz zu setzen, in dessen Nähe Wild zu erwarten ist. Dann bekommt man mehr Zeit und man hat gute Möglichkeiten, aufgelegt zu

schießen. Für neue und wenig routinierte Jäger ist die Ansitzjagd optimal. Da vermeiden sie auch eigene Frustrationen und Kommentare von Jagdkameraden wegen schlechter Schüsse. Auch wenn man viele Jahre gejagt, aber die Schießübungen vernachlässigt hat, können Ängste auftauchen, wenn man es am wenigsten ahnt. Sie können auch lange anhalten. Wenn man lange gut geschossen hat, kann man leicht unkonzentriert an die Sache herangehen. Der Gedanke, es werde schon irgendwie gehen, verbunden damit, daß man Zeichnen und Schußzeichen nicht deuten kann, ist oft der Beginn einer Schußphobie. Plötzlich reagiert der Zeigefinger nicht automatisch auf die Signale des Gehirns,

Auch wenn zu erwarten ist, daß das Wild jede Minute verhofft, sind Überraschungsmomente nicht auszuschließen. Es verlangt von jedem Jäger viel Disziplin, auf einen Schuß zu verzichten. Bei unzureichender Technik kann es leicht zu einem solchen Fehlschuß kommen. Unangenehmer wäre jedoch Krankschießen des Wildes

und das Fadenkreuz tanzt wild um den Zielpunkt, trotz großer Anstrengung. Dann kann man nur eines machen: Den Finger gerade lassen und das Gewehr absetzen.

Wenn das Wild ruhig äst, hat man vielleicht Zeit, an Wiederholung zu denken, aber nicht, wenn es unruhig ist. Wer geübt ist, verschiedene Schußsituationen zu meistern, versucht oft auch dann noch zu schießen, wenn er sich unsicher fühlt. Er nimmt dann alle Willenskraft zusammen, um sich zu beruhigen. Darunter leidet die Konzentration, so daß die Motorik nicht mehr richtig funktioniert und das Schießen mechanisch abläuft.

Das Phänomen ist genau dasselbe wie bei vielen anderen menschlichen Aktivitäten, die höchste Konzentration erfordern. Nehmen wir als Beispiel unsere Tennisstars. Heute ein blendendes Spiel gegen einen starken Gegner, am nächsten Tag von einem viel schwächeren geschlagen. Solches hat aber nichts mit Technik zu tun, das sitzt im Gehirn. Man ist eben „mental nicht gut drauf". Wenn nach einigen Mißerfolgen Zweifel aufkommen und man bewußt versucht, Handgriffe oder Bewegungen, die früher in Fleisch und Blut übergegangen waren, zu beeinflussen, kann man angesichts der Aufgaben, die normalerweise leicht zu erledigen sein sollten, völlig blockiert werden. Dies ist menschlich gesehen keinesfalls merkwürdig. Problematisch ist nur, daß die heutigen Jäger einer Ethik verpflichtet sind, die für Sportler oder Wettkampfschützen nicht gilt. Jägern darf nichts mißlingen.

Da wir alle, unabhängig davon, wo wir der Erfahrung nach stehen, unsere kleinen Phobien bezüglich Jagd und jagdlichem Schießen haben, gehabt haben oder bekommen werden, sollte es in unserem Interesse liegen, dem vorzubeugen. Es handelt sich ganz einfach um psychologische und praktische Vorbereitungen.

Die psychologische Vorbereitung besteht darin, sich darauf zu konzentrieren, wirklich zu jagen, wenn man jagt, auch wenn Wind und Wetter schlecht sind und es schon spät ist. Mit anderen Worten, man soll bereit sein. Mit einer geladenen Waffe auf der Schulter herumzubummeln mit dem Gedanken: „Hier passiert doch nichts", ist oft der Beginn eines gewagten Schusses. Wenn sich solche Gedanken breit machen, soll man die Waffe entladen und nach Hause gehen.

Natürlich gibt es keinen Grund, mit dem Daumen auf dem Sicherungsschieber und mit den Sinnen aufs äußerste gespannt herumzuschleichen. Seine Sachen in Ordnung zu haben und wach zu agieren schadet aber nicht. Wenn man z. B. auf seinem Stand kaffeetrinkend sitzt, ist es gut zu wissen, wohin man die Tasse stellen kann, wenn man sie plötzlich gegen die Waffe tauschen will. Man soll die Waffe leicht zugänglich haben, so daß man sie mühelos greifen kann. Wenn man sich bewegen muß, um zu schießen oder eine Auflage zu finden, muß man das können, ohne Rucksäcke oder Proviantkasten umzukippen.

Ein vorausschauender Jäger achtet darauf, daß er in alle zugelassenen Richtungen schießen kann, auch in die unwahrscheinliche, indem er, bevor das Wild kommt, probiert, wie er agieren soll. Oft geht es nur darum, seine Sachen richtig hinzulegen, einige dürre Zweige zu entfernen und nachzusehen, ob die eventuellen Schußrichtungen frei sind.

Bei festen Ständen, die z. B. oft bei Elchjagden vorkommen, ist das Roden der Schußschneisen vor der Jagd eine sehr vorausschauende und beruhigende Maßnahme. Sichtschneisen (Krähenfüße), die es ermöglichen, daß man das Wild frühzeitig sehen kann, geben Zeit, sich vorzubereiten. Breite Schußbereiche ohne Anflug und Äste ermöglichen wohlgerichtete und ruhige Schüsse. Wenn man außerdem die Stände so einrichtet, daß die Waffe eine gute Auflage hat, kann ich garantieren, daß negative Streßmomente verschwinden und daß das Selbstvertrauen zurückkommt.

Trotz perfekter Vorbereitungen für die Jagd darf man sich natürlich nicht von der Notwendigkeit ablenken lassen, das Schießen zu trainieren und seine Waffe ordentlich kennenzulernen. Für die meisten Jäger ist es tatsächlich einfacher, ihre Schießfähigkeit bis zu einer gewissen Stufe zu trainieren und praktische Vorbereitungen für die Jagd zu treffen, als sich zu einem Meister in der Pürschjagd auszubilden, oder wie der Steinzeitjäger gezwungen zu sein, solche Stände zu wählen, wo er geduldig und lautlos warten kann, bis das Wild nahe genug kommt.

Im Moment des Schusses hat man keine Zeit, daran zu denken, wie die Waffe eingeschossen ist oder mit welchen Geschossen die Patronen geladen sind. So etwas gehört zu den bewußten Vorbereitungen und sollte weit vor Beginn der Jagdsaison erledigt sein.

Wieviel Fähigkeit oder Sorgfalt man auch für eine angemessene Schußchance verwandt hat, die Grenze

Ein freies Schußfeld; das Wild verhofft breit in einer optimalen Entfernung, das sind die idealen Voraussetzungen bei der Jagd. Die Wirklichkeit sieht meist anders aus, man kann jedoch, bevor das Wild in Anblick kommt, durch Vorbereitungen und Nachdenken vieles beeinflussen.

*Der Augenblick der Schußabgabe macht 80 %
eines gelungenen Schusses aus. Wenn man den
Finger an den ungesicherten Abzug bringt, muß
man sich über Situation und persönliche
Fertigkeiten im klaren sein*

zwischen Triumph und Niederlage bleibt haarfein, sobald man den Finger gegen den Abzug legt. Man
braucht beim Abfeuern nur einen kleinen Fehler zu
machen, und der Schuß sitzt an einer ganz anderen
Stelle, als man es sich gedacht hat, auch wenn die Entfernung kurz ist. Viele Jäger haben die bittere Erfahrung machen müssen, daß es außerordentlich einfach
ist, einen stehenden Elch fast in Schrotschußweite vorbeizuschießen. Leider ist dies eine Tatsache und psy-
chologisch nichts anderes, als wenn ein Fußballspieler
den Ball über die Latte eines leeren Tores kickt. Die
Ursache ist eine Mischung aus Überraschung, man-
gelnder Konzentration, da die Aufgabe einfach wirkt,
oder fehlender Routine.

Und die Waffe, unser Werkzeug? Wieviel Auswirkung kann sie auf unser Gelingen haben? Bedeutend

mehr, als man denkt, auch wenn man es nicht wahrha-
ben möchte. Da sind wir wie die Steinzeitjäger. Wenn
man der Waffe ein starkes positives Gefühl entgegenbringt und sich auf sie verläßt, gelingt vieles besser, als
wenn man sich ihrer nicht sicher ist. Der Augenblick
des eigentlichen Schusses ist so ungeheuer kurz, daß
niemand die Möglichkeit zu bewußten Reflexionen hat.
Alle können aber behaglich von unbehaglich oder einfach von schwer unterscheiden.

Auch wenn man für den Schuß verhältnismäßig
viel Zeit hat, wird man immer unsicher, wenn man an
praktische Einzelheiten denkt. Es können die Schaftlänge, die Zielfernrohrmontage oder der Abzug sein,
denen man mißtraut; man kann zudem das Kaliber
der Waffe für falsch gewählt halten.

Man mag die Achseln darüber zucken, daß einige
Jäger einem besonderen Patronentyp blindes Vertrau-
en entgegenbringen. Technisch sind andere Patronen
völlig gleichwertig. Der Glaube ist aber sehr wichtig,
damit die ganze Kette von motorischen Handlungen
funktionieren kann.

Keiner lacht wohl über einen Tennisspieler, der vor
dem Aufschlag den Ball immer einige Male springen
läßt oder andere rein rituelle Ballzeremonien nach einem ganz bestimmten Muster ablaufen läßt. Der
Wunsch nach Einstimmung in eine Situation ist der
gleiche. Wenn es ums Schießen geht, ist natürlich ein
wohlgeübter Schütze von der Wahl der zu verwen-
denden Waffe und Munition nicht ausschließlich abhängig. Um wirklich gut zu schießen, muß er sich vielleicht ein bißchen anstrengen und bewußt agieren, es
geht aber dank der Routine meistens gut. Damit ist
nicht gesagt, daß ein unsicherer Schütze nur seine Waffe
zu lieben braucht, damit alles gut abläuft.

Für die meisten ist es schwierig, die Jagdsituation
richtig einzuschätzen. Kommt das Wild schnell? Was
passiert, falls es Wind bekommt? Kommt es vielleicht
zu nahe, so daß ich nicht fertig werde? Wenn ich entdeckt werde, wie lange verhofft das Stück, bis es auf-
wirft?

Der Schußaugenblick ist der Kernpunkt, in dem alles, sowohl Bewußtes als auch Unbewußtes, stimmen
muß. In dem Moment, in dem der Schlagbolzen das
Zündhütchen trifft, ist die Kontrolle über die Situation
dahin. Wer auf einen Schuß verzichtet, hat keine Unannehmlichkeiten. Vielleicht ein paar Kommentare von
den Jagdkameraden und einige Frustrationen, daß ist
aber auch alles.

Wenn sich das Wild zeigt, hat man selten Zeit für große Überlegungen. Im Jungwald sollte man einkalkulieren, daß Überraschungen hinter dem Wild auftauchen können

In der Theorie hört sich vielleicht das, was man im Schußaugenblick machen und berücksichtigen soll, nicht allzu schwer an:

- Die Entfernung hinsichtlich eigener Fähigkeit und Schußleistung der Waffe beurteilen.
- Wie steht das Wild? Gibt es natürlichen Kugelfang?
- Die tiefstmögliche Schießstellung einnehmen und eine gute Auflage finden.
- Warten, bis das Wild breit steht.
- Auf die richtige Stelle zielen.
- Ruhig abdrücken.
- Durchs Feuer sehen, wie das Wild im Schuß zeichnet.

Der Fangschuß ist eigentlich eine sehr einfache Sache. Aber auch hier kann der Jäger auf eine schwere Probe gestellt werden

– Die Fluchtrichtung des Wildes observieren, sonst notieren, wo es liegt.
– Das Stück finden.

In der Praxis ist es ein bißchen schwieriger, da dies alles unter wirklichem oder eingebildetem Zeitmangel abläuft. Der subjektive Zeitmangel beruht in der Regel auf schlechter Wildgewöhnung und Unsicherheit mit der Waffe. Natürlich auch, wenn das Wild sehr nahe und überraschend auftaucht, während man gerade an etwas anderes denkt. Dies alles gehört zur Jagd und muß berücksichtigt werden.

Nachsuchen und Abfangen

Unvermeidlich wird man früher oder später vor das Problem der Nachsuche gestellt. Dann ist es vorteilhaft, wenn man sich vor dem ersten Schuß vorstellt, was zu tun ist, wenn etwas schiefgehen sollte.

Wenn der Treffer einigermaßen gut ist, wird es mit einem guten Hund meist gelingen, die Jagd zu einem glücklichen Ende zu führen. Wenn man aber nur einige Schnitthaare oder überhaupt nichts am Anschuß findet, steht man vor einem Problem. In einer solchen Situation kann man nie wissen, ob das Wild noch lebt und ob und wann man mit ihm in Kontakt kommt. Auch nicht, wie weit es gegangen sein kann oder wie es sich benehmen wird. Wenn zu diesen Unsicherheitsmomenten Dunkelheit, Regen, Wind und Kälte und vielleicht unbekanntes Gelände hinzukommen, sind an die Nachsuche große Anforderungen gestellt.

Es ist mit einem guten Nachsuchenhund nicht getan, wenn das krankgeschossene Stück völlig überraschend nahe aus einer Dickung wegstürmt. Das Stück soll ja nicht nur gefunden, sondern auch abgefangen werden, was ein qualifiziertes, schießtechnisches Problem werden kann.

Solche Situationen sind extrem hektisch. Man kann auch keineswegs mit Schüssen auf breit stehende oder flüchtende Tiere rechnen. Der Schütze muß in der aktuellen Lage sofort wissen, wo er mit einem wirksamen Treffer rechnen kann, unabhängig davon, in welchem Winkel sich das Stück befindet. Außerdem muß er den Punkt, auf den er zielt, treffen können, auch in blitzschnell ablaufenden Situationen, die sehr weiträumige Waffenbewegungen erfordern können. Der Jäger muß auch die Zeit haben, zu berücksichtigen, ob genug Kugelfang vorhanden ist und nicht Menschen oder Hunde durch eventuelle Abpraller oder Durchschüsse gefährdet werden. Auch wenn man dicht an das Stück im Wundbett tritt, kann die Situation dramatisch werden. Es ist sehr schwer, schnell zu beurteilen, wie krank das Stück ist und ob es während der Zeit bis zum Fangschuß liegenbleibt, besonders wenn es versteckt liegt.

Schüsse mit der Büchse, falls man keine Kurzwaffe mitführt, und auf nahe Entfernungen erfordern eine besondere Technik. Wenn die Waffe ein Zielfernrohr hat, schießt sie einige Zentimeter zu tief. Wieviel, kommt auf Schußentfernung und Montagehöhe des Zielfernrohrs an, auf fünf bis zehn Meter zwischen zwei und vier Zentimeter. Es kann je nach Vergrößerung schwierig sein, den Zielpunkt zu finden. Dies kann Probleme verursachen, wenn man versuchen muß, die Halswirbelsäule oder das Gehirn bei kleinerem Schalenwild zu treffen. Bei Nachsuchen und Fangschüssen heißt es, einen kühlen Kopf zu bewahren und bereit zu sein, unmittelbar zu handeln, ohne sich im geringsten zu ereifern.

Wenn der Jäger, der die Nachsuche verursachte, an ihr teilnimmt, hat er natürlich den sehnlichsten Wunsch, möglichst schnell seinen Fehler wieder gutzumachen. Diese Tatsache hat ihre guten und ihre schlechten Seiten. Wenn der Betreffende keine Nachsuchenerfahrung hat, kann es leicht zu Panikschüssen führen, falls der Jäger plötzlich auf das Wild stößt und von der Situation gehetzt ist.

Dies ist die Kehrseite der Jagd – doch sie muß genauso beherrscht werden. Wohlplazierte Schüsse machen keine Probleme, vielleicht eine kürzere Nachsuche mit Hilfe des Hundes, wenn keine sicheren Schußzeichen oder die Wundfährte vorhanden sind, durch die die Lage des Treffers beurteilt werden könnte. Die Probleme beginnen mit schlechten, nachlässig abgegebenen Schüssen in Situationen, die man nicht beherrscht, sondern hofft, daß man es schon schaffen werde.

An krankgeschossenes Wild, das von geschnallten Hunden gestellt wurde, heranzutreten, fordert Ruhe und großes Urteilsvermögen. Gewisse Wildarten können für den Jäger gefährlich werden, wenn er sich falsch verhält. Man muß damit rechnen, daß das Wild flüchtet, und den Fangschuß überlegt ausführen, ohne Menschen oder Hunde zu gefährden

Jagd kann alles sein – langes ereignisloses Warten, hin- und hergerissen zwischen Hoffnung und Enttäuschung

Jagdmomente

An einem gewöhnlichen Jagdtag denkt man nicht viel an Einzelheiten. Es scheint auch nicht so notwendig, da den größten Teil des Tages gewartet wird. Wenn man nicht die Büchse über den Knien hätte, könnte das, was wir Jagd nennen, so beschrieben werden: Man sitzt auf einem Baumstumpf, ab und zu trinkt man Kaffee, und wenn es dunkel wird, geht man nach Hause.

Es ist angenehmer, wenn man seiner Waffe vertraut, das habe ich schon gesagt. Wenn man aber mit ihr auf den Knien dasitzt, spielt es keine Rolle, wenn sie ein bißchen eigenwillig ist. Die Jagd selbst ist deshalb nicht weniger ereignislos oder spannend, und an die kleine Zähigkeit beim Abzug oder an den Schaft, der zu lang ist, denkt man nicht.

Es ist angenehmer, über das Wild zu phantasieren. Wie es zum Stand kommen könnte, wo es sich in guter Schußweite befände usw.

Wenn man aber nicht aus Stein ist, reagiert man doch ziemlich heftig, wenn man Wild zu Gesicht bekommt. Auch wohlvorbereitet, ist kaum noch Zeit; alle Konzentration gilt dem unmittelbaren Anblick. Dann kann sich plötzlich das Gewehr, das im Waffenladen so nett schien, wie ein Ungeheuer benehmen. Wie Jagdsituationen und Schußchancen sich gestalten können, kann unendlich variieren. Nennen wir einige Beispiele:

Erwartet man Wild in der Nähe eines Äsungsplatzes, ist es kein Problem, wenn ein Büchsenschaft zu lang ist. Auf ein äsendes Tier muß man sich nicht so stark konzentrieren; man kann in aller Ruhe seinen Anschlag korrigieren und doch Zeit für einen guten Schuß haben.

Steht man aber auf einem beengten Stand bei einer Treibjagd, ist die Situation ganz anders. Die Zeit, die zur Verfügung steht, ist kurz, und eventuelle Schwie-rigkeiten mit dem Anschlag lenken die Aufmerksamkeit vom Wild ab. Wenn einem außerdem bewußt ist, daß man mit schnellen Anschlägen Probleme hat, ist ein kleines Chaos im Gehirn programmiert.

Man erfaßt es vielleicht nicht im Schußaugenblick deutlich genug. Das Ergebnis aber wird höchstwahrscheinlich ein unsicherer oder schlechter Schuß sein, da man auf einmal, wenn es knallt, sagt, „verd …". Dann ist es aber schon zu spät.

Ungleichmäßigkeiten beim Schuß

Auch in ruhigen Schußpositionen gibt es Situationen, die den Schützen verzweifeln lassen. Eine solche ist ein schlechter Abzug, und damit meine ich nicht, daß er zu hart eingestellt ist, sondern unsauber und zäh.

Stellen wir uns die Situation vor, in der das Wild breit steht. Das Fadenkreuz zeigt ruhig auf das Blatt. Im Moment der Schußabgabe fühlt man eine kleine Unebenheit im Abzug. Man reagiert instinktiv. Wenn der Abzugsfinger beginnt, sich auch nur wenig zu bewegen, erwartet der Körper aus Erfahrung den Rückstoß der Waffe. Wenn der Rückstoß ausbleibt, gibt es nur wenige, die ihre Muskeln kontrollieren können.

Auch kleine störende Zwischenfälle mit Abzug, Sicherung Schaft oder Zielfernrohrmontage können folgenschwer sein, wenn die Zeit zum Schießen knapp ist

Was man auf einem Schießstand nicht bedenkt, kann zu großem Frust führen, wenn man auf Wild schießen will: Eine kleine Unebenheit oder ein kriechender Abzug können einen „Panik- schuß" zur Folge haben, wenn das Wild einwechselt

Die Schulter bewegt sich reflexmäßig nach vorne, um den Rückstoß aufzunehmen. Die Einrichtung der Waffe wie auch die Konzentration verschwinden natürlich, und man muß wieder von vorn beginnen.

Wenn dann das Wild davonzieht oder außer Schuß- weite zu kommen droht, gerät man leicht in Zeitnot. Die Unebenheit beim Abzug steckt im Bewußtsein und wenn die Entfernung so groß ist, daß ein Präzisions- schuß erforderlich ist, kann es plötzlich schwierig wer- den, den Zeigefinger zum Gehorsam zu zwingen. Man zielt und zielt wieder, das Fadenkreuz steht manch- mal richtig, es knallt aber nicht.

In sehr kurzer Zeit baut man einen ziemlich starken psychischen Druck auf, den man spontan dadurch be- seitigen will, daß man abdrückt, auch wenn man fühlt, daß die Situation nicht ganz unter Kontrolle ist. Es ist schwierig, der Versuchung zu widerstehen, und plötz- lich reißt man den Schuß heraus, um dem Zwang zu entfliehen, ohne aber an die Folgen zu denken.

Die Ernüchterung des Nachdenkens kommt natür- lich sofort, sobald es geknallt hat. Wie gut man wirk- lich registriert, daß man in einer Art unbewußter Pa- nik geschossen hat, hängt von Mensch und Situation ab. Die meisten Jäger bestreiten natürlich, daß es so ablaufen kann. Man muß aber bedenken, daß der gan- ze Ablauf, vom Zeitpunkt, in dem ein Stück Wild ent- deckt wird, bis zu dem, in dem der Schuß bricht, oft sehr kurz ist. Im allgemeinen dauert es zwei bis fünf Sekunden. Das ist praktisch gesehen genügend Zeit, um unter guten Verhältnissen nicht nur einen, son- dern zwei oder sogar drei wohlgezielte Schüsse abzuge- ben. Wenn man nach Stunden ereignislosen Wartens in Regen und Kälte vom Wild überrascht wird oder in Situationen gerät, in denen man nicht sofort entschei- den kann, wieviel Zeit man zur Verfügung hat, kommt man in Bedrängnis.

Um in solchen Situationen gut zu schießen, muß die Motorik beim Schuß und Repetieren gut trainiert sein.

Am Anschußtisch kann man es ruhig angehen lassen. Die Scheibe verschwindet nicht, so daß man ohne Streß und in aller Ruhe den Schuß abgeben kann

Unterschiede zwischen Schießstand und Revier

Es gibt eine natürliche Erklärung dafür, daß man beim Probeschießen einer Waffe nicht entdeckt oder darauf reagiert, daß ein Schaft schlecht paßt oder ein Abzug nicht eben ist. Auf dem Schießstand braucht man sich nur darauf zu konzentrieren, zu zielen und sauber abzudrücken. Die Scheibe steht ja da, und man braucht ihr keine besondere Aufmerksamkeit entgegenzubringen, wenn man eine Weile durchatmen möchte. Man kann ruhig die Auflage verbessern, wenn man mit dem Abzug Mühe hat, und sich bewußt darauf konzentrieren, den Abzug langsam durchzuziehen, bis es knallt.

Auf diese Weise kann man völlig akzeptable Schußbilder schießen. Die Eigenpräzision der Waffe, wenn mit ihr auf dem Schießstand gut aufgelegt geschossen wird, ist aber anders, als wenn auf der Jagd mit ihr geschossen wird. Dies stellt man fest, wenn man z. B. auf kleine Ziele freihändig oder mit einer jagdmäßigen Auflage schießt. Mit schlechterer Auflage ist es schwieriger zu zielen, und man muß einen großen Teil der Konzentration zum Zielen verwenden. Das macht man ja auch automatisch bei der Jagd.

Zielen und Schußabgabe müssen jetzt in ganz anderer Weise koordiniert werden, um annähernd dasselbe Ergebnis wie beim gut aufgelegten Schuß zu bekommen. Nach einigen Schüssen merkt man sehr wohl, wenn etwas bei der Waffe unbequem oder für das Schießen störend ist.

Der Unterschied zur Jagd ist, daß man sich viel Zeit lassen, die Waffe beliebig oft absetzen und wieder anschlagen kann. Dann hat man auch die Möglichkeit, zu analysieren, was nicht in Ordnung ist. Sei es der Schaft, der Abzug, die Ausformung und Größe des Pistolengriffes oder ganz einfach, daß man zu wenig Übung hat.

Ein leichter Abzug ist kein Maßstab

Wenn man auf dem Schießstand erlebt, wieviele verschiedene Faktoren bei der Waffe zusammenwirken, ist es leicht verständlich, wie enorm man davon bei der praktischen Jagd beeinflußt werden kann, wo keine Zeit für bewußte Reflektionen ist.

Es ist natürlich leichter, gute Schüsse mit einem perfekt justierten Abzug abzugeben. Für die Probleme beim Präzisionsschießen oder beim Schießen auf Wild ist es aber keine Universallösung, die Abzüge so weich wie möglich gestellt zu haben.

Ein Kind kann ohne weiteres eine Waffe mit einem Abzug, der auf 50–60 N (5–6 kg) eingestellt ist, abfeuern. Wenn nur der Abzug eben ist und nicht kriecht, sollte es also einem erwachsenen Menschen überhaupt keine Mühe bereiten, mit einer solchen Waffe zu schießen. So will aber niemand auf die Jagd gehen. Viele Jäger meinen sogar, daß 1,5 kg viel zu schwer seien, um damit gut schießen zu können. Es ist übertrieben, den Abzug bei einem Stutzen weicher als 1,5 kg einzustellen. Abgesehen vom Sicherheitsaspekt ist es in gewissen Situationen äußerst frustrierend, wenn man im Anschlag mit dem Zeigefinger kaum auf den Abzug darf.

Grundsätzlich kann man mit jedem Gewehr unabhängig vom Aussehen oder vom Abzug sehr gut schießen lernen. Es handelt sich hauptsächlich darum, den Körper zu konditionieren, den Signalen des Gehirns zu gehorchen. Dies erreicht man durch fleißiges Übungsschießen.

Für einen wohlgeübten Schützen kommt der Schuß nicht überraschend. Die am Ziel- und Abziehvorgang beteiligten Muskelgruppen werden automatisch davon gesteuert, wie das Auge die Relationen zwischen Ziel und Visiereinrichtung auffaßt. Der Schütze bemerkt aber den eigentlichen Abzugsvorgang äußerst selten. Wenn das Zielbild so ist, wie es sein soll, knallt es ganz einfach. Wenn er nicht richtig visiert, fällt es schwer, den Schuß abzugeben, besonders, wenn es eilt. Sieht das Zielbild nicht genauso aus, wie der Schütze es gewöhnt ist, weigert sich der Zeigefinger, die entsprechende Bewegung durchzuführen.

Für den, der nicht besonders viel schießt, hört sich dies wie reine Phantasie an. So ist es aber nicht, und es gibt viele Handlungen, die völlig von unserer Motorik gesteuert werden, ohne daß wir uns dessen bewußt sind. Wenn man beim Autofahren den Blinker einschaltet, um nach links zu fahren, und dann versucht, nach rechts abzubiegen, versteht man wohl, was ich meine. Es ist die gleiche Sache, wenn es ums Schießen und die Waffenhandhabung geht. Wer an einen Gebrauchsgegenstand nicht gewöhnt ist, muß sich bewußt machen, wie er zu handhaben ist. Die kleinste Störung, z. B. bei Zeitmangel, schafft Unsicherheit und

Fehlgriffe. Eine Waffe zu besitzen, die den eigenen physischen Voraussetzungen entspricht, vereinfacht es, die Motorik zu üben, die man während der Jagd braucht.

Zu Hause ist es einfach, sich an alle kleinen wichtigen Einzelheiten bezüglich der Waffe zu erinnern: wie man den Kopf halten soll, um im Zielfernrohr Vollbild und keine Schatten zu sehen, oder wie man den Griff um den Schafthals nehmen soll, um den Abzugswiderstand nicht zu fühlen usw. Während der wenigen Sekunden in der ganzen Jagdsaison, in denen man seine Waffe wirklich benutzt, kann man nicht einen Gedanken an solche Einzelheiten verschwenden. Dann sind es die Jagd und das Wild, die unsere ganze Aufmerksamkeit fordern.

Schloßgang wie auf Schienen

Es gibt Stunden im Leben, denen man am liebsten entgehen möchte, z. B., wenn man ohnmächtig, mit dem Verschluß festgekeilt, zusehen muß, wie das angeschossene Stück Wild verschwindet. Auch der geübteste Schütze hat da keine Chance, einen schlechten ersten Schuß zu kompensieren.

Situationen, in denen mehr als ein Schuß erforderlich ist, um die Jagd waidmännisch zu beenden, sollte man tunlichst vermeiden. Die einfachste Art und Weise, sich auf solche Eventualitäten vorzubereiten, ist, sich mit einem geeigneten Repetierer zu bewaffnen. Um sich wirklich all die Patronen im Magazin zunutze machen zu können, ist es erforderlich, daß man weiß, wie diese Kapazität benutzt wird.

Nachdem ein Stück Wild erfolglos geschossen wurde, kann jede Zehntelsekunde wichtig sein, um beizeiten einen besser gezielten Schuß abgeben zu können. Dann darf man der Waffe keine Aufmerksamkeit entgegenbringen. Das Nachladen muß entschieden und reflexmäßig erfolgen. Man soll nicht bezweifeln müssen, daß die leere Hülse aus der Waffe fliegt und daß sich eine neue Patrone im Lager befindet, wenn man wieder den Finger am Abzug hat.

*Repetierprobleme können möglicherweise beim Scheibenschießen akzeptiert werden,
niemals aber auf der Jagd!*

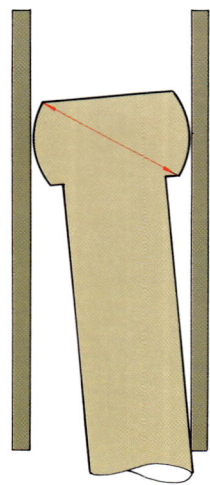 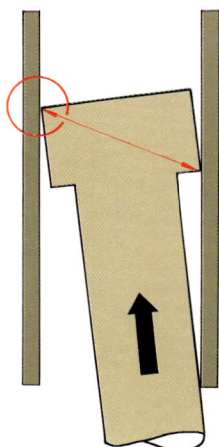 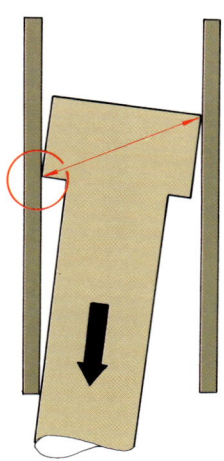

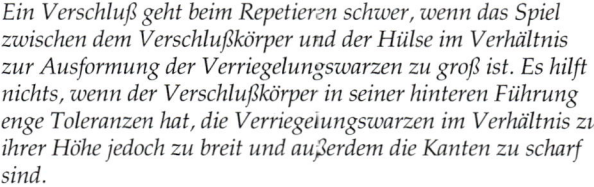

Ein Verschluß geht beim Repetieren schwer, wenn das Spiel zwischen dem Verschlußkörper und der Hülse im Verhältnis zur Ausformung der Verriegelungswarzen zu groß ist. Es hilft nichts, wenn der Verschlußkörper in seiner hinteren Führung enge Toleranzen hat, die Verriegelungswarzen im Verhältnis zu ihrer Höhe jedoch zu breit und außerdem die Kanten zu scharf sind.

Wenn die Außenseiten der Verriegelungswarzen radialförmig wären, könnte der Verschluß fast unbegrenzt locker sein, ohne beim Repetieren zu klemmen. Dies geht aus der Skizze hervor. Wenn man sich vorstellt, daß die Verschlußhülse ein Rohr und die Verriegelungswarzen eine dicke Scheibe sind, die mit einer Stange hin und her gezogen werden sollen, dürfen sie nicht in eine Richtung zu viel geneigt werden, weil sie sich dann festkeilen. Wenn jetzt die Scheibe, die Verriegelungswarzen und die Stange den Verschlußkörper bilden sollten, erkennt man aus

der Abbildung, daß das Spiel bei A nicht so groß sein darf, daß die Diagonale, mit Rot markiert, die Innenwände des Rohres erreichen kann.

Je weiter sich der Verschluß hinten im Mechanismus befindet, desto eher können sich die Verriegelungswarzen so schräg stellen, daß sie festklemmen. Generell bekommt man auch bei Bewegungen nach vorne die meisten Repetierprobleme. Es ist die vordere Kante der linken Verriegelungswarze, die in die Innenseite des Kastens schneidet, sobald der hintere Teil des Verschlusses nach rechts gedrückt wird.

Bei modernen Waffen wird der Verschluß dadurch gesteuert, daß der obere Teil der Abzugstange in einer Rille auf der Unterseite des Verschlusses und in einer schmalen Steuerrille in der rechten Verriegelungswarze laufen kann. Die Abzugsstange sitzt hinter der Hülsenführung und verhindert (A) eine Schrägstellung des Verschlusses

Schubladenwirkung

Bei modernen Repetierern achten die Hersteller darauf, daß die Handhabung so einfach wie möglich ist. Neigt der Verschluß beim Repetiervorgang dazu, auch bei fehlerhafter Handhabung schwer zu gehen, kann man Abhilfe schaffen, indem die Verschlußwarzen mit Spur- oder Steuerschienen versehen werden.

Auf den ersten Blick ist vielleicht nicht erkennbar, welche Bedeutung der Handhabungssicherheit auch dann zukommt, wenn keine Tendenz zur Schwergängigkeit des Verschlusses vorhanden ist. Es sind nämlich zwei ganz verschiedene Dinge, den Verschluß nur hin und her zu schieben oder vollständig und richtig während der Jagd zu repetieren.

Gewöhnliche Mausersysteme sind keine Wunderwerke, wenn es um den Schloßgang geht, und sicherlich wird man mit ihnen die sogenannte „Schubladen-

wirkung" erleben. Dabei keilt sich der Verschluß leicht fest, besonders während der Bewegung nach vorn, wenn die Kammer geschlossen werden soll. Die Ursache ist, daß die vordere Kante der linken Verriegelungswarze hart gegen die Seitenwand der Verschlußhülse gedrückt wird. Dies kann sehr frustrierend sein. Ich will aber hervorheben, daß der größte Teil der Probleme durch falsche Technik, nachlässige Hantierung und mangelnde Übung entsteht. Einzige Maßnahme ist es, den Verschlußgriff richtig zu halten und beim Repetieren nicht in die falsche Richtung zu drücken.

Zahlreiche Hersteller verwenden viel Sorgfalt auf einen perfekten Schloßgang. Das ist natürlich kein Nachteil, wenn es mit dem Nachladen eilt. Eine Tatsache ist aber, daß sicheres und schnelles Repetieren immer Übung erfordert, unabhängig davon, ob die Waffe modern ist oder eine Konstruktion der Jahrhundertwende.

Sicheres Repetieren beginnt immer mit dem
richtigen Öffnen des Verschlusses. Man
hebelt ihn so auf, wie das Bild zeigt. Damit
erhält man eine optimale Kraftübertragung,
wenn die Hülse im Patronenlager festsitzen
sollte

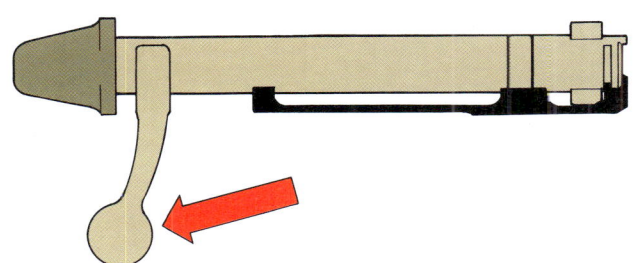

Der Verschluß soll fest umfaßt und schräg nach
außen / hinten gezogen werden. Das läßt die linke
Verriegelungswarze mit ihrer vorderen Ecke
entlang der Innenseite des Kastens gleiten. Dies ist
auch aus ergonomischen Gesichtspunkten richtig,
da man nicht den Griff ändern oder den Unterarm
drehen muß

Der Verschluß soll mit geöffneter Hand geführt werden, so daß er problemlos seinen eigenen Weg findet. Nach der Öffnungsphase braucht man nur den Kammerstengel loszulassen und den Verschluß nach vorne zu drücken.

Mit diesem Griff wird man fast automatisch den hinteren Teil des Verschlusses nach innen / vorne pressen. Dann wird die hintere Ecke der linken Verriegelungswarze gegen die Innenseite des Kastens gleiten

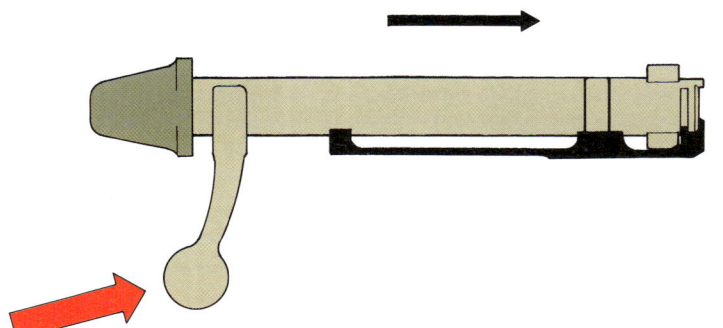

Wenn der Verschluß in seiner vorderen Position ist, wird er dadurch geschlossen, daß man die Hand fast gerade nach unten drückt. Der Daumen soll immer am Kammerstengel entlang gleiten, während man einen neuen Halt am Pistolengriff sucht. So ist man immer sicher, daß der Verschluß richtig geschlossen ist und unnötige Versager ausbleiben

Um Schubladenwirkung zu vermeiden, soll der Verschluß in einer besonderen Weise bedient werden. Wie richtig repetiert werden soll, wird auf den Bildern gezeigt und ist recht leicht zu lernen. In der Praxis ist dies die absolut schnellste Methode, auch wenn der Verschluß Steuerungen hat, die verhindern sollen, daß er während des Repetierens hakt. Wie ich im früheren Abschnitt über Repetierprobleme beschrieben habe, können Dinge passieren, die bewirken, daß der Verschluß plötzlich schwierig zu öffnen ist. Wenn man sich dann angewöhnt hat, ihn so zu öffnen, als ob er immer unnormal schwer geht, verringert sich das Risiko automatisch, daß man sich davon stören läßt.

Ich verstehe, wenn jemand sich angesichts eines solchen Gedankengangs Fragen stellt. Meine Erfahrung sagt mir aber, daß Schwierigkeiten meist dann auftreten, wenn man es am wenigsten erwartet.

Rein schießtechnisch ist es für das Selbstvertrauen sehr gut, wenn man in der Lage ist, mit der Waffe schnell zu repetieren. Wenn man sich um das Repetieren nicht kümmern muß, hat man Zeit für wichtigere Dinge, z. B. um nachzusehen, wo sich das Wild befindet, sich einzurichten und auf das Abdrücken vorzubereiten.

Natürlich ist es gut, wenn der Verschluß so leicht geht, daß man ohne Schwierigkeit mit der Waffe im Anschlag repetieren kann. Auf der Jagd ist das aber selten notwendig. In vielen Fällen ist es eher ein Vorteil, die Waffe zum Repetieren herunterzunehmen. Dann kann man leichter die Kontrolle über das Gewehr behalten, den Verschluß mit voller Kraft öffnen und richtig repetieren. Wenn die Waffe mit einem Zielfernrohr versehen ist, kann es problematisch sein, im Schuß das Wild im Blickfeld des Okulars festzuhalten. Dies beruht auf einer Kombination von Rückstoß und den Bewegungen, die beim Repetieren entstehen.

Wenn man nach dem Schuß die Waffe herunternimmt und den Schaft gegen den Bauch stützt, kann man leicht über der Mündung dem Wild folgen und die Situation überschauen. Gleichzeitig kontrolliert man die Patronenzufuhr. Besonders in Waldgebieten ist es wichtig, eine kurze Weile die Situation mit „eigenen Augen" zu überblicken. Wenn das Wild sich z. B. unter Bäumen und Gebüsch bewegt, ist es, wenn man dem ganzen Verlauf durch das Zielfernrohr folgt, nicht sehr einfach zu beurteilen, wo die nächste mögliche Schußschneise sein kann.

Mit der Büchse im Anschlag zu repetieren fordert Übung und Technik, besonders bei Waffen mit Mausersystem

Es ist empfehlenswert, beim Repetieren über das Zielfernrohr zu blicken, besonders bei starker Vergrößerung. Auf diese Weise ist es einfacher, das Wild zu beobachten

Es ist kein Fehler, die Waffe beim Repetieren abzusetzen. Einerseits ist es so einfacher zu repetieren, andererseits hat man Zeit, sich zu beruhigen und genau zu beobachten

Auch wenn das Wild sich nicht weit oder schnell bewegt, ist es mühsam, sein eigenes Gehirn dazu zu bringen, dies zu akzeptieren. Deswegen ist es für alle Jäger, routinierte oder unroutinierte, am besten, die Büchse während des Nachladens abzusetzen, damit man neue und richtige Informationen über die Gesamtsituation erhält und einordnen kann.

Schießtraining mit Büchsen

Auch wenn die Anforderungen an die Schäftung der Büchse nicht mit denen der Flinte verglichen werden können, sollte man auf einige wichtige Fakten hinweisen.

Im folgenden Gedankengang gehe ich davon aus, daß die Waffe mit Zielfernrohr ausgestattet ist. Heute ist das die vorherrschende Zieleinrichtung. Passende Schaftlänge und Höhe des Schaftrückens sind völlig von der Zielfernrohrmontage abhängig, d. h. wie weit sich das Zentrum des Glases über dem Kasten befin-

Mit einer solchen einfachen Umrüstung der Waffe kann auch eine handamputierte oder behinderte Person im Anschlag repetieren. Der Ring am Vorderschaft ist beweglich

det und wie weit das Okular nach hinten angebracht werden kann. Die Hauptmaße des Schaftes werden also nur geringfügig von den eigenen Körpermaßen beeinflußt. Mit einer bestimmten Zielfernrohrmontage muß zuerst der Schaft angepaßt werden. Dies macht

Ein gut angepaßter Büchsenschaft, der richtige Augenabstand und eine gute Kopfhaltung erleichtern den Kugelschuß in höchstem Grade. Ein wohlgeformter Pistolengriff rundet die Sache ab

man, um den richtigen Augenabstand zum Okular zu bekommen. Für normalgewachsene Personen bereitet die Einstellung bei Standardwaffen und Standardmontagen selten Probleme. Oft gibt es Möglichkeiten, das Zielfernrohr in den Montageringen zu verschieben, so daß der Augenabstand richtig wird. Dann erhält man beim normalen Anschlag im Zielfernrohr ein volles Bild ohne Schatten. Bei gewissen Gläsern hat man, abhängig von Modell und Objektivöffnung, diese Möglichkeit nicht.

Sollte der Augenabstand zu groß sein, wenn das Rohr in den Ringen ganz nach hinten gezogen ist, muß man den Schaft um die fehlenden Zentimeter kürzen. Es ist nicht ungewöhnlich, daß ein Schütze, der bei seiner Flinte eine Schaftlänge von 375–380 mm braucht, einen Büchsenschaft hat, der zwischen 340–345 mm liegt.

Manchmal kann man den Schaft nicht genug kürzen. Dann bleibt nur die Möglichkeit übrig, eine sogenannte Extensionsmontage anzuschaffen, die bewirkt, daß das Rohr einige Zentimeter weiter zurückgezogen werden kann. Der Nachteil einer solchen Montage ist, daß sie in der Regel etwas höher ausfällt. Wenn der Schaftrücken schon vom Beginn etwas zu niedrig ist, haben wir also das Problem verschoben, anstatt es vollkommen zu lösen.

Meine Auffassung ist trotz allem, daß der Augenabstand in erster Linie richtig sein muß, damit das Blickfeld nicht begrenzt wird. Der Schaftrücken ist außerdem verhältnismäßig einfach zu erhöhen, wenn es nötig werden sollte. Guter Kontakt zwischen Schaftrücken und Wangenknochen erleichtert das Schnellschießen enorm. Wenn die Waffe aber vorrangig bei der Ansitzjagd eingesetzt wird, spielt es keine entscheidende Rolle. Ein anderes wichtiges Detail beim Stutzenschaft ist der Pistolengriff. Im allgemeinen ist man auf die Formgebung des Herstellers angewiesen. Wenn man aber mehrere Waffen hat, soll man ausprobieren, was der eigenen Hand am besten liegt. Es geht bei dem Pistolengriff darum, mit den drei unteren Fingern fest zu greifen und mit dem Zeigefinger bequem den Abzug zu erreichen. Bequem ist es, den Finger nicht so weit ausstrecken zu müssen, daß er hart gegen die Schaftseite anliegt. Die Illustrationen verdeutlichen dies. In gewissen Fällen kann man Pistolengriffe und Schafthälse ausbessern, so daß sie für den Schützen zweckmäßiger werden. Das bringt aber einen mehr oder weniger kostspieligen Arbeitsaufwand mit sich.

Die Form des Pistolengriffes ermöglicht eine optimale Abschußhaltung. Er soll so ausgearbeitet sein, daß man, ohne die Hand zu spannen, die Waffe mit den drei unteren Fingern gegen sich ziehen und bequem den Abzug erreichen kann

Der Zeigefinger soll den Schaft nicht berühren, wenn man mit der Fingerkuppe den Abzug nimmt

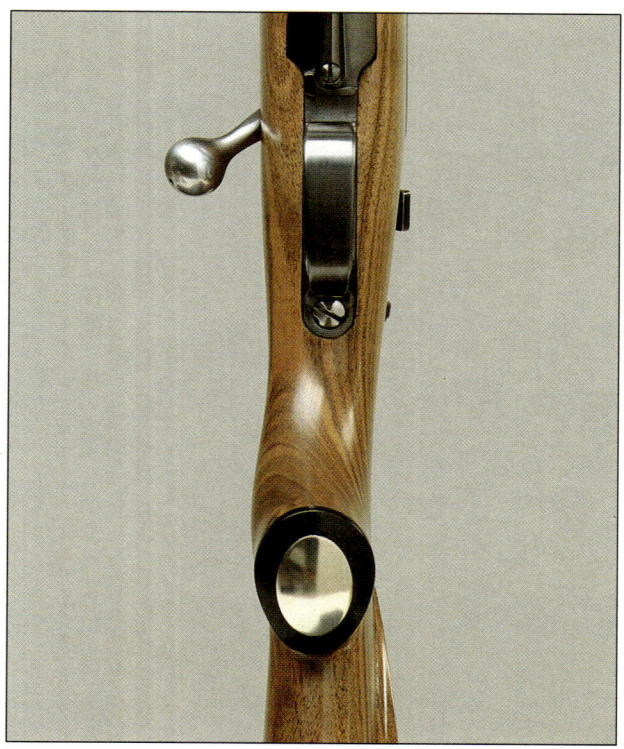

Um richtig bequem in der Hand zu liegen, soll der Pistolengriff asymmetrisch sein. Wenn der Schaft die Hand zu sehr ausfüllt, muß an der Fingerseite etwas vom Schaft entfernt werden

Manchmal ist aber doch das einzig richtige, den Pistolengriff ändern zu lassen.

Um auf der Jagd mit seiner Büchse gut zurechtzukommen, ist es entscheidend, eine richtige Abzugstechnik zu erlernen. Ich habe erklärt, daß man mangelnde Technik in diesem Punkt auf keinen Fall durch extrem weiche Abzüge kompensieren darf. Von Stechern möchte ich hier gar nicht erst reden. Es geht genau wie beim Schrotschießen darum, eine besondere Technik zu entwickeln und zu beherrschen.

Eine Flinte wird abgeschossen, wenn man glaubt, im Verhältnis zum Ziel richtig zu liegen. Die Zeit, die zur Verfügung steht, ist kurz, und deswegen ist auch keine Selbstüberwindung erforderlich, um den Schuß abzugeben. Mit der Büchse ist es umgekehrt. Man sieht sehr deutlich, wo sich das Absehen auf dem Ziel befindet. Man kann sich nicht einfach dazu zwingen ab-

zudrücken, wenn das Absehen auf einem Punkt steht, auf den man nicht schießen möchte. Man korrigiert unwillkürlich. Zum Schluß bekommt man natürlich Atemnot und in gewissen Situationen auch Zeitnot, und der Schuß wird verrissen. Was man als Kugelschütze zuerst überwinden muß, ist die Angst, Zielfehler zu machen. Ein Zielfernrohr ist sehr trügerisch, da nicht nur das Ziel, sondern auch alle Waffenbewegungen vergrößert werden. Dieses Verhältnis wird deutlicher, je größer die Vergrößerung eines Glases ist. Die Bewegungen sind genauso groß wie bei offener Visiereinrichtung. Eine gewisse Unruhe zwischen Visiereinrichtung und Ziel bleibt auch mit der besten Auflage bestehen. Dieselbe Wirkung tritt ein, wenn man beim Übungs- oder Einschießen zu kleine Richtpunkte benutzt. Wenn man so winzige Ziele wie ein Schußpflaster verwendet, wird man sich gegen den eigenen Willen zu sehr auf das eigentliche Zielen anstatt auf die Waffe und die Schußauslösung konzentrieren, ganz besonders bei mangelndem Training.

Auf große Scheiben ohne Richtpunkt zu schießen ist die beste Art, eine gute Abzugstechnik zu erlernen, unabhängig davon, ob es sich um freistehendes oder aufgelegtes Schießen handelt. Die Scheibe darf gerne 60 × 60 cm betragen, also so groß sein wie die Rückseite einer internationalen Pistolenscheibe (oder IKLS 80 × 50). Die Entfernung spielt keine größere Rolle, aber sie soll nicht so gering sein, daß man die Einschüsse erkennnen kann. Man visiert die Mitte und verläßt sich darauf, daß die Augen das Zentrum finden. Man konzentriert sich ganz darauf, die Waffe fest gegen die Schulter zu halten und die Abzüge ruhig durchzuziehen.

Wenn die Abzugstechnik mustergültig ist, was man merkt, wenn die Treffer dicht beieinander liegen, wird es Zeit, schneller zu schießen. Auch ein Stück Wild, das verhofft, löst einen Streßmoment aus, da man nie wissen kann, wie lange es bleibt. Auch wenn zahlreiche Jäger oft zu eilig schießen, haben sie nicht den ganzen Tag zur Verfügung, um zum Schuß zu kommen.

Um auf sich selbst ein bißchen Druck auszuüben, wenn man allein schießt, empfehle ich, einen gewöhnlichen Wecker oder eine Armbanduhr mit Weckfunktion mitzunehmen. Man lädt die Waffe und legt sie auf den Anschußtisch. Die Uhr wird auf eine Zeit gestellt, die man glaubt einhalten zu können. Danach versucht

Wenn man freistehend große Probleme mit dem Abzug hat, soll man zunächst auf eine große Scheibe ohne Zielpunkt schießen, wobei die Entfernung entsprechend gering sein sollte

man, wenigsten fünf Schüsse vor Ablauf dieser Zeit abzugeben.

(Anmerkung des Bearbeiters: Im Geltungsbereich der Unfallverhütungsvorschriften der Landwirtschaftlichen Berufsgenossenschaft UVV 4.4 Jagd ist dies derzeit in der Bundesrepublik Deutschland auf jagdlichen Schießständen nicht zulässig.)

Die Schüsse sollen keinesfalls ziellos sein. Die Forderung, die man an sich selbst stellt, muß natürlich im Verhältnis zu Zeit und Entfernung stehen. Grundsätzlich soll man aber aufgelegt auf hundert Meter fünf Schüsse innerhalb von 15 cm in zehn Sekunden abgeben können.

Nach der Serie soll man immer versuchen, sich zu erinnern, ob man einmal oder mehrmals vorbeigeschossen hat und – falls ja – in welcher Richtung. Wenn man wenig Vertrauen zu sich selbst besitzt, soll man seine Vermutung notieren und dann erst die Scheibe untersuchen. Es ist in Jagdsituationen sehr wichtig, nach einem mißlungenen Schuß einigermaßen genau zu wissen, wo man das Wild getroffen haben könnte. Hoch, tief, vorne oder hinten. Dies alles ist bei einer späteren Nachsuche von großer Bedeutung. Geübte Schützen können bis auf einige wenige Zentimeter solche Angaben machen, auch wenn die Situation hektisch oder überraschend war. Man soll sich diese Nachkontrolle bei allem Übungsschießen zur Gewohnheit machen. Früher oder später wird man dankbar sein, daß man diese Kunst beherrscht.

„Gegen die Uhr zu schießen" kann unendlich variiert werden. Man kann Scheiben in Form von Tierfiguren (Silhouetten) oder gewöhnliche Tontauben, die außerordentliche, selbstmarkierende Ziele sind, benutzen. Die Aufgabe besteht darin, von verschiedenen Positionen aus unter Zeitdruck zu agieren, wie es auf der Jagd geschieht.

*Schnell in die Hocke und die Knie als
Auflage nutzen, so kann aus einer zweifelhaften
eine sichere Schußgelegenheit werden*

Man soll trainieren, von stehender Stellung hin zu sitzender zu kommen, den Zielstock in Ordnung zu bringen und die Schüsse in begrenzter Zeit zu schießen und natürlich zu treffen. Wer einen Kameraden bei sich hat, kann eine Stoppuhr benutzen, um seine Fertigkeit zu prüfen und sich selbst zu zwingen, in möglichst kurzer Zeit richtig zu agieren.

Um Schnelligkeit und Sicherheit bei freihändigem Schießen zu üben, soll man anfangs die große Scheibe ohne Richtpunkt benutzen und mit kurzen Entfernungen beginnen. 25–40 m sind weit genug, wenn man ordentliche Trefferbilder erzielen möchte. Ich habe gesagt, daß man einen Elch auf diese Entfernung glatt vorbeischießen kann. Die Ursache ist psychologischer Natur. Das Risiko, vom Wild entdeckt zu werden, wenn es nicht schon etwas gemerkt hat, ist groß. Bei so nahen Begegnungen pflegt ein Stück Wild selten ruhig weiterzuziehen. In der Regel wirft es auf und verschwindet sehr schnell. Um es zu treffen, müssen unsere Bewegungen wie bei einem Schrotschuß schnell werden. Wenn man dann ein Zielfernrohr auf seiner Waffe hat, ist das Blickfeld begrenzt. Und wenn der Wald dicht ist, hat man Probleme.

Das wissen die meisten Jäger. Bei geringen Entfernungen werden deswegen die Schüsse oft mehr oder weniger blind ausgeführt, in der Hoffnung, daß sie dennoch treffen. Das Resultat ist meist enttäuschend. Der Vorteil, ein entschiedenes, freihändiges Schießen gegen eine ganz weiße Scheibe auf kurzer Entfernung zu üben, ist, daß man nach dem Anschlag nichts ande-

res als die Waffe abfeuern muß. Die Scheibe ist so groß, daß man es kaum sinnvoll findet, lange zu zielen. Das ist auch meine Meinung. Man soll versuchen, schnell zu schießen. Allmählich kann man die Entfernung vergrößern und die Zeit verkürzen, so daß die Ansprüche an Anschlag und Abdrücken höher werden.

Um mit zwei Personen repetieren, zielen und auf Geschwindigkeit schießen zu üben, ist eine Reihe aufgestellter Tontauben gut geeignet. Jeder beginnt von einer anderen Richtung zu schießen und muß die erste Taube treffen, bevor er die nächste beschießen darf usw. Derjenige, der zuerst die Mitte erreicht, hat gewonnen.

Die besten Übungen lassen sich durchführen, wenn man eine sogenannte Duellanlage mit Reh- oder Keilerscheiben zur Verfügung hat. Mehrere Schützen können gleichzeitig schießen, und wenn man die Standzeiten ändert, bekommt man eine sehr realistische Übung, freihändig zu schießen.

Eine einfachere Alternative ist ein Schießstand mit Anzeigerdeckung. Dann kann man eine geeignete Tierscheibe auf einer drehbaren Stange befestigen. Danach kann der Anzeiger den Schwierigkeitsgrad nach Zufallsprinzip gestalten. Man kann die Scheibe in einem aus jagdlicher Sicht schlechten Winkel einige Sekunden stehen lassen, danach zeigt man einige Sekunden die Breitseite usw. Es gibt unendlich viele Varianten. Der Schütze wird auf diese Weise unvorbereitet in jagdnahe Situationen versetzt. Er muß lediglich im richtigen Augenblick schießen. Wie es ihm gelingt, zeigen unbeirrbar die Einschüsse auf der Scheibe.

Außer reinem Präzisionsschießen, sitzend aufgelegt nach Benchrestart, ist auch Schießen auf verschiedene Tierscheiben mit jagdpraxisnaher Auflage, wie z. B. an einen Zielstock angestrichen, sitzend, kniend usw., eine gute Übung.

Die Tierscheiben sollen einfarbig sein und keine Ringe und auch keinen bestimmten Haltepunkt haben. Auf der Hinterseite kann man Herz- und Lungenbereich kennzeichnen, um bei Unsicherheit Aufschlüsse über den jagdlichen Wert der Treffer zu gewinnen.

Wenn man eigene Scheiben anfertigen will, kann man die nebenstehenden Muster benutzen. Jedes Viereck auf den Figuren entspricht zehn Zentimetern. Zuerst zeichnet man auf ein dünnes Papier ein kariertes Netz, dessen Quadrate eine Seitenlänge von zehn Zentimetern haben. Danach überträgt man die Linien der Figur im Buch. Das Papier klebt man auf eine Hart-

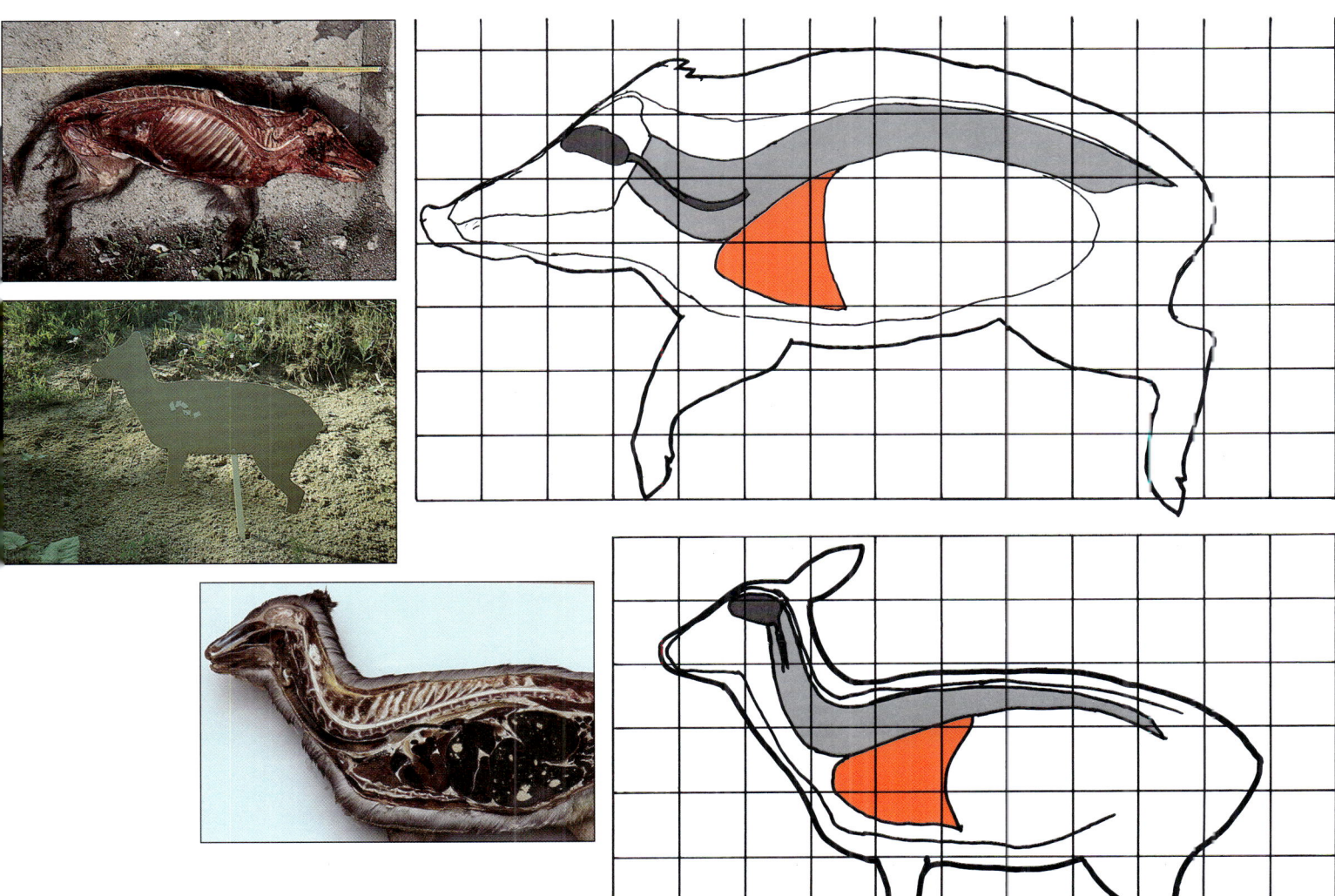

Die Lage der Halswirbel- und Rückenwirbelsäule kann bei den verschiedenen Wildarten sehr unterschiedlich sein. Grundsätzlich bewirkt aber ein Schuß gerade oberhalb der Vorderläufe und etwas zur Mitte des Körpers, daß das Wild fast immer im Schuß zusammenbricht

Tierscheiben in richtiger Größe und Form sind außerordentlich wichtig für jagdliches Übungs-schießen. Wenn man den vorderen Teil der Rückenwirbelsäule und des Brustkastens auf DIN A 4-Papier zeichnet und es auf der Hinterseite der Scheibe befestigt, bekommt man auf dem Stand eine jagdlich richtige Bewertung seiner Schießleistung

Maßstab 1 : 10

faserplatte und sägt sie aus. Die Platte benutzt man als Muster, wenn man weitere Figuren herstellen will. Geeignet sind steife Wellpappe, Styropor oder anderes Kartonmaterial. Die Stange wird hinter der Stelle des Zwerchfells festgenagelt, damit sie nicht unnötigerweise zerschossen wird. Mit ein bißchen passender

Farbe ist es leicht, eine naturgetreue Übungsscheibe zu gestalten. Die Figuren im Buch sind nach präparierten und aufgebrochenen Tieren gezeichnet. Wirbelsäule und Organe sind also in ihrer richtigen Lage gezeigt. Das Reh hatte ein Gewicht aufgebrochen von 20 kg und die Sau von etwa 40 kg.

Die Schießübung kann dadurch variiert werden, daß man die Schußentfernungen verändert. Die jagdliche Wirklichkeit ist selten wie auf dem Schießstand

Flüchtigschießen mit Büchsen

Um mit der Kugel ein guter Schütze zu werden, ist es dringend erforderlich, schnelles Schießen auf feste Ziele zu beherrschen. In Skandinavien, wo die Elchjagd vorherrscht, ist der Elchschießstand der richtige Platz für solche Übungen. Beim Übungsschießen für die Jagd auf solchen Schießständen bewegt sich die Scheibe mit 5 m/s eigentlich viel zu schnell. In Wirklichkeit verzichten wohl die meisten Jäger darauf, auf so schnell flüchtendes Wild zu schießen, wenn es nicht über offenes Gelände geht. Auch hier kann man nach Möglichkeit dieses Schießen wirklichkeitsnahen Verhältnissen anpassen. Der erste Schuß wird auf die stehende Scheibe abgegeben. Auf den Schuß hin wird die Scheibe in Bewegung gesetzt. Danach erfolgt der zweite Schuß.

Eine andere Variante ist, die Figur unmittelbar nach dem ersten Schuß zu stoppen. Man kann auch ein paar kleine Fichten vor die Piste stellen, so daß der Schütze etwas von den Störungen, die in der Praxis vorkommen können, zu spüren bekommt. Leider können bei diesem Typ von Schießständen nie mehrere Schützen gleichzeitig schießen.

Das wichtigste ist, daß man das ganze Jahr hindurch kontinuierlich trainiert. Man braucht nicht sehr viel zu schießen; die Hauptsache ist, daß es den Entfernungen und Stellungen echter Jagdsituationen entspricht. Einige Tontauben, eine Pappfigur und etwa zehn Patronen alle vierzehn Tage reichen normalerweise aus, sich seiner eigenen Schießfähigkeit bewußt zu werden und zu kontrollieren, ob die Waffe so schießt, wie sie soll.

Zielfernrohr oder elektronische Zieleinrichtung

Heute stellt wohl keiner das Zielfernrohr als bedeutende Zieleinrichtung auf Büchsen in Frage. Bei vielen Jagdarten kommt man ohne sie ganz einfach nicht zurecht. Wenn der Schütze noch genügend Sehschärfe besitzt, haben auch offene Visiereinrichtungen ihren gegebenen Anwendungsbereich. Jedenfalls ist es gut, zumindest als Reserve, auf seiner Büchse eine offene Visiereinrichtung zu haben. Auch altersweitsichtige Augen können eine jagdliche Situation bewältigen, falls das Zielfernrohr ausfallen sollte, wenn es nur möglich ist, unter ruhigen Bedingungen bei einigermaßen gutem Licht zu schießen.

Elektronische Leucht- oder Rotpunktvisiere sind seit etwa fünfzehn Jahren auf dem Markt. Das Interesse dafür ist recht unterschiedlich. Anfangs waren sie ein konsequenter Schritt in der Weiterentwicklung offener Visiereinrichtungen. Mittlerweile haben Leuchtpunktvisiere eine wichtige Funktion, wenn sich Akkommodationsprobleme einstellen. Das Auge ist dann nicht mehr in der Lage, die Sehschärfe zwischen Korn, Kimme und Ziel schnell genug anzugleichen, was bei offenen Visiereinrichtungen unbedingt notwendig ist.

Das Rotpunktrohr funktioniert prinzipiell wie ein Reflexvisier. Die Objektivlinse reflektiert Licht von einer Leuchtdiode, die an der Innenwand des Rohres sitzt, ins Auge des Schützen. Die Objektivlinse ist so beschichtet, daß rotes Licht reflektiert wird, Licht von anderen Wellenlängen aber ungehindert durchdringen kann. Der Vorteil der Rotpunktrohre besteht darin, daß man den roten Punkt und das Ziel in derselben optischen Ebene auffaßt, d. h. in derselben Weise, wie man das Fadenkreuz in einem Zielfernrohr sieht. Das

Die Verwendungsmöglichkeiten des Rot- oder Leuchtpunktrohrs sind die gleichen wie bei offenen Visiereinrichtungen. Der Unterschied liegt darin, daß das Auge nicht akkomodieren muß, so daß man viel schneller zum Schuß kommt

Rotpunktrohr besitzt aber keine Vergrößerung, so daß das dreidimensionale Sehen nicht verlorengeht wie bei einem Zielfernrohr. Ein Rotpunktrohr ist die Mischung zwischen einem Zielfernrohr und einer offenen Visiereinrichtung. Das Gerät hatte ursprünglich viele Kinderkrankheiten. Die Entwicklung der elektronischen Komponenten ist aber in den letzten zehn Jahren sehr schnell vorwärtsgegangen, nicht zuletzt, was die Energieversorgung zur Diode des Gerätes anbelangt. Ursprünglich beanspruchten die Batterien soviel Platz wie fast das halbe Gerät, heute sind sie nur wenig größer als diejenigen bei Armbanduhren und Hörgeräten. Die Lebensdauer der Batterien ist auch viel länger, was bedeutet, daß moderne Rotpunktvisiere für den ständigen Jagdgebrauch gut geeignet sind. Ihren größten Anwendungsbereich finden sie ohne Zweifel bei Doppelbüchsen und kombinierten Waffen sowie bei solchen Waffen, die zum größten Teil bei Jagden gebraucht werden, bei denen die Schußentfernungen kurz sind, aber üblicherweise flüchtig geschossen wird. Typische Jagdformen, bei denen sich Rotpunktrohre eignen, sind Treib- und Drückjagden auf Elch, Rot- und Damwild, Sauen und Rehe. Um sich die Eigenschaften des Leuchtpunktvisiers zunutze zu machen, soll man beim Schießen immer beide Augen geöffnet halten. Dann verschwindet das Gefühl, eingeengt zu sein, wie es manchmal beim Zielfernrohr geschieht. Der rote, kräftig leuchtende Punkt scheint frei im Zielgebiet zu schweben, und man hat die ganze Zeit volle Kontrolle über das Wild und die Umgebung. Dies ist besonders wichtig, wenn man im Wald auf engen Schneisen zwischen Bäumen und Gebüsch jagt.

Auf weitere Entfernungen schießt es sich ungefähr wie mit offenen Visiereinrichtungen, mit dem Unterschied, daß man der Akkommodation entgeht. Wenn man die Kontur des Wildes deutlich wahrnehmen kann, ist es kein Problem, sicher zu schießen, da sich der rote Punkt deutlich vom Ziel abhebt. Mit dem Gerät kann unter viel schlechteren Lichtverhältnissen geschossen werden als mit offenen Visiereinrichtungen. Ich will nicht behaupten, daß das Absehen für die Jagd in der Dämmerung ideal ist. Sind aber die Entfernungen verhältnismäßig kurz und ist der Hintergrund hell, wie es z. B. bei einer Saujagd auf schneebedecktem Boden sein kann, ist es sehr nützlich. Ein Problem bei den meisten Rotpunktrohren ist, daß sie nicht ganz parallaxefrei sind. Das hängt mit der Misere zusammen, der vorderen reflektierenden Linse eine perfekte

Bei kombinierten Waffen und Drillingen sind elektronische, sogenannte Leuchtpunktzieleinrichtungen sehr geeignet; die Schußdistanzen dürfen nur nicht zu weit sein

parabolische Form geben zu wollen. Bei größeren Entfernungen muß man daher genau den roten Punkt in der Mitte des Gerätes zentrieren. Soweit ich weiß, hat nur das in Schweden hergestellte Gerät „Aimpoint" eine patentierte Lösung dieses Problems. Man benutzt eine zusammengesetzte vordere Linse, bei der die reflektierende Schicht zwischen die Linsen gebracht wird. Durch besondere Formgebung der hinteren der beiden Linsen kann man die Parallaxefehler völlig kompensieren. Es ist natürlich ein Vorteil, wenn der Schütze beim Deutschuß (Schnappschuß) den roten Punkt nicht zentrieren muß.

Was man auch anstellt, man kann sich niemals mit ein und derselben Waffe auf alle Situationen vorbereiten. Ein Rotpunktrohr kann ein Zielfernrohr nicht völlig ersetzen, und umgekehrt. Es ist aber mit geeigneten Montagen möglich, diejenige Visiereinrichtung auszuwechseln, die für die aktuelle Gelegenheit am geeignetsten ist. Ein Zielfernrohr ist für weitere Entfernungen und traditionelle Dämmerungs- oder Nachtjagden unbestritten das geeignetste. Bei der Waldjagd aber, bei der die Entfernungen kurz werden können, hat es auch bei Weitwinkelgläsern seine Grenzen. Die Vergrößerung des Zielfernrohrs ist entscheidend dafür, ob es auf engen Ständen, auf denen die Schußentfernungen kurz sind, zu gebrauchen ist. Das allgemein störende Problem liegt darin, daß man niemals mehr von der Umgebung sehen kann als das Sehfeld des Zielfernrohrs erlaubt. Es spielt keine Rolle, ob man mit beiden oder einem geöffneten Auge schießt. Schußschneisen oder Bewuchs, hinter denen das Wild verschwinden kann, sind ebenfalls schwer zu sehen. Deswegen muß man eine besondere Technik erwerben, wenn man mit Zielfernrohr im dichten Gelände jagt. Ich habe im Zusammenhang mit der Repetiertechnik erwähnt, daß man die Waffe zwischen den Schüssen absetzen soll, um die Umgebung zu überblicken. Dies gilt natürlich schon beim ersten Schuß. Die Technik, mit dem Zielfernrohr in engen Bestand hineinzuschießen, ist eigentlich nicht schwer, fordert aber viel Übung und einen entschlossenen Schützen, der in dem Augenblick, in dem er eine relevante Schußchance hat, perfekt abziehen muß. Das bedeutet, das Wild rechtzeitig zu entdecken, aber die Waffe nicht zu früh hochzunehmen. Über die Laufmündung wird das Wild verfolgt, bis es die Schußschneise erreicht hat, für die man sich entschlossen hat. Dann schlägt man an, richtet und schießt in einer schnellen harmonischen Bewegung. Das kann man nicht theoretisch lernen. Das muß geübt werden. Selbstverständlich fordert die Schießtechnik vom Schützen perfekte Anschläge und Waffenhandhabung.

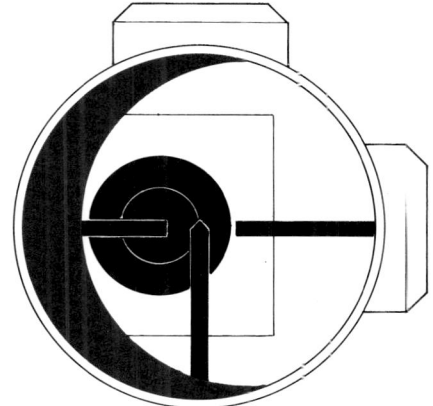

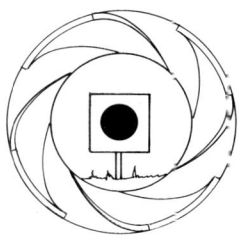

Wenn das Zielfernrohr einen Parallaxefehler hat, muß man das Auge im Zentrum des Rohres halten, sonst trifft man nicht da, wo man hinzielt

Parallaxen- und Deviationsfehler bei Zieloptiken

Parallaxenfehler bedeuten, daß die Bildebene (der Brennpunkt) der Objektivlinse hinter oder vor dem Fadenkreuz im Zielfernrohr liegt. Sie sind nicht sehr häufig. Der Fehler äußert sich dadurch, daß man das Fadenkreuz an der Seite des Zielpunktes sieht, wenn man das Auge nicht genau im Zentrum des Glases hat. Infolgedessen korrigiert man, um den scheinbaren Zielfehler zu kompensieren, wobei natürlich Ziel- und Treffpunkt nicht mehr zusammenfallen. Die Sache ist auch für einen Laien leicht zu kontrollieren. Man legt die Büchse auf eine geeignete Unterlage, ein Kissen oder einen Sandsack, und richtet das Absehen gegen einen fixierten Punkt in etwa 100 m Entfernung. Dann läßt man die Waffe liegen, ohne sie anzufassen, und sieht durch das Zielfernrohr, wobei man das Auge seitlich von Kante zu Kante im Okular bewegt. Das Absehen soll seine Lage im Verhältnis zum Richtpunkt nicht verändern. Tut es das doch, hat das Zielfernrohr einen Parallaxenfehler. Kleinere Fehler, sagen wir Fehler in der Größenordnung von 4–5 cm, sind keine größere Katastrophe. Sie treten auf, wenn man das Auge so weit an der Seite hat, daß man kaum das Fadenkreuz sehen kann. Man zentriert das Absehen im Okular völlig spontan, wenn man in der Praxis schießt. Sollte der Fehler trotzdem ein paar Zentimeter betragen, hat das bei einer Jagdwaffe keine praktische Bedeutung. Parallaxenfehler können bei gewissen Zielfernrohren dadurch behoben werden, daß die Objektivlinse in ihrer Halterung hinein- oder herausgeschraubt wird. Die Größe des Fehlers und die Qualität des Zielfernrohrs entscheiden, ob es lohnt, eine solche Justierung bei einem Glas vornehmen zu lassen.

Deviationsfehler bedeuten, daß das Fadenkreuz seine Lage im Verhältnis zum Zielpunkt verändert, wenn die Vergrößerung bei einem variablen Glas verändert wird. Ein Deviationsfehler bleibt, so lange die eingeschaltete Vergrößerung bleibt, und kann nicht dadurch kompensiert werden, daß man das Auge in der Mitte des Zielfernrohrs hält. Der Fehler kommt am meisten bei einfacheren variablen Gläsern mit sogenanntem zentrierten Absehen vor. Die Fehlerursache ist, daß das Zoomsystem, wo u. a. die Bildumkehrlinsen sitzen, sich nicht in einer Linie mit der optischen Achse des Glases bewegt. Zielfernrohre mit zentriertem Absehen sind oft so konzipiert, daß das Fadenkreuz hinter dem Zoomsystem angebracht ist. Grundsätzlich können nur die Linsen, die vor dem Fadenkreuz sitzen, das Verhältnis Absehen/Ziel beeinflussen, wenn sie in irgendeine Richtung im Verhältnis zum Zentrum des Zielfernrohres verschoben werden. Wenn dann das Zoomsystem nicht gut konstruiert ist und liegen seine Linsen bei Vergrößerungsänderung nicht genau in der optischen Achse, erhalten wir das gleiche Resultat wie bei der Parallaxe. Wir glauben, daß wir falsch richten, und verändern den Zielpunkt. Es ist nicht ungewöhnlich, Zielfernrohre zu finden, bei denen der Unterschied der Treffpunktlage zwischen der größten und kleinsten Vergrößerung 30–35 cm beträgt. Man kann auch in diesem Fall die Sache selbst kontrollieren, muß aber die Waffe kräftiger festsetzen können

oder zu einem sogenannten „boresighter" Zugang haben. Man schraubt die Waffe in einem Schraubstock fest und stellt die Vergrößerungseinstellung in eine Endlage. Dann richtet man das Fadenkreuz auf einen geeigneten Zielpunkt auf etwa 100 m ein und dreht den Zoomring zu der anderen Endlage. Wenn das Fadenkreuz sich versetzt, hat das Glas einen Deviationsfehler. Ist er klein, soll man die Waffe mit der größten Vergrößerung einschießen. Sonst kann man nur das Zielfernrohr tauschen oder sich für eine andere Vergrößerungsstufe entscheiden und bei dieser bleiben.

Einschießen von Büchsen

Schießen oder nicht schießen? Manchmal muß man sich in wenigen Sekunden entscheiden, rational und eiskalt. Die einzig richtige Entscheidung ist in zweifelhaften Fällen der Verzicht. Gut zu treffen oder vorbeizuschießen, ist nicht immer die einzig mögliche Alternative.

Auch die ruhige Pürsch- oder Ansitzjagd mit Büchsen enthält viele ungewisse Vorgänge und Situationen, die das Urteilsvermögen auf die Probe stellen. Dies betrifft besonders die Schußentfernungen. Auch in vertrauten hügeligen Revieren mit Kahlschlägen oder Feldern mit langen Erhebungen können uns Dunst, Nebel und Licht leicht einen bösen Streich spielen, wenn eine Situation schnell beurteilt werden muß. Wenn man meint, es sei zu weit, und automatisch auf einen Schuß verzichtet, passiert ja nichts. Probleme entstehen, wenn die Entfernung zu gering geschätzt wird. Ein unbedeutender Fehler beim Entfernungsschätzen kombiniert mit fehlerhaftem Einschießen der Waffe kann sehr unerwünschte Resultate ergeben, selbst wenn die Patrone eine gestreckte Flugbahn hat. Die schlechtesten Ergebnisse sind tiefe Treffer in den Vorderlaufbereich oder sehr tief in der Brust. Abhängig von der Größe des Wildes gibt es natürlich Toleranzen, wenn es um Fehler beim Schätzen der Entfernung und der Treffpunktlage geht. Es handelt sich um die Kombination einer Anzahl von Faktoren, die entscheiden, ob wir einen tödlichen Treffer anbringen oder nicht. Dazu zählen:
– Schußdistanz
– Auftreffgeschwindigkeit des Geschosses
– Eigenstreuung des Schützen
– Einschießen der Waffe.

„Varmint-Schießen" (Schießen auf kleine Schädlinge) ist eine merkwürdige Jagdform. Die Anforderungen an die Ausrüstung sind aber extrem, besonders bezüglich der Präzision
Die Tiere, die geschossen werden, sind klein und die Entfernungen sehr groß, oft zwischen 250–300 m. Dann heißt es für den Schützen, die Waffe perfekt einzuschießen und genau zu wissen, wie sie auf verschiedene Entfernungen trifft

Es ist alles eine Frage der Außenballistik, und man muß schon die technischen Voraussetzungen und praktischen Möglichkeiten der Waffe einbeziehen. Der eine oder andere zuckt vielleicht mit den Achseln und gibt sich damit zufrieden, daß bis jetzt alles gutgegangen sei. Natürlich, die Möglichkeiten, einen schlechten Schuß anzubringen, sind groß genug, ohne daß man nachhelfen müßte. Hierzu gehören mangelhafte Kenntnisse, wie das Gewehr eingeschossen werden, d. h. welche Treffpunktlage die Waffe im Verhältnis zum Zielpunkt bei einer vorgegebenen Entfernung haben soll. Die Schußentfernungen sind in der Praxis nie gleich und können nicht immer schnell und korrekt beurteilt werden.

Einschießen soll hauptsächlich das Risiko eliminieren, zu tief zu schießen, wenn man die Entfernung falsch schätzt. Weiter soll richtiges Einschießen ermöglichen, aus unterschiedlicher Entfernungen innerhalb seiner eigenen Fähigkeiten denselben Zielpunkt beim Wild treffen zu können. In der Praxis hat man selten

Zeit nachzudenken, wie hoch oder tief man halten soll, um einen guten Treffer zu erzielen. Wenn die Waffe richtig eingeschossen ist, können auch Kaliber mit niedriger Auftreffgeschwindigkeit, wie z. B. 9,3 × 57 und ähnliche, ohne weiteres auf Rehwild bis 150 m benutzt werden, ohne daß man an die Zerstörung im Wildkörper zu denken braucht. Es reicht allerdings bei derartigen Laborierungen und Entfernungen nicht aus, zur Vorbereitung lediglich einige Schüsse auf eine Tageszeitung in irgendeiner Kiesgrube abzugeben.

Die individuelle Schußtafel

Fast jeder Munitionshersteller gibt ballistische Tabellen heraus. Richtig gelesen sind sie eine gute Hilfe. Aber leider stimmen die Angaben selten genau mit dem Ergebnis überein, das man mit seiner gewohnten Jagdwaffe erzielt. Es ist einfach, sich detaillierte Kenntnisse über seine eigene Waffe und die verwendete Munition zu verschaffen. Man erschießt sich ganz einfach die Angaben, die man braucht. Das hat den Vorteil, daß man ein Resultat der Faktoren erhält, die die eigene Geschoßflugbahn beeinflussen, z. B. Lauflänge, Montagehöhe des Zielfernrohres und die genaue Mündungsgeschwindigkeit der benutzten Waffe. Anfangs soll das Gewehr einigermaßen genau auf 80–100 m schießen. Es hat für die Herstellung des Flugbahnprofils keine Bedeutung, erleichtert aber die Zusammenstellung der Ergebnisse. Jetzt soll man aus unterschiedlichen Entfernungen, von 50 m bis etwa 200 m, Schußbilder schießen. Je genauer man die Entfernungen überprüft, um so genauer wird das Resultat. Es ist aber ausreichend, aus sechs unterschiedlichen Entfernungen zu schießen, vorschlagsweise ca. 50, 80, 100, 125, 150 und 200 m. Am besten mißt man die Distanz mit einem Maßband. Man will die Durchschnittstreffpunktlage im Verhältnis zum Zielpunkt ermitteln, also wie viel höher oder tiefer die Schüsse aus den verschiedenen Entfernungen treffen. Selbstverständlich soll man mit der besten erdenklichen Auflage schießen. Bei den weiteren Entfernungen kann es schwierig sein, enge Schußgruppen zu schießen und danach zu beurteilen, wo die Durchschnittstreffpunktlage liegt. Dann empfiehlt es sich, mehrere Schüsse abzugeben. Ungeachtet der Streuung wird nämlich zuletzt eine deutliche Konzentration im Zentrum des Treffbildes ersichtlich. Jetzt

zeichnet man mit einem Zirkel einen Ring um die Trefferbilder. Man sieht, welche Schüsse aufgrund von Ziel- oder Abzugsfehlern nicht zur Beurteilung hinzugezogen werden dürfen. Im Ernstfall ist natürlich das totale Schußbild von Interesse, aber nicht, wenn es darum geht, das Profil der Flugbahn zu ermitteln. Jetzt kann man die Entfernung bis auf den Millimeter genau messen und das Zentrum der Treffer einkreisen. Eventuelle Seitenfehler bei den Treffbildern sind in diesem Zusammenhang uninteressant. Mit Hilfe dieser Angaben kann die wirkliche Flugbahn für alle Entfernungen aufgezeichnet werden. Die Längsskala erstellt man am besten auf Millimeterpapier; man setzt 2 cm gleich 10 m. Jetzt markiert man längs seiner gezeichneten Richtlinie die verschiedenen Schußentfernungen, die man gemessen hat. Danach markiert man zu den betreffenden Entfernungen die Strecke, die nach oben oder unten von der Richtlinie abgewichen ist. Bei der Entfernung 0 m, also bei der Mündung der Waffe, markiert man die Montagehöhe des Zielfernrohrs, d. h. den Abstand zwischen den Zentrumslinien des Laufes und des Glases. Danach verbindet man die markierten Punkte miteinander. Die Kurve, die man bekommt, ist das Flugbahnprofil. Wenn man alle Schußentfernungen genau gemessen hat, wird die Kurve eben und anschaulich. Da aber die Längsskala zusammengedrückt und die Höhenskala in natürlicher Größe verläuft, wird die Kurve wahrscheinlich aufgrund unvermeidlicher Meßfehler merkwürdig aussehen. Deshalb zeichnet man jetzt freihändig eine Ausgleichslinie, damit die Kurve eine ebene Form bekommt. Dies hört sich unexakt an, ist es aber wegen des großen Unterschieds zwischen Längs- und Höhenskala nicht.

Wieviel Hochschuß ist nötig?

Was sagt diese Kurve aus? Zuerst gibt sie Auskunft darüber, wie die Waffe bei verschiedenen Entfernungen schießt, wenn sie auf eine bestimmte Distanz eingeschossen ist, außerdem darüber, welche Entfernung für das Einschießen hinsichtlich der eigenen Streuung und der Größe des zu bejagenden Wildes am günstigsten sein kann. Dies ist in erster Linie wichtig bei Wild bis zu Rehwildgröße. Im angegebenen Beispiel wird das Funktionsprinzip deutlich. Die Geschoßflugbahn ist für das Kaliber 6,5 × 55 mit normaler Munition (Torpedoheck) dargestellt. Die Mündungsgeschwindigkeit beträgt ca. 810 m/s. Auf 100 m lag das Durchschnittstrefferbild 9 mm unter dem Zielpunkt, d. h. unter der Visierlinie des Zielfernrohres. Es bereitet keine Probleme, mitten auf ein Reh zu zielen. So lange die Streuung der Schüsse nicht mehr als 8–12 cm beträgt und man richtig zielt, kann auch ohne weiteres auf 125 m eingeschossen werden. Wenn man vor der Richtlinie herunter zur Kurve mißt, sieht man, daß die Durchschnittstreffer nur 30 mm tief saßen. Bei diesen kleinen Differenzen kann man leicht zur Auffassung gelangen, es spiele keine Rolle, ob die Schußentfernung um einiges länger ist oder nicht. Dies ist aber gefährlich. Das Trefferbild auf 150 m sitzt 63 mm unter

dem Zielpunkt, und das ganze Bild mißt 9 cm. Wie das praktische Resultat aussieht, kann man nie wissen. Ein Trefferbild hat ja sowohl hohe als auch tiefe Schüsse; in welcher Reihenfolge sie auf der Jagd eintreten, kann man kaum voraussagen. Wenn man Glück hat, schießt man hoch und erzielt einen guten Treffer auf dem Stück Wild. Wenn der Schuß dagegen tief sitzt, trifft man, auch wenn gut gezielt wurde, unten im Brustbein. Hält man zudem ein paar Zentimeter zu tief, schießt man im besten Fall vorbei oder trifft einen Vorderlauf. Welches Resultat auf 200 m zu erzielen ist, kann man sich ausrechnen. Mit solchen Einschüssen kann man natürlich aus Entfernungen bis 170 m Glück haben, wenn man ein guter Schütze ist. Erlegt man

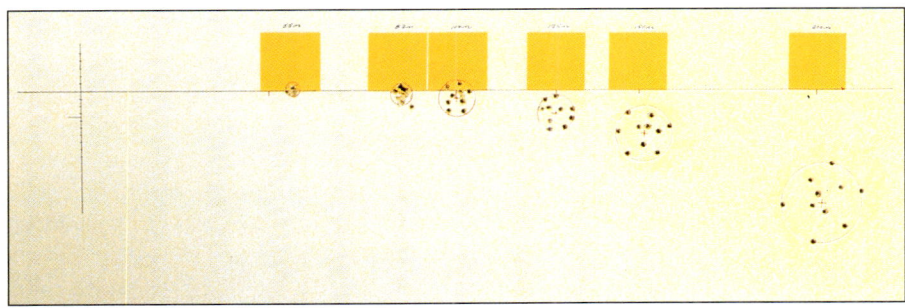

Man soll mit einem Zirkel Kreise zeichnen, so daß man für jede Entfernung die Durchschnittstreffpunktlage ermitteln kann. Wenn das Trefferbild nicht direkt unter dem Zielpunkt liegt, versetzt man das Zentrum des Trefferbildes, so daß es seitlich richtig liegt

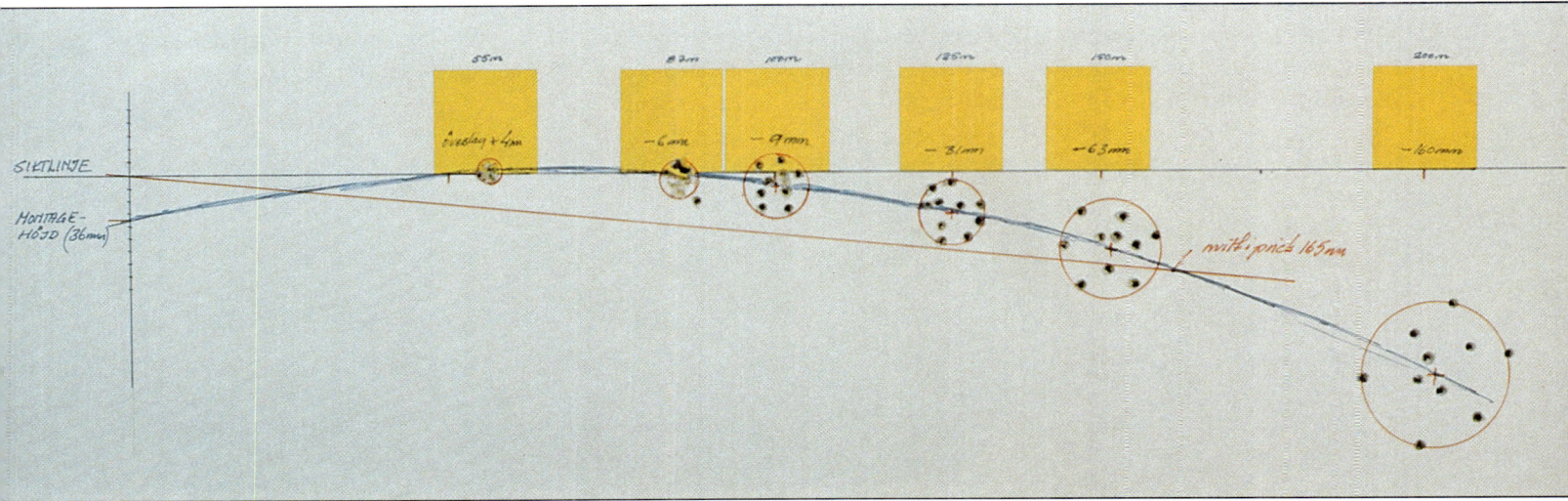

Das reale Geschoßflugbahnprofil ist jetzt in senkrechter Richtung in natürlicher Größe gezeichnet. Wenn man sehen will, wieviel Hochschuß man hat, wenn die Waffe auf eine bestimmte Entfernung Fleck schießen soll, zeichnet man eine neue Richtlinie und mißt zwischen der neuen Richtlinie und der Kurve bei allen gewünschten Entfernungen das Resultat

aber dem Wahn, die Geschoßflugbahn verlaufe kerzengerade, geschehen früher oder später unangenehme Dinge. Das Ergebnis ist, obwohl perfekt gezielt und geschossen wurde – wie auch beim falschen Schätzen der Entfernung –, krankgeschossenes Wild. Viele Jäger haben sich sicherlich schon den Kopf darüber zerbrochen, wie so etwas passieren konnte. Um Abhilfe zu schaffen, sollte die Waffe mit einem bestimmten Hochschuß eingeschossen werden. Das Geschoß befindet sich auf der Flugbahn bis zu der Entfernung (GEE), die man als optimal einstuft, ein Stück über der Visierlinie oder dem Zielpunkt. Nun soll der Durchschnittstreffpunkt gerade in der Mitte liegen. Die Büchse schießt also Fleck, was bedeutet, daß Ziel- und Treffpunkt genau zusammenfallen. Viele Jäger zielen automatisch mit leicht gesenkter Waffe mitten auf ein Stück Wild. Bei einem Reh bedeutet das, daß der Zielpunkt etwa 4 cm unter der Wirbelsäule liegt. Mehr Hochschuß soll das Gewehr nicht haben, wenn Wild dieser Größe gejagt wird.

Auf welche Entfernung schießt denn meine Waffe Fleck? Dies entnimmt man der Kurve. Man legt mit Hilfe eines Lineals eine neue Visierlinie ein. Vom Lineal mißt man rechtwinklig zum höchsten Punkt der Kurve. Beträgt dieses Maß z. B. 4 cm, markiert man den Schnittpunkt zwischen Lineal und Kurve. Da schießt die Waffe Fleck. Wie weit es ist, erfährt man, wenn man die Länge der neuen Visierlinie mißt und die Zahl Zentimeter zu Meter nach seiner Skala umrechnet. Den höchsten Hochschuß hat man auf gut der halben Entfernung zwischen Mündung und „Fleck". Auch wenn man niemals die Absicht hat, weiter als 100 m zu schie-

ßen, ist es von Vorteil, wenn die Waffe auf diese Entfernung einen Hochschuß von ca. 3 cm hat. Welches Kaliber man hat, spielt kaum eine Rolle, wenn man die Entfernung bis zu 50% falsch schätzt. Das Geschoß trifft richtig, falls die Streuung nicht zu groß ist. Wenn man ein Gewehr mit Hochschuß einschießt, wird das Geschoß die Visierlinie zweimal kreuzen. In Mündungsnähe befindet sich die Flugbahn wegen des Höhenunterschiedes zwischen Lauf und Zielfernrohr unter der Visierlinie, steigt dann und kreuzt sie zum ersten Mal zwischen 30 und 40 m vor der Mündung, abhängig von Mündungsgeschwindigkeit und Einschießentfernung. Hier, wo die Waffe den zweiten Fleckschuß hat, kreuzt die Geschoßflugbahn die Visierlinie abermals. Dann aber fällt die Flugbahnkurve verhältnismäßig schnell ab. An der Kurve kann man sehen, daß bei der verwendeten Waffe das Geschoß schon bei 200 m ca. 4 cm tiefer liegt, also genausoviel wie der höchste Hochschuß, obwohl es auf 165–170 m Fleck schießt. Wenn das Geschoß aus einer Waffe abgefeuert wurde, bei der Lauf und Zielfernrohr parallel liegen, könnte das Projektil unabhängig von der Anfangsgeschwindigkeit nie den Zielpunkt treffen. Die Schwerkraft zwingt das Geschoß zum Boden, und je geringer die Geschwindigkeit wird, desto schneller fällt es. Man kann davon ausgehen, daß das Geschoß, nachdem es zum zweiten Mal die Visierlinie gekreuzt hat, sehr schnell absinkt. Dies wird deutlich, wenn man wesentlich weiter als die Fleckschußentfernung schießt. Man denke daran, mehrmals zu schießen und wie gewohnt vom Zielpunkt zum Zentrum des Trefferbildes zu messen.

A: 100 m Schußentfernung. Das Zentrum des Trefferbildes 9 mm unter dem Richtpunkt. Größe des Trefferbildes 50 mm

B: 150 m Schußentfernung. Das Zentrum des Trefferbildes 63 mm unter dem Richtpunkt. Größe des Trefferbildes 85 mm

C: 200 m Schußentfernung. Das Zentrum des Trefferbildes 160 mm unter dem Richtpunkt. Größe des Trefferbildes 125 mm

Maßstab 1 : 2

Auf der Abbildung kann man sehen, wo die Durchschnittstrefferbilder bei einem Reh bei verschiedenen Entfernungen liegen, wenn man in die Mitte zielt und mit der Waffe und Munition schießt, mit der das Geschoßflugbahnprofil auf Seite 179 geschossen wurde. Die Waffe schoß auf 80 m Fleck, eine bei der Jagd gängige Entfernung

Wer die Wahl hat, hat die Qual! Viele scheuen sich, Fragen zu stellen und eine gebrauchte Waffe genau zu kontrollieren. Vor einem solchen Ladentisch sollte man exakte Vorstellungen von dem haben, was man will

Wahl der Waffen

Welche Büchse soll ich wählen? Die Frage bewegt sich zwischen reiner Selbstverständlichkeit bis zu ausgesprochener Kaufangst. Viele Jäger haben niemals darüber nachgedacht, weshalb sie gerade die Büchse besitzen, die sie haben. Oft liegt es daran, daß sie, als sie Jäger wurden, eine Büchse zugeteilt bekamen. Entweder als Erbe oder als Leihgabe von Verwandten oder guten Freunden erhielten sie ein Gewehr, wenn sie zur Jagd eingeladen wurden oder plötzlich eine Jagdmöglichkeit bekamen. Kommt der frischgebackene Jäger ohne vorgefaßte Meinung über Kaliber, Auftreffenergie oder andere technische Einzelheiten erfolgreich zum Schuß, braucht er in der Regel keine Waffen- oder Kaliberangst zu befürchten. Besitzt man eine Waffe mit dem richtigen Kaliber, hat es in der Praxis keine größere Bedeutung, welches Gewehr man wählt. Schließlich kann ein Stück Wild nach einem guten Schuß, unabhängig wie stark das benutzte Kaliber auch war, nur einmal verenden.

Jäger, die versuchen, Waffen nach Katalogen und ballistischen Tabellen zu wählen, erweisen sich oft einen schlechten Dienst, weil sie die Sache zu theoretisch angehen. Unsere Vorfahren und auch jetzt lebende Naturvölker schossen und schießen noch alles, auch die größten und schwersten Wildarten, mit einfachem Bogen. Ein wohlangebrachter Pfeil mit Spitze aus Feuerstein, Bein oder feuergehärtetem Holz ist für den Jäger eine höchst effektive Waffe, vorausgesetzt, daß ihm nichts anderes bekannt ist. Wenn man beginnt, an der Wirkung des Gewehrs zu zweifeln, wird's ernst.

Was können die Geschosse von heute besser als die einstige Feuersteinspitze? In der Praxis nicht viel. Entscheidend ist jedoch, wo das Geschoß trifft. Ein wiedergefundener Geschoßrest ist eine schöne Jagderinnerung. Egal welches Kaliber, es hat seine Pflicht erfüllt

Tatsächlich verursacht selten oder nie das Kaliber der Waffe Wundschüsse oder lange Fluchtstrecken. Natürlich soll man ein Kaliber für die Waffe auswählen, das im ausgewogenen Verhältnis zu Stärke und Körperbau des Wildes steht, das man bejagen will. Wenn es sich um nordische Verhältnisse handelt, ist das Gewehr schnell gewählt. Einerseits haben wir eine Gesetzgebung, die die unteren Grenzen eines zu verschießenden Kalibers für verschiedene Wildarten regelt, andererseits gibt es eine unendliche Menge bestätigter Erfahrungen, auf die man sich stützen kann. Die praktischen Unterschiede unserer gebräuchlichen Elchkaliber (Hochwildkaliber) sind aus jagdlicher Sicht unbe-

deutend. Aus der normalen Schußentfernung kann man kaum signifikante Unterschiede in der Schußwirkung nachweisen. Auch ein erfolgreicher Jäger bekommt zu wenig Gelegenheiten, soviel Wild unter genau denselben Verhältnissen zu schießen, als daß er mit Sicherheit von kaliberabhängigen Unterschieden in der Schußwirkung sprechen könnte. Es ist entscheidend, wo die Kugel trifft, ob das Stück erschrocken oder verletzt oder von der Anwesenheit des Jägers völlig überrascht ist. Es gibt unzählige Beispiele, daß Elchkälber mit einem perfekten Blattschuß einer .375 H&H Hunderte von Metern geflüchtet sind, ebenso daß starke Elche und Hirsche nach einem lausigen Lun-

Wenn die Jagd erfolgreich war, ist Zeit für Fachsimpeleien.
Eine Nachlese gehört zu jeder Jagd

Eine massive Großwildbüchse in den Händen zu halten gibt Selbstvertrauen und führt nicht selten dazu, daß man sich in sie verliebt

nausowenig versucht man schräg von hinten mit einem 6,5-mm-Stutzen einen Elch zu schießen, vorausgesetzt, man kennt seine Grenzen und die äußeren Voraussetzungen, die nötig sind, um Unfälle zu vermeiden. Im Fall des VW handelt es sich um freie Sicht und eine ausreichend lange Strecke, im anderen um Schießfähigkeit und Anatomiekenntnis. Man muß eine Waffe führen, die man handhaben kann, sowohl psychisch, physisch als auch praktisch. Der psychische Teil dreht sich meistens um Rückstoß und Schußscheue. Der praktische Teil bedeutet, daß die Waffe einigermaßen gut passen und mechanisch zuverlässig sein soll. Der Unterschied der Eigenpräzision zwischen groß- und kleinkalibrigen Waffen ist nicht so groß, als daß er bei der Jagd praktische Bedeutung haben könnte. Dagegen kann es wegen des Rückstoßes schwierig sein, mit starkem Kaliber gut zu schießen. Auch wenn Schaft, Zielfernrohrmontage und andere Einzelheiten perfekt passen, ist es sinnlos, eine solche Waffe anzuschaffen, wenn man auch nur die geringste Angst davor hat. Alle Extra-Margen, die ein solches Gewehr geben kann, sind verlorene Liebesmüh', wenn man wegen Schußscheue nicht richtig schießen kann. Das Problem entsteht, weil nicht alle, bevor die Waffengenehmigung vorliegt und der Kauf abgeschlossen ist, prüfen, was ihnen liegt. Schwere Geschosse, verhältnismäßig grobes Kaliber und hohe Anfangsgeschwin-

gentreffer eines 6,5 mm Stutzens im Schuß zusammenbrachen. So etwas kommt unabhängig vom theoretischen Unterschied zwischen zwei Kalibern vor. So wenig man versuchen wird, an einer hohen Steigung mit einem älteren Volkswagenmodell zu überholen, ge-

Auf dem Schießstand zeigt die Waffe ihr wahres Gesicht. Dann werden all die nicht gestellten Fragen von selbst beantwortet. Bewältige ich den Rückstoß der Waffe, ohne die Schüsse über die ganze Scheibe zu streuen?

digkeit bedeuten bei einer normalgewichtigen Waffe immer einen kräftigen Rückstoß. Dies gilt auch für die Mehrzahl der modernen Magnumpatronen. Trotzdem kommen die Waffenhersteller den Wünschen der Jäger, eine leichte und führige Waffe zu haben, ein wenig zu offenkundig entgegen. Mitunter vergißt man dabei, daß die Gewehre fürs Schießen gedacht sind. Wenn man daran denkt, eine Waffe mit einem kräftigen Kaliber zu kaufen, aber hiermit keine Erfahrung

hat, soll man das schwerste Gewehr kaufen, das man bekommt. Dann entgeht man unangenehmen Überraschungen. Es ist auch mit mäßigen Kalibern um .30–06 und 308 schwierig zu schießen, wenn man Leichtgewichtmodelle wählt, wie sogenannte Nachsuchenbüchsen oder führige Stutzen. Kaliber dieser Größenordnung sind nicht für Eichhörnchen konzipiert, sondern sind für fast alles geeignet, was auf vier Läufen steht.

Ein Bekannter, der viele Jahre in Afrika arbeitete,

Die sichere, grobe Büchse gibt nicht gerade eine Liebeserklärung von sich, wenn man sie abfeuert. Man sollte auf die Jacke achten. Der Schütze ist tatsächlich wieder unterwegs nach vorne, nachdem er den Rückstoß von einer .505 Gibbs zu spüren bekam

Gewisse Wildarten mögen es nicht, von Jägern mit allzu kleinen Kalibern gestört zu werden

erzählte, daß er die meisten Büffel mit .30–06 und gewöhnlichen Übungspatronen mit 9,7 g Vollmantelgeschoß erlegt hat. Was das Gesetz hierüber sagt, können wir beiseite lassen, aber weder er noch die Büffel hatten Gelegenheit, zu fragen, ob die Patronen ausreichend waren oder nicht.

Um zu nordischen, europäischen Verhältnissen zurückzukehren: Patronen in Kalibern von 7 bis 8 mm mit Geschoßmassen um 10–15 g und Mündungsgeschwindigkeiten um 750–800 m/s können als gut und kräftig genug für einheimisches Hochwild angesehen werden. Größere Kaliber braucht man normalerweise nicht. Selbstverständlich soll man für das zu bejagende Wild die entsprechende Geschoßkonstruktion wählen. Hier ist das Angebot mehr als ausreichend. Es gibt unzählige Kalibervarianten, sowohl moderne als auch ältere. Zu den moderneren rechnen viele Jäger kurioserweise die .30–06, die seit fast neunzig Jahren zugänglich ist. Das wichtigste ist trotz allem, daß man Waffenfabrikat und Waffentyp so wählt, daß man ohne Probleme den Rückstoß des gewählten Kalibers aushalten kann und daß der Schaft in der Höhe gut paßt, auch wenn die Waffe mit einem Zielfernrohr versehen ist. Ein zu hoher Schaft kann problemlos verändert werden. Es ist schwieriger, wenn er zu niedrig ist. Wenn es sich um eine neue Waffe handelt, scheue man sich nicht, den Verkäufer zu bitten, provisorisch ein Zielfernrohr zu montieren. Dann kann man leicht feststellen, ob der Schaft zu tief und die Stütze für die Wange zu schlecht ist. Dies ist wichtig, wenn man ein Glas großen Objektivs zu kaufen beabsichtigt, weil die Montage dann höher werden muß. Wenn es sich um gebrauchte Waffen handelt, werden die Auswahlmöglichkeiten kleiner. Es geht darum, eine Waffe in gutem Zustand zu finden, die es wert ist, für ein Zielfernrohr nachgeschäftet zu werden, wenn sie ursprünglich für offene Visiereinrichtungen geschäftet war. Das Kaliber ist, wie schon erwähnt, nicht so wichtig wie die Frage, ob in absehbarer Zukunft noch ausreichend Munition zu bekommen sein wird.

Mit einfachen Maßnahmen kann eine ältere Waffe mit einer perfekten, persönlichen und wohlpassenden Backe versehen werden. Eine solche Arbeit kann mit ein bißchen Geschick zu einem guten Ergebnis führen

Das obere Bild zeigt einen Schaft eines älteren Militärgewehrs während der Umbauphase. Er ist auf der oberen und unteren Seite abgefräst, damit eine Schaftrückenerhöhung und ein neuer und kräftigerer Pistolengriff angeleimt werden können. Die Backe muß zuerst in Größe und Form angepaßt werden. Die gerade Oberseite ist völlig eben, der untere gebeugte Teil glatt und fein geputzt, und die Kante hat eine kleine Nase.

Auf dem linken Bild sieht man einen Querschnitt vom Schaft. Die Backe muß in der Schaftseite einige Millimeter eingefügt werden. Man soll sie gegen die Schaftrückenerhöhung pressen und dann entlang der Kante anzeichnen, so kann das Holz weggenommen werden. Die Nase auf der Unterseite der Backe soll 6–7 mm hoch sein. Dann ist es einfach, die Fuge abzudichten. Die Höhlen werden gefüllt und die Flächen mit Leim bestrichen, wonach die Backe an ihren Platz gedrückt wird

Das fertige Ergebnis nach dem Umbau. Eine ältere Militärwaffe, die jetzt nicht nur sehr funktionell und angenehm zu schießen, sondern zusätzlich eine Augenweide ist, ohne die Brieftasche über Gebühr zu strapazieren

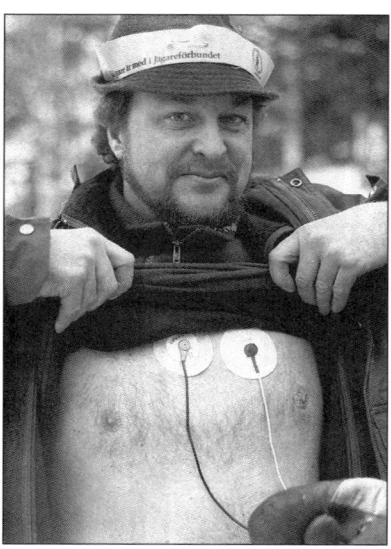

Die Elektroden, die die Herztätigkeit registrieren sollen, werden bei einem unserer Versuchsjäger angebracht

Der Mensch hinter dem Schaft

Jeder normale Jäger wird psychisch und physisch von der Jagd beeinflußt. Das ist völlig normal. Abhängig von der Erfahrung und einer Reihe äußerer Faktoren kann diese Einwirkung gewisse Risiken bedeuten. Sie können sich von einem einfachen Gedankenkurzschluß bis hin zu dramatischen physischen Reaktionen wie Herzinfarkt und Schlaganfall erstrecken.

Welche Gedanken durchfahren das Gehirn, wenn es ernst wird? Welche Forderungen müssen erfüllt sein? Gibt es einen Kugelfang? Vieles kann bei der Jagd schiefgehen. Man hat aber selten viel Bedenkzeit. Das Adrenalin bringt das Herz heftig zum Schlagen, und der Puls rast, ohne daß man etwas dagegen machen kann. Die Muskeln und das Gehirn haben höchste Aufnahmebereitschaft eingenommen. Wenn nun das Wild in Schußweite kommt, gilt es, effektiv, kontrolliert und ohne Jagdfieber zu schießen.

Kann man so etwas messen, und welche Schlußfolgerungen kann man daraus ziehen?

Mit Hilfe von EKG-Geräten konnte man die Herztätigkeit von Jägern während eines Jagdtages Minute für Minute registrieren. Jeder Jäger hatte auf dem Stand einen Kontrolleur bei sich, der die Zeitpunkte der verschiedenen Ereignisse notierte. Es begann so:

„Aus welcher Entfernung hört man das Signal, ob die Treiberwehr sich in Bewegung gesetzt hat. In einer Viertelstunde, höchstens zwanzig Minuten ist sie bei den Schützen, und dann liegt es bei uns, ob wir die mögliche Chance nutzen. Die Worte des Jagdherrn bei der Eröffnungsansprache hat man noch in den Ohren: „Es werden in diesem Treiben nur Überläufer, Mufflonlämmer und Rotwildkälber geschossen. Wenn Sie einen starken Keiler sehen, der den Vorderlauf schont, sollen Sie ihn schießen. Das Gewehr darf erst auf dem Stand geladen werden. Während aller Standwechsel und Transporte soll das Schloß geöffnet sein, und es dürfen keine Patronen im Magazin sein. Vermeiden Sie es bitte, auf weite Entfernungen oder wenn Sie unsicher sind, zu schießen." – „Wie sieht man, ob es ein Lamm und nicht ein älteres Stück ist?" – fragt jemand. – „Die Schnecken sind nur lauscherlang. – Andere Fragen? – Nein! – Also Waidmannsheil, meine Herren! – Ich stelle Sie an." Nach einer solchen Einleitung versteht man, daß es klug ist, den Daumen weit vom Sicherungsschieber zu halten und nicht voreilig zu handeln. Man muß sich an viele Fakten erinnern. Bevor ein Stück Wild auftaucht, was jeden Augenblick geschehen kann, muß man versuchen, die Regeln zu verdauen.

Der nächste Jagdnachbar winkt, um Kontakt zu nehmen. „Hier bin ich, haben Sie mich gesehen?" Natürlich, man winkt zurück. Es ist unangenehm, auf dem Stand einen Zuschauer zu haben. Dieser Kontrolleur sieht aber sehr ruhig und sicher aus. Hat er alle Order verstanden und behalten? Der Wechsel vom Hang hinunter zum Stand ist noch leer. Wenn nur das Herz sich ein bißchen beruhigen wollte. So außergewöhnlich ist es ja auch nicht. Der Stand ist offen und gut, aber das Wild kommt ja spitz auf einen zu, wenn es kommt. Plötzlich sind die Sauen schon drei Meter vom Waldrand und in voller Flucht. Ist eine schießbar? Der Stutzen geht in Anschlag. Die Sauen sehen wie ein großer Tausendfüßler aus, die Läufe nicht im Takt. Nur Bachen und Frischlinge. Der Puls beruhigt sich. Es hätte gut gehen können, jetzt ist es aber nur ein schöner Anblick gewesen, was auch sehr angenehm ist. Zehn Minuten später sind die Treiber am Ziel, frisch, rotbäckig und schweißdampfend. Sie sprechen erregt miteinander: „Hast du die Sauen gesehen? Eine ist mir fast zwischen die Beine gelaufen!" Die Treiber haben sich ohne Zweifel amüsiert. Eine Drückjagd in einem Gatter stellt die Jäger auf die Probe. Viel Wild und

Welches Stück darf erlegt werden? Vielleicht das dritte von rechts? Wenn Wild genau angesprochen werden muß, gerät man leicht in Zeitnot. Das verursacht häufig Streß beim Schützen

Der Versuchsjäger mit dem „Sekretär" Dr. Roland Alvarsson. Der Jäger wirkt ruhig, aber wie sieht es in seinem Inneren aus?

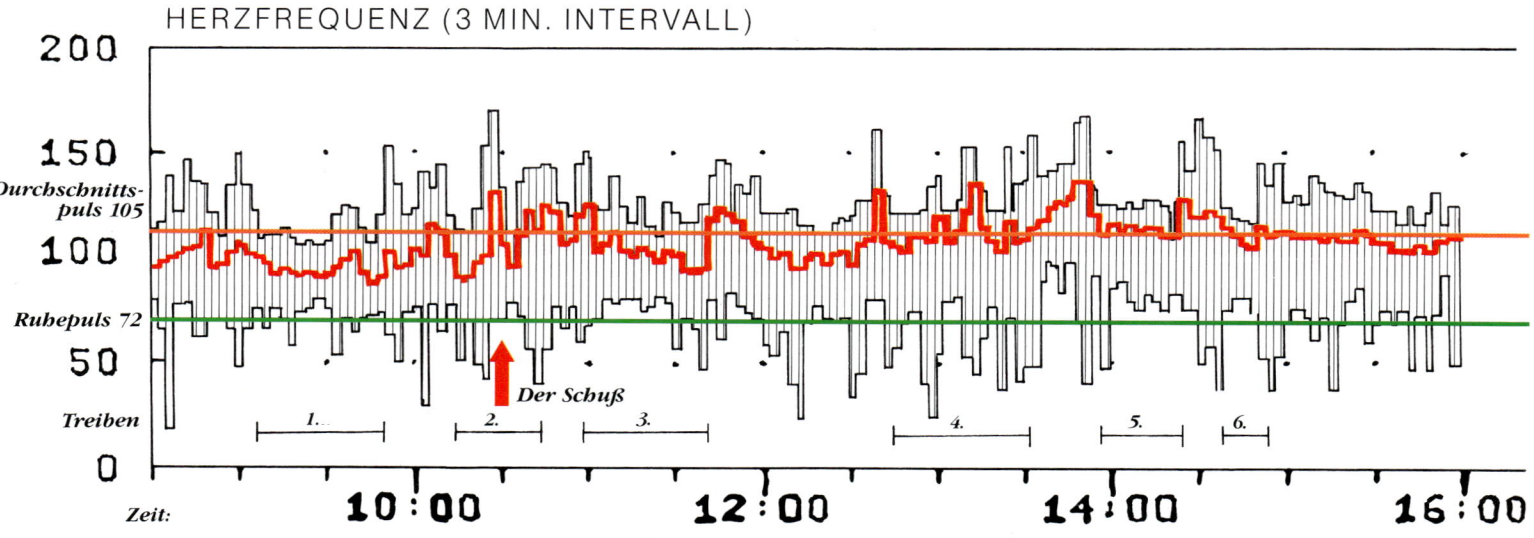

kurzes Treiben. Es passiert fast die ganze Zeit etwas. Die Treiber rufen. Schüsse von den Nachbarschützen schneiden wie Peitschenhiebe durch das Bewußtsein. Man muß die ganze Zeit aufpassen. Das Wild ist gewöhnt, gejagt zu werden und ist sehr vorsichtig. Es schleicht zu einer Ausgangsposition, um sich dann blitzschnell von gefährlicher Nachbarschaft zu entfernen. Es scheint zu wissen, worum es geht, und das Ergebnis wird magerer, als man angenommen hat. Man könnte fast glauben, daß es immer ein Treiben vor den Jägern ist. Ein ruhiges Nachdenken auf dem Stand gibt es wirklich nicht. Die Vorgänge sind sehr wechselhaft, was auch die Jäger im hohen Grad beeinflußt. Das konnten wir auch dem Resultat unserer Probe entnehmen. Keiner war unberührt."

Die Wirklichkeit

Einer der Jäger, sehr routiniert und Freund des Jagdherrn, durfte ein Rotwildkalb schießen. Nicht so erregend, könnte man meinen. Jedenfalls, bevor die Jagd begann. Auf der Illustration wird eine Zusammenstellung gezeigt, aus der man ersehen kann, was mit ihm während des Tages passierte. Der Jäger, der eine sehr gute körperliche Verfassung hatte, begann mit

einem Ruhepuls von 72. Sein Durchschnittspuls während des Jagdtages war aber 105! Eine Erhöhung von 47%! Die Ansprache des Jagdherrn vor dem ersten Treiben war deutlich, und der Jäger reagierte sofort, obwohl er den Jagdherrn sehr gut kannte. Die rote Kurve im Diagramm zeigt den Durchschnittspuls in Intervallen von drei Minuten. Man kann sehen, daß der Puls zu Beginn der Treiben hoch ist, als das Signal von der Treiberwehr ertönt. Danach sinkt der Puls langsam, bis die Stimmen der Treiber hörbar werden, dann steigt er wieder. Als die Treiberkette so nahe ist, daß er erkennt, daß kein Wild mehr kommen kann, sinkt der Puls wieder.

Im ersten Treiben hatte der Jäger einen schlechten Stand, und man kann sehen, daß er nicht besonders reagiert hat. Sein Puls war höher während des Spazierganges zum nächsten Stand des zweiten Treibens, wo er schießen durfte. Im Viereck rechts werden die Reaktionen in Minuten im Augenblick des Schusses gezeigt. Ungefähr acht Minuten nach dem Schuß, wie man aus der Kurve ersieht, steigt sein Puls wieder. Die Ursache für diese Nachreaktionen ist, daß das Streßhormon, das er mit willensmäßig gesteuerter Konzentration im Schußaugenblick zurückgehalten hat, im Körper freigesetzt wird, wenn er sich wieder entspannt.

Es kommt vor, daß in solchen Situationen unangenehme Dinge passieren. Wenn z. B. die Anspannung

Intervall	Herzfrequenz	
10:21–10:22	93	
10:22–10:23	96	
10:23–10:24	93	
10:24–10:25	92	
10:25–10:26	112	.....*Die Treiberkette passiert*
10:26–10:27	149	*Die Kälber werden*
10:27–10:28	126	*entdeckt und nähern*
10:28–10:29	111	*sich dem Stand*
10:29–10:30	115	.....*Schuß*
10:30–10:31	102	
10:31–10:32	95	
10:32–10:33	93	

Der Augenblick der Wahrheit. Der Schütze ist sehr konzentriert

groß war und es zu einem gelungenen Schuß gekommen ist, kann es geschehen, daß man vergißt, die Waffe zu entladen oder zu sichern.

Während des dritten Treibens sieht man das gleiche Muster wie im ersten. Man sieht aber bei den Variationen der Herztätigkeit, daß etwas passiert ist. Unter anderem kam ein paarmal nicht freigegebenes Wild in Sicht.

Das vierte Treiben begann ruhig. Hier waren aber stärkere Hirsche frei, doch nur zwischen 6 und 12 Enden. Daß der Jäger gerne schießen wollte, zeigt seine Reaktion auf einen Schuß seines Nachbarn um 12.59 Uhr. Um 13.09 Uhr kamen vier kapitale Hirsche zu seinem Stand. Er durfte eine Weile Enden zählen, und der Puls erhöhte sich bis über 140. Kein Hirsch war aber jagdbar.

Im fünften Treiben passierte nichts. Direkt nach Beendigung des Treibens wurde schnell zu einem neuen Stand im letzten Treiben gewechselt. Der Jäger macht sich keine Hoffnung, der Puls sinkt die ganze Zeit, macht aber doch eine kleine Steigerung, als die Treiberkette sichtbar wird. Danach wird die Kurve wieder eben. Ein ereignisreicher Tag ist zu Ende gegangen.

Das zweite Treiben – Minute um Minute

Der Datenstreifen auf dem Bild zeigt die Herzfrequenz des Jägers während der Minuten kurz vor bis nach dem Schuß. Für jede Minute werden Durchschnittswerte registriert, was bedeutet, daß sein maximaler Puls höher gewesen ist. Die Jäger standen auf Rückwechseln, und man kann sehen, daß er erst zum Zeitpunkt, als die Treiberkette ihn um 10.25 passierte, erwartungsvoll reagierte. Der Puls erhöhte sich auffallend. Um 10.27 zeigten sich die Rotwildkälber, und der Puls raste aufwärts, er beruhigt sich aber, als er sieht, daß sie in Schußweite kommen. Im Schuß ist sein Puls bedeutend ruhiger als zum Zeitpunkt, als er die Kälber entdeckt. Das zeigt, daß er beim Schuß nicht besonders angespannt ist, da er weiß, daß er ein geübter Schütze ist und die Situation völlig unter Kontrolle hat.

Das Adrenalin – Freund oder Feind

Jagd bedeutet immer irgendeine Form von Erwartung, zum Schuß zu kommen oder seine Hunde jagen zu hören. Daß der Puls sich während der Jagd erhöht, ist natürlich. Der Körper stößt das Streßhormon Adrenalin aus, um, einfach ausgedrückt, unsere physischen Möglichkeiten zu mobilisieren. Wir reagieren schneller, und unsere Sinne werden schärfer. Ohne Adrenalin reagieren wir in gewissen Situationen überhaupt nicht

Unter uns Jägern gibt es große Unterschiede in Erfahrung, Alter und Konstitution. Werden denn alle Menschen gleich beeinflußt? Nein, wir können dem

EKG des Probanden entnehmen, daß er den ganzen Tag, trotz guter Grundverfassung und großer Jagderfahrung, eine kräftig erhöhte Grundfrequenz hatte. Wer weniger erfahren ist, hätte sich sicherlich über noch mehr Situationen während der Jagd erregt und noch heftiger reagiert.

Eine allgemeine Unsicherheit über seine eigene Fähigkeit, verschiedene Situationen zu bewältigen, steigert die Adrenalinproduktion. Es kommt vor, daß man reine Unlustgefühle bekommt anstatt genußreicher Spannung, die man während der Jagd gerne spüren will. Unsere Umgebung beeinflußt uns. Wie groß ist z. B. die Wirkung der Angst vor negativen Reaktionen der Jagdkameraden und anderen mehr oder weniger ausgesprochenen Forderungen an uns? Es gibt tragische Beweise, daß Jäger unter zu starkem Streß völlig irrational gehandelt haben.

Alle werden mehr oder weniger beeinflußt, aber jedermann muß sich selbst prüfen, da man unter Jägern nicht gern darüber spricht. Eigene Unsicherheit und eine vorgefaßte Einstellung dazu, wie man sich benehmen soll, um von seinen Kameraden als guter Jäger angesehen zu werden, können verheerend werden, wenn der Druck zu stark wird. Zu hoch gesteckte Erwartungen in Kombination mit einer spannenden Jagdsituation können auch eine kräftige Produktion von Streßhormonen auslösen. Dann schafft man es vielleicht willensmäßig nicht, die große Menge an Gefühlen und Sinneseindrücken zu unterdrücken, die man unter normalen Verhältnissen unbewußt filtert, wenn man sich auf etwas konzentriert. Man beginnt zu zittern, der ganze Körper schüttelt sich, und das Herz klopft wie wild. Man nennt es Jagdfieber!

Ein plötzliches oder unerwartetes Ereignis kann

Das Stück nach einem hohen, zu weit hinten sitzenden Lungenschuß ist schwerkrank. Der Fangschuß muß sofort erfolgen, fordert aber Besinnung, da man nie weiß, ob das Stück wieder flüchtig wird

manchen dazu bringen, völlig irrational zu reagieren, da die Signale zum Gehirn nicht mehr willensmäßig gesteuert sind. Man kann den Kopf völlig verlieren. Wie in einer akuten Notsituation kann man flüchten ohne zu denken oder sich mit ungeahnter Stärke verteidigen.

Kann man diesen Reaktionen völlig entkommen? Kaum. Es schadet aber nicht, wenn man sich bewußt macht, daß wir alle diesen Reaktionen ausgesetzt sind und auch vor einer jagdlichen Aufgabe große Unlustgefühle haben können.

Jagd und Herzbeschwerden

Im Hinblick darauf, wie der Körper in einer Jagdsituation reagieren kann, muß man sich die Frage stellen, ob die Jagd für eine Person mit Herzbeschwerden gesundheitsgefährdend sein kann. Unter gewissen Umständen kann es für einen Herzkranken gesundheitsgefährdend sein, sich den Belastungen, die das Jagen mit sich bringt, auszusetzen. Viele Herzinfarkte, die auf der Jagd passieren, sind vermeidbar. Man braucht sich nur auf vernünftige Art und Weise zu schützen. Die unmittelbare Ursache, die zum Infarkt führt, ist ein Pfropfen im Muskelsystem des Herzens oder Sauerstoffmangel im Herzmuskel, oft durch eine Kombination von Kälte, Streß und Körperanstrengung ausgelöst. Alles Dinge, die während der Jagd alltäglich sind. Dabei genügt es nicht allein, Körperanstrengung zu vermeiden. Die Sauerstoffversorgung des Herzens geschieht zwischen dem Kammerkomplex und dem Vorkammerschlag, die Diastole genannt wird. Bei hohem Puls bleibt dem Herzen für seine eigene Sauerstoffversorgung weniger Zeit. Es ist wahrscheinlich, daß die Thrombozyten oder die Blutplättchen, die die Pfropfen bilden, durch Streß klebriger werden und sich zu einem Pfropfen formen, der eines der Kranzgefäße des Herzens zusetzen kann.

Was raten denn die Ärzte einem Jäger, der Herzbeschwerden hat? Wer einen richtigen Infarkt gehabt hat, wird oft für den Rest des Lebens beeinflußt, auch wenn er völlig wiederhergestellt ist. Deswegen ist es wichtig zu versuchen, zu seinem normalen Leben zurückzukehren, auch zur Jagd.

Ein wichtiger Punkt ist, seine allgemeine Körperverfassung soviel wie möglich zu verbessern. Das gibt einen ruhigeren Puls, auch wenn die Jagd spannend wird.

Nikotin und Alkohol sollte man meiden. Auch verhältnismäßig wenig Alkohol am Tag vor einem Jagdtag verursacht einen unnötigen Adrenalinausstoß am nächsten Tag. Es ist wichtig, sich durch vernünftige Kleidung warm zu halten, oder auf dem Stand ein Feuer zu machen. Man kann gerne enge Anstände meiden, wenn man glaubt, zeitlich nicht zurechtzukommen.

Mit umsichtiger Vorbereitung, besonders wenn es sich ums Schießen handelt, wird eine Menge der negativen Auswirkungen eliminiert, die die innere Unsicherheit auf die Herztätigkeit haben kann.

Personen mit Herzproblemen können sich bei der Jagd mit einem vom Arzt verschriebenen Präparat schützen, einem sogenannten Betablocker. Es vermindert die Empfindlichkeit des Nervensystems für Adrenalin. Die psychische Verfassung wird in keiner Weise beeinflußt, es ist nur der zusätzliche Adrenalinausstoß, der unterdrückt wird. Das Herz schlägt dann nicht so schnell bei stressenden Situationen, sondern hält ein ruhiges Tempo und bekommt auch Zeit zwischen den Pulsschlägen, besser mit Sauerstoff versorgt zu werden.

Einen ruhigen Herzrhythmus erleben die meisten als etwas Positives. Man kann die Jagd mit einer wohltuenden Spannung erleben, der Spannung, die wir in der Jagd suchen.

Personen mit Asthmabeschwerden oder Herzschwäche sollten keine Betablocker benutzen. Es ist ratsam, einen Arzt zu konsultieren, wenn man meint, man brauche das Präparat. Ein EKG sollte immer gemacht werden, um zu sehen, ob man eventuell Herzrhythmusstörungen hat.

Nicht alle Personen reagieren auf gleiche Weise auf ein Präparat. Einige können eine allgemeine Schwäche fühlen oder müde werden. Eine andere Nebenwirkung ist, daß man leichter an Händen und Füßen friert. Deswegen muß die Dosierung während eines bestimmten Zeitraumes, um eine angemessene Wirkung zu erzielen, auf die Persönlichkeit abgestimmt sein.

Epilog

Sicher erinnern Sie sich noch?! Das erste Stück Wild. Welch ein Gefühl! Bauchschmerzen! Und die Hände, die zitterten. Jagdfieber! Die vielen Stunden der Vorbereitungen und Erwartungen, die sooft in Enttäuschungen endeten. Das Gefühl, versagt zu haben, wenn man seine Chance, zum Schuß zu kommen, nicht ausgenutzt hatte. Der Grund ist so einfach. Einige Sekunden der Dramatik, dann wieder Augenblicke des Zögerns, vielleicht falscher Entscheidungen, die so schwerwiegend sind und die noch häufig vor dem geistigen Auge ablaufen werden.

Nehmen Sie sich die Zeit und freuen Sie sich mit dem, der vor seinem ersten Stück Wild steht. Das ist die Jagd wert. Früh genug wird die eigene Schußliste von einer anonymen Statistik abgelöst werden.

Vor der allerersten Jagdsaison hat man eine Menge Erwartungen. Endlich kann man sich in Gedanken an den Freuden der kommenden Jagdzeit ergötzen, während man eifrig Artikel und Reportagen in der Jagdpresse liest. Es ist nicht die rekordverdächtige Trophäe, die vor dem inneren Auge geistert. Es ist aber ein schönes Gefühl, an den braven Bock zu denken, der an einem schönen Morgen in der Nähe des wohlvorbereiteten Standes austritt. Ohne den Jäger wahrzunehmen, verhofft er, ganz breit. In Gedanken kann man sich den ganzen Tag Zeit nehmen, um zu schießen. Nichts kann ja schiefgehen.

In Wirklichkeit sieht das Bild etwas anders aus. Der erwartungsvolle und neugebackene Jungjäger muß konstatieren, daß das meiste Wild, das sich zeigt, Rikken oder Kitze sind oder anderes, nicht freigegebenes Wild. Das Wild benimmt sich meistens auch nicht so, wie man es sich vorgestellt hat. Die meisten Böcke sind äußerst vorsichtig. Empfindlich und mit allen Sinnen gespannt, lassen sie es selten zu, daß man längere Vorbereitungen treffen kann, bevor man schießt.

Bald hat man begriffen, daß es im Wald keine Anfängeraufgaben gibt, und daß „fast" getroffen nicht genug ist. Wenn man schießt, wird erwartet, daß man wirklich und sicher trifft, oder, falls nicht sicher getroffen wurde, imstande ist, eine Nachsuche durchzuführen.

„Man soll ruhig zielen und auf dem Blatt abkommen", sagt vielleicht ein erfahrener Jagdkamerad. Aber wie soll man gleichzeitig das Herz ruhig und das Fadenkreuz richtig im Ziel haben, wenn die ganze Waffe, sobald sie auf das Wild gerichtet wird, vibriert? Diese Frage stellen sich sicherlich viele Anfänger, die versucht haben, eine kurze, aber intensive Begegnung mit einem Stück Wild zu nutzen.

Ja, das ist eben die Frage. Welche geheimnisvollen Eigenschaften trennen den Anfänger von alten geübten Jägern? Die, die mit scheinbarer Gelassenheit und ohne Eile einfach und elegant ihr Wild erlegen. Und dies außerdem in einer Situation, da man als Anfänger vermutlich nur Gelegenheit hätte, die Keulen des flüchtenden Wildes zu studieren, bevor auch nur die Waffe angeschlagen war.

Es hat nichts mit unterschiedlicher Herztätigkeit zu tun. Nein, der Unterschied ist vermutlich in erster Linie darin zu suchen, daß der Erfahrene über einiges Wesentliche, wie die eigene Schießfähigkeit, die Entfernung, wo und wie man eine Auflage und eine gute Schußchance bekommen kann usw., nicht nachdenken muß. Alle Maßnahmen laufen automatisch ab, wenn die Situation registriert ist. Wenn die Gelegenheit als allzu zweifelhaft angesehen wird, wird nicht einmal der Versuch unternommen, die Waffe hochzunehmen.

Medizinisch betrachtet ist dies eine Frage des Adrenalinausstoßes. Wer von einer unübersehbaren Zahl von Fragestellungen und Bedenken vor einem Schuß abgelenkt wird, kann sich am Ende nicht konzentrieren; das Adrenalin kann frei agieren. Das passiert ab und zu auch erfahrenen Jägern, in der Regel aber erst nach dem Schuß, wenn sie sich entspannen.

Wie wird es für jemanden sein, der zum ersten Mal auf Wild anlegt und vor dem Schuß einen ganzen Gefühlsschwall über sich ergehen lassen muß?

„Man soll es ruhig angehen" wurde gesagt. Aber dann sagt jemand: „Warum hast du denn nicht geschossen? Erwartest du, daß der Bock Selbstmord begeht?" Solche ermunternden Zurufe können Magenschmerzen bereiten.

Der Anfänger im Golfspielen, der haarscharf beim Putten vorbeischlägt, erhält ein Schulterklopfen und Lob: „Das war recht gut, beim nächsten Mal wird eingeputtet."

Dem frischgebackenen Jäger, der zwischen Jagdfieber und Angst einen Schuß abgibt, wird nicht geschmeichelt, wenn das Resultat knappes Vorbeischießen oder Krankschießen ist.

Theoretisch hat man von leichten und schweren Schüssen gehört. Was ist aber leicht oder schwer für den, der niemals zuvor auf ein Stück Wild geschossen hat?

„Man soll schwere Schüsse meiden, es ist nicht so wichtig zu schießen" so sagt die Jägerregel.

Für den, der ein Schußbuch führt, das seit langem nur anonymer Statistik dient, ist die These selbstverständlich. Auch wenn man ein Neuling ist und selten Jagdgelegenheiten hat, trägt man seine geladene Waffe nicht nur, um sich Wild anzusehen oder die Hunde jagen zu hören. Natürlich kann man auch ohne Schuß die Spannung der Jagd erleben. Die wirkliche Aufregung aber entsteht, wenn man schießen will, und wenn man eine Chance zum Schuß bekommt.

So ist es ein gravierender Unterschied, auf ein nicht freigegebenes Stück Wild zu zielen oder sich für einen Schuß zu entscheiden. Erst dann zeigen sich eigentliche Gefühlsreaktionen. Man kann aber nicht sicher sein, daß die erlebte Spannung genauso lustbetont ist wie die vorangegangenen Erwartungen.

Wenn man Glück hat – ich meine, was ich sage – kann man eine lange Reihe von Frustrationen bald abschütteln, bis alle Hoffnungen Wirklichkeit werden und man sein erstes Stück Wild erlegen kann. Man schießt sicherlich mit bis in die Ohren hämmerndem Pulsschlag, aber im übrigen unter voller Kontrolle dessen, was man macht. Dann versteht man, was von einem verlangt wird, was bisher so schwer war und was man noch lernen muß.

Das Wild, das vor einem liegt, gehört einem dann wirklich. Seit es auf der Welt ist, war es tatsächlich für den einen Jäger gedacht?! Vielleicht war es ein Zufall, der Jäger und Wild zusammenbrachte, der Ausgang der Begegnung war aber kein Zufall! Man hat selbst die Entscheidung getroffen.

So, lassen wir den Jäger mit seinem ersten Stück Wild eine Weile allein. Man soll seinen eigenen Gedanken nachgehen in Anerkennung der Jagd und der Freude, die sie bereitet.

Register

BÜCHER FÜR JÄGER

Karl Grund
Jagdliches Schießen
Mit Büchse, Flinte und Kurzwaffe auf dem Stand und im Revier. 2., überarbeitete und ergänzte Auflage. 1988. 239 Seiten mit 185 Abbildungen. Gebunden 52,– DM

Karl Grunds Buch vermittelt die notwendigen theoretischen Kenntnisse zur sicheren Handhabung der Jagdwaffen auf dem Schießstand und im Revier.

Gustav Freiherr von Fürstenberg
Des Flintenschießens edle Kunst
Aus der Praxis eines Schießtrainers. 1978. 186 Seiten mit 42 Abbildungen im Text und auf 8 Tafeln. Gebunden 32,– DM

Robert Churchill
Das Flintenschießen
Eine praktische Schießlehre für den Flugwild-Schützen. Aus dem Englischen übersetzt von Robert v. Benda, bearbeitet von Robert Dietz. 7., überarbeitete Auflage. 1988. 215 Seiten und 24 Tafeln; 11 Abbildungen mit 21 Einzeldarstellungen im Text und 77 Abbildungen auf den Tafeln. Gebunden 44,– DM

Macdonald Hastings
Einführung in das Flintenschießen
Eine erste Anleitung. Aus dem Englischen übertragen und bearbeitet von Robert von Benda. 2., revidierte Auflage. 1983. 89 Seiten mit 24 Abbildungen auf 11 Tafeln. Kartoniert 19,80 DM

Bertil Haglund/Eric Claesson
Die Jagdwaffe und der Schuß
Büchse und Flinte im praktischen Gebrauch. Aus dem Schwedischen übersetzt von Erich Stephan. 4. Auflage, völlig neu bearbeitet von Helmut Kinsky. 1978. 190 Seiten mit 122 Abbildungen im Text und auf 16 Tafeln und 16 Tabellen. Gebunden 38,– DM

Ferdinand von Raesfeld
Das deutsche Waidwerk
Lehr- und Handbuch der Jagd. 14. Auflage, völlig neu bearbeitet von Rüdiger Schwarz. 1980. 485 Seiten, 391 Abbildungen, davon 24 farbig auf 5 Tafeln, nach Gemälden und

Zeichnungen von R. R. Hofmann, Fritz Laube und Karl Wagner. Gebunden 82,– DM

Ferdinand von Raesfeld
Das Rotwild
Naturgeschichte, Hege, Jagdausübung. 9. Auflage, völlig neu bearbeitet und erweitert von Kurt Reulecke. 1988. 416 Seiten mit 510 Einzeldarstellungen, davon 62 farbig, in 286 Abbildungen und mit 84 Tabellen und Übersichten. Gebunden 98,– DM

Harald Drechsler
Altersentwicklung und Altersansprache beim Rotwild
Gestalten, Gesichter, Gehabe, Geweihe, Gebisse. 1988. 133 Seiten mit 221 Abbildungen, davon 110 farbig, und 13 Tabellen. Gebunden 64,– DM

Ferdinand von Raesfeld
Das Rehwild
Naturgeschichte, Hege und Jagd. 9. Auflage, völlig neu bearbeitet und erweitert von Alfred Hubertus Neuhaus und Karl Schaich. 1985. 453 Seiten mit 267 Abbildungen, davon 44 farbig, und 70 Tabellen. Gebunden 89,– DM

Fred Kurt
Das Reh in der Kulturlandschaft
Sozialverhalten und Ökologie eines Anpassers. 1991. 284 Seiten mit 126 Abbildungen und 18 Tabellen. Gebunden 68,– DM

Lutz Heck/Günther Raschke
Die Wildsauen
Naturgeschichte, Ökologie, Hege und Jagd. 2. Auflage, überarbeitet und ergänzt von Günther Raschke jr. unter Mitwirkung von Friedrich Türcke. 1985. 223 Seiten mit 150 Einzeldarstellungen in 107 Abbildungen, davon 29 farbig, 1 Karte und 17 Tabellen. Gebunden 74,– DM

Erhard Ueckermann
Das Sikawild
Vorkommen, Naturgeschichte und Bejagung. 2., neubearbeitete und erweiterte Auflage. 1992. 103 Seiten mit 45 Abbildungen und 30 Tabellen. Kartoniert 48,– DM

Werner Knaus/Wolfgang Schröder
Das Gamswild
Naturgeschichte, Verhalten, Ökologie, Hege und Jagd, Krankheiten. 3., neubearbeitete Auflage. 1983. 232 Seiten mit 136 Einzeldarstellungen in 90 Abbildungen und 23 Tabellen. Gebunden 96,– DM

Johnny Rülcker/Finn Stålfelt
Das Elchwild
Naturgeschichte, Ökologie, Hege und Jagd des europäischen Elches. Mit einem Kapitel über das Elchwild im östlichen Europa von Ryszard Dzięciolowski. 1986. 285 Seiten mit 188 Abbildungen, davon 20 farbig, und 35 Tabellen. Gebunden 98,– DM

Felix Labhardt
Der Rotfuchs
Naturgeschichte, Ökologie und Verhalten dieses erstaunlichen Jagdwildes. Mit einem Beitrag über die Fuchsbejagung von Rolf Kröger. 1990. 158 Seiten mit 121 Abbildungen, davon 57 farbig. Gebunden 58,– DM

Diezels Niederjagd
Naturbeschreibung, Lebensweise, Hege und Jagd unseres Niederwildes. 23. Auflage, völlig neu bearbeitet und erweitert von Friedrich Karl von Eggeling. 1983. 460 Seiten mit 277 Einzeldarstellungen, davon 40 farbig, in 124 Textabbildungen und auf 6 Farbtafeln. Gebunden 39,– DM

Hans Behnke
Jagdbetriebslehre
Grundregeln und Organisationshilfen für Reviereinrichtungen und praktischen Jagdbetrieb. 4. Auflage. 1983. 118 Seiten mit 84 Einzeldarstellungen in 53 Textabbildungen und 5 Fotos auf 4 Tafeln. Kartoniert 24,– DM

Erhard Ueckermann
Die Fütterung des Schalenwildes
Ernährungsgrundlagen und Anleitung für die Fütterungstechnik in freier Wildbahn und im Gehege. 3., neubearbeitete und erweiterte Auflage. 1986. 167 Seiten mit 68 Abbildungen, 38 Konstruktionszeichnungen und 17 Tabellen. Kartoniert 29,80 DM

Erhard Ueckermann/Hans Scholz
Wildäsungsflächen
Planung, Anlage, Pflege. 3., neubearbeitete Auflage. 1987. 153 Seiten mit 36 Abbildungen, davon 18 farbig, im Text und auf 6 Tafeln, und 25 Tabellen. Kartoniert 29,80 DM

Erhard Ueckermann
Die Wildschadenverhütung in Wald und Feld
Eine praktische Anleitung zu technischen Schutzmaßnahmen. 4., neubearbeitete und erweiterte Auflage. 1981. 80 Seiten mit 4 Tabellen und 16 Tafeln mit 82 Abbildungen. Kartoniert 22,– DM

Wolfgang Sailer
Wildschäden an landwirtschaftlichen Kulturen
Eine praktische Anleitung für die Schadensregulierung. 1977. 79 Seiten mit 32 Abbildungen und 7 Tabellen. Kartoniert 19,80 DM

Walburga Lutz
Wasserflächen und Wasserflugwild
Anleitung zur Biotopgestaltung und Hege. 1986. 163 Seiten mit 29 Fotos und 28 Einzeldarstellungen in 18 Zeichnungen und 21 Tabellen. Kartoniert 29,80 DM

Hans Behnke
Hege, Aufzucht und Aussetzen von Fasanen und Rebhühnern
6., revidierte Auflage. 1985. 102 Seiten mit 55 Abb., davon 14 farbig auf 2 Tafeln. Kartoniert 22,– DM

Karl Brandt/Hans Behnke
Fährten- und Spurenkunde
Ein Bestimmungsbuch für Jäger und Naturfreunde über Fährten, Spuren, Geläufe und andere Wildzeichen. 12. Auflage, bearbeitet von Hans Behnke. 1984. 123 Seiten mit 124 Abbildungen, zum Teil in natürlicher Größe, im Text und auf 12 Tafeln. Kartoniert 22,– DM

Preisstand: September 1993
Spätere Änderungen vorbehalten.

Verlag Paul Parey
Hamburg und Berlin